U0524996

社会保险法前沿问题研究

（第一卷）

王天玉 主编

中国社会科学出版社

图书在版编目(CIP)数据

社会保险法前沿问题研究. 第一卷 / 王天玉主编. —北京：中国社会科学出版社, 2020.12
ISBN 978 - 7 - 5203 - 7252 - 7

Ⅰ. ①社… Ⅱ. ①王… Ⅲ. ①社会保险法—研究—中国 Ⅳ. ①D922.554

中国版本图书馆 CIP 数据核字（2020）第 175664 号

出 版 人	赵剑英
责任编辑	许　琳
责任校对	闫　萃
责任印制	李寡寡

出　　版	中国社会科学出版社
社　　址	北京鼓楼西大街甲 158 号
邮　　编	100720
网　　址	http://www.csspw.cn
发 行 部	010 - 84083685
门 市 部	010 - 84029450
经　　销	新华书店及其他书店
印　　刷	北京君升印刷有限公司
装　　订	廊坊市广阳区广增装订厂
版　　次	2020 年 12 月第 1 版
印　　次	2020 年 12 月第 1 次印刷
开　　本	710 × 1000　1/16
印　　张	21
字　　数	316 千字
定　　价	98.00 元

凡购买中国社会科学出版社图书，如有质量问题请与本社营销中心联系调换
电话：010 - 84083683
版权所有　侵权必究

《社会保险法前沿问题研究》学术委员会

主　任　张鸣起

委　员（按姓氏首字母排序）

陈国平　冯彦君　姜俊禄　姜　颖
蒋　月　林　嘉　刘　俊　秦国荣
沈同仙　田思路　王全兴　王　轶
谢增毅　薛宁兰　张荣芳　赵红梅
郑尚元

序言一

张鸣起

　　社会保险制度是社会保障体系的核心和主干，肇始于工业化所衍生之社会风险，而后逐渐发展出促进代际团结、优化社会分配、提升民生福祉等诸多功能，已成为现代社会安全网的基石。党和政府高度重视社会保险法治建设，党的十九大报告和十三届全国人大一次会议通过的《政府工作报告》都提出，完善城镇职工基本养老保险和城乡居民基本养老保险制度，尽快实现养老保险全国统筹。完善统一的城乡居民基本医疗保险制度和大病保险制度。完善失业、工伤保险制度。建立全国统一的社会保险公共服务平台。近年来，习近平总书记多次强调，要综合运用社会保险、社会救助、社会福利等保障救助措施，实现应保尽保，确保兜住基本生活底线。

　　我国社会保险制度自2010年《社会保险法》实施后不断充实提高，养老、医疗、工伤、失业等各险种均在法治保障和政策支持下获得快速甚至跨越式发展，实现了具有结构性意义的重要改革，例如2014年国务院决定，在总结新型农村社会养老保险和城镇居民社会养老保险试点经验的基础上，将这两项养老保险制度合并实施，在全国范围内建立统一的城乡居民基本养老保险。此外，2019年国务院决定，生育保险和职工基本医疗保险合并实施，实现参保同步登记、基金合并运行、征缴管理一致、监督管理统一、经办服务一体化。

　　随着社会保险制度的完善，社会抵御重大风险的能力不断加强，这一制度意义在新冠肺炎疫情期间得到全面体现。根据国务院新闻办发布的《抗击新冠肺炎疫情的中国行动》白皮书,对新冠肺炎患者发生的医疗费用,在基本医保、大病保险、医疗救助等按规定支付后,个人负担部分由财政给予补助。异地就医医保支付的费用由就医地医保部门先行垫付。根据国家医保局统计,到 2020 年 7 月,医保结算新冠肺炎确诊和疑似患者 17.3 万人次,涉及医疗费用约 18 亿元,其中基本医保支出 12.7 亿元。各地还将新冠肺炎检测费用纳入医保支付范围,对符合条件的患者予以支付。同时,为配合防疫隔离措施,297 个城市开通失业保险金网上申领平台,失业人员办理失业金申领时,可以和失业登记同时办理。多项社会保险制度的组合实施为全社会构筑起了坚实的防线,成功抵御了疫情的巨大冲击,为稳定经济社会大局发挥了重要作用。

  社会保险法是社会法学的重点研究领域,社会法学者积极参与立法讨论和政策论证,发表了一批有价值的学术作品,初步形成了社会保险法学研究的良好格局。随着中国特色社会主义进入新时代,我国经济社会持续发展,尤其是互联网、物联网、大数据、区块链、人工智能等的发展应用,催生出许多新的经济业态、产业模式及用工形式,给包括社会保险法治在内的社会法治领域带来很多新情况和新问题,需要研究和应对。同时,我国社会保险制度自身也有大量问题有待于深入研究,社会公众对社保改革的诸多疑虑尚需要专业回应,一些涉及社会保险本质的基础性学理问题还缺乏系统研究,从事社会保险法学研究的学者数量相对较少,研究阵容与社会保险法的重要性仍不相匹配。为此,中国社会科学院法学研究所的王天玉研究员发起了社会保险法专题研究,组织青年学者就社保理论和实践问题展开深入探讨。他们当中既有已晋升为教授的学术骨干,也有博士毕业崭露头角的学术新锐。这些年轻人全部有海外留学或研究经历,学术足迹涵盖美国、德国、英国、加拿大、芬兰、日本、比利时等社保制度建立较早的国家,使得他们的作品视野广阔、观念前瞻,紧跟世界学术前沿,既植根于中国实践、研究中国问题,又放眼国外社保、借鉴成功经验。他们是社会保险法研究群体中最富激情、最有活力的力量,必将推动着中国社会保险法学术走向未来。

  本书征稿、统稿和审校的主要工作都在 2020 这一特殊年份进行,历时一年有余，青年社会法学者以其独有的方式见证了历史、参与了历史。全书体例完整，设置"基础理论、工伤保险、失业保险、医疗保险、养老保险、争议处理和域外观察"七大栏目，既有理论深度，也有实践广度。值得一提的是，域外观察部分的三篇文章由从英国、德国、日本学成归来的三位博士分别撰写，呈现发达国家社会保险制度的第一手资料，既提供了考察社保制度的新视角，也实现了知识增长。王天玉作为主编，全面负责本书的体例编排、统稿定稿和出版事务。中国社会法学研究会为支持青年人学术发展，给予了出版资助。

《社会保险法前沿问题研究》辑刊的推出是一个令人振奋的举措，辑刊既是社会保险法学术交流的平台，同时也承载着本领域学术共同体的追求。我期望这些青年学者保持昂扬向上的奋斗精神，以国家兴盛和社会和谐为己任，创作出更多更好的成果，为我国社会保险制度的发展贡献智识。也期望中国社会法学研究会的同仁一如既往地给予关心支持，助力青年学者行稳致远。

是为序。

序言二

陆敬波

欣闻王天玉研究员主编的《社会保险法前沿问题研究》（第一卷）即将付梓出版，我有幸见证了本书从立意到成稿的全过程，又因与参著诸君有长期深入的交流，故此从一个法治践行者的视角谈谈对本书的理解与期许，权且为序，略尽推介之力。

本人自1995年律师执业起，亲历数次重大改革，在劳动法治的第一线感受着时代变迁。2004年江三角律师事务所成立后，劳动法业务在全国范围内拓展，多地开设律所分支，并建立研究中心、智库沙龙等机构提炼实践经验，汇聚学术智识。基于经年的执业经验和系统的研究成果，我将劳动领域的发展概况为个人权益阶段、组织权益阶段和社会权益阶段。

自1995年《劳动法》实施起，我国对劳动权益的保障定位是个人权益，劳动者所享有的工资、工时以及社会保险等利益具有显著的个人属性。此时社会保险制度落后于劳动法，造成的结果是社会保险关系依附于劳动关系，社会保险制度的地位是《劳动法》的一章。到2008年《劳动合同法》实施，劳动权益的定位从个人权益转变为组织权益，劳动关系的和谐稳定成为立法目标，无固定期限劳动合同、解雇保护等多项制度旨在建立利益融合的劳动组织体，从而将劳动权益提升为组织体的核心利益之一，辐射多项经营利益，可以说是人对于组织体的重要性提高。在这一阶段，2010年出台的《社会保险法》确立了社会保险的制度框架，使社会保险法成为独立的法律部门，与劳动法相互配合，共同调整经营组织体的劳动权益结构。2017年，党的十九大报告提出中国特色社会主义进入了新时代，劳动权益的定位随之进入社会权益阶段，个人在社会经济活动中所面对的困难和风险已不局限于其个体或组织体，更是社会整体风险的一部分，应通过社会安全网予以保障。2020年突发的新冠肺炎疫情既凸显了这一权益定位的转变，又加速了该转变进程。医疗保险为患者个人和家庭承担了大部分治疗和检测费用，失业保险为维护经营组织体劳动关系的稳定给予大力度稳岗返还，国家全面实施了减免、缓缴社会保险费政策。可见，在新的历史时期，劳动权益已经上升到社会权益的高度，社会法治建设的重点正在从劳动法转向社会保险法。

本书的立意正是在这一历史转型期提出的。王天玉研究员将本书命名为《社会保险法前沿问题研究》，包含着以学术面对时代变革的深意，体现着青年学人的使命担当。本书作者多为江三角域外劳动法智库沙龙的成员，是各社保研究专题的佼佼者。无论是文章选题，还是学理深度，都体现了社会保险法学术研究的最新进展和前沿水平。王天玉作为主编在约稿、统稿、校对、出版等各环节亲力亲为，这是本书品质的最佳保证。江三角律所在遭受新冠肺炎疫情严重冲击之时，本人行使特别审批权，从十分紧张的资金中拨付了出版资助，以尽支持学术的赤诚之心。我期望本书成为社会保险法研究辑刊的良好开端，亦期望《社会保险法前沿问题研究》成长为有影响力的学术品牌，以此为基础举办论坛，不断推进社会保险法学的研究。江三角律所将尽自身绵薄之力，坚定支持学术发展。

是为序。

目　录

基础理论

论社会主义核心价值观融入社会保障法治建设 …………… 李凌云（3）

工伤保险

工伤保险法的历史、现状与未来 …………………………… 李海明（23）
劳动者因工作原因感染疾病认定为工伤的合理性
　论证 …………………………………………… 艾　琳　于　轩（47）
劳动者工作场所健康保护的法律救济
　——以尘肺病为例 ………………………………………… 李文静（64）
我国工伤保险待遇支付社会化问题研究 …………………… 李满奎（81）

失业保险

我国失业保险法律制度的完善路径 ………………………… 王显勇（111）

医疗保险

我国社会医疗保险治理的社会参与权：能效驱动与
　治权结构性改革 …………………………………………… 董文勇（135）
论医疗服务协议的法律性质 ………………… 吴晓月　娄　宇（155）
大病医疗保险制度模式分析 ………………… 范　围　姚欣乐（184）
生育保险纳入医疗保险的制度流变及其未来走向 ……… 武宜萱（203）

目 录

养老保险

弱者难以共济：城乡居民养老保险制度之检讨与
　改革 ·· 王天玉（223）

争议处理

社会保险争议处理的司法适用
　——实证考察与法理阐释 ·························· 杨复卫（239）

域外观察

德国社会保险法的历史发展与制度体系 ············· 金昱茜（267）
英国雇主责任保险之来源、框架与得失 ············· 闫　冬（284）
日本工伤之事先预防及事后补偿制度解析 ·········· 仲　琦（296）

基础理论

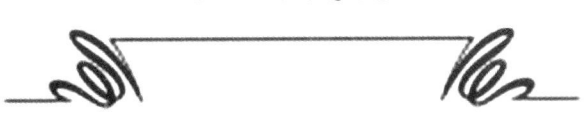

论社会主义核心价值观融入社会保障法治建设[*]

李凌云[**]

摘 要 社会主义核心价值观融入社会保障法治建设，是实现党的十九大报告提出的建设可持续多层次社会保障体系的必然要求。在社会主义核心价值观的引领下，需要更新社会保障立法理念，深入认识和协调效率与公平、平等与公正之间的关系。同时，将社会主义核心价值观融入社会保障法律制度，逐步实现社会保障制度"全覆盖"，合理确定社会保险负担，强化社会保险费征缴，平衡社会保险的代内公平与代际公平，实现社会保险基金的统筹与转移接续，完善精准扶贫与社会救助法制，以期增进人民福祉、实现社会公正。

关键词 社会主义核心价值观 社会保障法治建设 社会公平 社会保险社会救助

一 社会主义核心价值观融入社会保障法治建设的必要性

2016年12月，中共中央办公厅、国务院办公厅印发了《关于进一

---

[*] 本文的形成得到了田思路、饶志静、李干、章慧琴、刘兆光、姚鹏斌等学人的帮助，在此表示感谢，文责自负。本文系华东政法大学2019年课程思政精品改革领航课程建设项目"新时代中国特色社会主义思想指导下社会法前沿问题探究"、华东政法大学2019年研究生课程建设项目"新时代中国特色社会主义思想指导下社会法前沿问题探究"的阶段性研究成果。

[**] 作者系华东政法大学经济法学院副教授，硕士生导师。

基础理论

步把社会主义核心价值观融入法治建设的指导意见》,明确提出加强保障和改善民生、推进社会治理体系创新方面的立法,完善"劳动就业、收入分配、社会保障、医疗卫生、扶贫济困、社会救助等方面的法律法规"。2018年3月,第十三届全国人大第一次会议通过《中华人民共和国宪法修正案》,将"国家倡导社会主义核心价值观"纳入宪法。2018年5月,中共中央印发了《社会主义核心价值观融入法治建设立法修法规划》,要求"以习近平新时代中国特色社会主义思想为指导,坚持全面依法治国,坚持社会主义核心价值体系,着力把社会主义核心价值观融入法律法规的立改废释全过程,确保各项立法导向更加鲜明、要求更加明确、措施更加有力,力争经过5—10年时间,推动社会主义核心价值观全面融入中国特色社会主义法律体系"。

近年来,随着我国社会经济的快速发展,社会保障制度建设成为党和国家高度重视的重大民生工程。党的十九大报告强调"加强社会保障体系建设",明确提出"按照兜底线、织密网、建机制的要求,全面建成覆盖全民、城乡统筹、权责清晰、保障适度、可持续的多层次社会保障体系"。党的十九届四中全会决定提出,"完善覆盖全民的社会保障体系,坚持应保尽保原则,健全统筹城乡、可持续的基本养老保险制度、基本医疗保险制度,稳步提高保障水平。加快建立基本养老保险全国统筹制度。加快落实社保转移接续、异地就医结算制度,规范社保基金管理,发展商业保险"。

社会保障法,无论是价值导向,还是制度设计,无不体现富强、民主、文明、和谐,自由、平等、公正、法治,爱国、敬业、诚信、友善为主要内容的社会主义核心价值观。社会保障是社会的"安全网"和"稳定器",对于保障公民的生存权、促进经济发展和维护社会稳定均具有重要意义。社会保障对弱势群体不仅仅是经济补偿,也是一种社会补偿、社会关怀、社会支援,是实现公民生存权和发展权的重要方式。[①] 社会保障制度坚守民生底线,分担社会成员可能遭受的社会风险,从而实现保障公民基本生活的目的,使全体人民在共享发展中有更

---

① 郑功成:《用社会保障促进社会和谐》,《社会保障研究》2005年第1期。

多的安全感和获得感。同时，对于因遭遇天灾人祸、失去劳动能力或收入水平过低而陷入生存困境的社会弱势群体，国家通过社会救助制度提供必要的物质帮助和服务，使其提高生存和劳动能力，脱离贫困。因此，社会保障可以说是实现"国富民强"、人民获得幸福安康生活的重要基石。

党的十九大报告做出了我国社会基本矛盾已经转化为人民日益增长的美好生活需要与不平衡不充分的发展之间的矛盾的重大政治判断。新时代社会基本矛盾的转化，客观上决定了社会保障体系建设的发展方向，这就是要在切实解除人民生活后顾之忧的基础上，顺应人民对美好生活的需要全面建成中国特色的社会保障体系，同时努力促使整个制度走向公平并在人人参与、共同建设的条件下不断提升保障水平，以为全体人民提供稳定的安全预期，最终成为不断促进人的全面发展和实现全民共享国家发展成果的基本途径与制度保障。[①]

我国在建立和完善社会保障制度的过程中，一方面对原有的计划经济体制下的社会保障制度进行根本上的变革；另一方面，不断地探讨如何建立符合市场经济体制要求的新型社会保障制度。[②] 同时，我国社会保障制度的构建逐渐从政策主导走向法制主导。特别是2011年实施的《社会保险法》，是中国社会保险领域的第一部综合性法律，对基本养老保险、基本医疗保险、工伤保险、失业保险、生育保险、社会保险费征缴、社会保险基金、社会保险经办、社会保险监督以及法律责任作了全面规定。该法所确立的社会保险制度框架，把城乡各类劳动者和居民分别纳入相应的社会保险制度，努力实现制度无缺失、覆盖无遗漏、衔接无缝隙，使全体人民在养老、医疗等方面有基本保障，无后顾之忧。

但总体而言，我国的社会保障法治化程度还不高，不少法律规范可操作性不强，在重大制度方面的授权性条款过多，社会保险费征缴等方面的执行还不到位，同时面临日益突出的人口老龄化、人口流动量大以及农民工权益保障欠缺等社会保障问题，因此，需要积极将社

[①] 郑功成：《全面理解党的十九大报告与中国特色社会保障体系建设》，《国家行政学院学报》2017年第6期。

[②] 景天魁：《底线公平与社会保障的柔性调节》，《社会学研究》2004年第6期。

会主义核心价值观融入社会保障法治建设中去，以社会主义核心价值观为价值导向，实现风险共担、扶弱济贫和社会公正的中国特色社会保障法律体系。

二 社会主义核心价值观融入社会保障法治建设的理念分析

1. "公平"与"效率"

"富强"是社会主义现代化国家经济建设的应然状态，是中华民族梦寐以求的美好夙愿，也是国家繁荣昌盛、人民幸福安康的物质基础。"和谐"是中国传统文化的基本理念，集中体现了幼有所育、学有所教、劳有所得、病有所医、老有所养、住有所居、弱有所扶的生动局面。和谐社会建设中离不开完善的社会保障制度。社会保障水平与程度需要以经济发展所带来的物质基础来保障，超越经济发展水平的社会保障制度无法做到可持续，低于经济发展水平的社会保障制度无法让人民感到满意和公平。因此，正确认识公平与效率的法的理念和相互关系，对社会主义核心价值观融入社会保障法治建设具有重要意义。

就国内研究而言，有学者结合社会连带观念，认为合作性连带与竞争性连带为社会保障法理念定下公平优先、兼顾效率的基调。[①] 有学者认为，维护社会公平是社会保障制度的核心价值理念，促进效率是现代社会保障制度的天然属性，两者是相辅相成、高度统一的辩证关系。[②] 也有学者认为，由于我国社会保障远远落后于经济发展的需要，因此公平问题已经上升到矛盾的主要方面，在制度设计上应当把公平置于优先考虑的位置。[③] 还有学者提出，社会保障中的公平是相对性的，效率与

---

① 董溯战：《论作为社会保障法基础的社会连带》，《现代法学》2007年第1期。
② 杜飞进、张怡恬：《中国社会保障制度的公平与效率问题研究》，《学习与探索》2008年第1期；于景辉：《从矛盾到和谐：社会保障制度发展中公平与效率的博弈》，《学术交流》2010年第12期。
③ 韩金峰：《深入学习贯彻党的十九大精神开启人力资源社会保障事业新征程》，《山东人力资源和社会保障》2017年第12期。

公平的判断标准会随着一国国情以及时代的变化而变化。①学界通说认为，社会保障应寻求效率与公平的最佳结合点。具体而言，有学者提倡，实现从"国家社会保障"为特征的制度模式向以"国民保障"为特征的制度模式转变，秉持适度原则，从"强调国家责任"转向"强调国民权利，国家有义务承担"；在其"保障动因"上，从"缓解阶层矛盾"转向"促进社会发展"；在其"保障需要"上，从"个人需要"转向"社会需要"；在其"保障范围"上，从"局限于特定社会人群"转向"全体社会成员"；在其"保障制度"上，从"零星的、分散的"转向"系统的、完整的"；在其"保障作用"上，从"残缺性"转向"制度性"②。

笔者认为，在完善的社会保障制度中，公平与效率之间的关系应当是相互促进、循环上升的有机整体，即通过保证公平性来促进社会保障的效率，而效率的提高能够实现更高层次的社会公平。因此，社会保障制度的建立需要处理好公平与效率的关系，在公平优先的基础上，贯彻公平与效率相结合的原则，在促进公平与效率的动态过程中，不断地改进、调整并做出选择，摆正两个互为条件、相互制约的发展目标，力求在两个目标之间达到动态平衡。

2."平等"与"公正"

社会保障是调节收入再分配、推广普惠性公平的重要工具，是人民生活的"安全网"、经济发展的"助推器"、社会矛盾的"调节器"、社会政治的"稳定剂"③。社会保障是实现收入再分配的重要杠杆，特别是通过"社会统筹"机制实现财富分配从高收入者向低收入者的转移。有学者经过对OECD数据的整理发现，2010年部分国家通过税收和转移支付（社会保障）调节后基尼系数平均下降了0.2左右④。但有学者指出，社会保障制度的残缺与城乡分割、群体分割及制度安排中存在的

---

① 潘锦棠：《社会保障通论》，山东人民出版社2012年版，第56页。
② 参见周庆国《社会保障制度改革的伦理学思考》，《理论探讨》2002年第2期。
③ 郑功成：《用社会保障促进社会和谐》，《社会保障研究》2005年第1期。
④ 王延中、龙玉其：《社会保障与收入分配：问题、经验与完善机制》，《学术研究》2013年第4期。

歧视现象,也直接影响到公民合理分享国家经济发展成果。① 甚至有学者认为,目前我国社会保障调节收入分配的效果不理想,甚至出现了对收入分配的"逆向调节"作用②,基本养老和医疗保险给中高收入阶层居民带来的好处大于给低收入阶层居民带来的好处,反而扩大了收入差距。③

实现社会的公平、正义,既是社会主义核心价值观的基本要求,也是建立社会保险制度的价值目标。社会保险是对国民收入进行再分配的一种重要方式,是国民收入在不同人群中的转移,即从高收入者转移到低收入者,从健康者转移到疾病者和残疾者,从在职者转移到失业者等,这种转移的理论基础之一就是社会公平。

公平的理念建立在平等的基础上,公平既包含平等,又超越平等成为含义更为丰富的概念。实现社会公平源于人们对平等的追求,平等是公平的基础,公平是平等进一步发展的结果。在社会保障制度中,合理地分配社会利益和经济利益的社会保险制度更加突出体现了公平的内涵。社会公平原则在社会保障法中具体体现为:社会保险覆盖具有广泛性,社会保险缴费负担和待遇体现权利义务的一致性,社会保险缴费负担和享受条件具有合理性,社会保险待遇水平适当性,以及不同群体免遭歧视的同一性。社会保险制度是以分配正义为基础,通过对形式公平的矫正,使社会达到实质的公平正义。因此,社会保险制度以追求社会公平为其价值目标,其通过建立养老、医疗、工伤、失业等保险项目保障公民的社会安全和经济安全,谋求实现公民对美好生活的期待,既能保障国民在各种社会风险出现时的基本生活,又能保障国民分享经济发展的成果,实现小康社会的目标。同时,为更好实现社会保障的城乡公平,要扩大基本养老保险和基本医疗保险的覆盖面,建立城乡统一的社会保障体系,提升社会保障管理的规范化、信息化与标准化水平。

---

① 郑功成:《中国社会公平状况分析——价值判断、权益失衡与制度保障》,《中国人民大学学报》2009年第2期。
② 宋晓梧:《调整收入分配结构 转变经济发展方式》,《中国改革》2010年第11期。
③ 王小鲁、樊纲:《中国收入差距的走势和影响因素分析》,《经济研究》2005年第10期。

三 社会主义核心价值观融入社会保障法治建设的制度完善

社会主义核心价值观所倡导的富强、民主、文明、和谐，自由、平等、公正、法治，爱国、敬业、诚信、友善，与社会保障事业密切相关。社会主义核心价值观融入社会保障法治建设，积极发挥价值引领作用，既具有必要性，又具有可行性。具体而言，在社会保障法领域，要逐步实现社会保险制度从"广覆盖"到"全覆盖"，要合理确定社会保险负担，加强社会保险费的征缴，解决社会保险的代内公平与代际公平问题，实现社会保险的统筹与转移接续，完善精准扶贫与社会救助法制。上述问题要在与社会主义核心价值观交融的过程中加以完善和解决。

1. 扩大社会保险覆盖面

我国社会保险的覆盖面正从"广覆盖"走向"全覆盖"，这是"平等"和"公正"的价值观在社会保障法制中的具体体现。除了城镇职工能够享受养老、医疗、失业、工伤、生育五项社会保险以外，近年来我国还针对农村居民和城镇非从业人员建立了城乡居民养老保险制度和医疗保险制度。由于我国社保体系建设采取先城镇后农村、分人群渐次推进的方式，再加上农村社保制度实施时间不长，且实行自愿参保政策，目前全国还有约1亿人没有参加基本养老保险，主要是部分非公经济组织员工、城镇灵活就业人员、农民工以及部分农村居民等。

近几年来，随着新经济、新产业、新业态的发展，特别是与互联网相关的新型就业形态不断涌现，以快递员、送餐员、网约车司机等为代表的各类网约工的人数迅速增加。国家信息中心发布的《中国共享经济发展年度报告（2019）》显示，2018年共享经济参与者人数约7.6亿人，其中提供服务者人数约7500万人，同比增长7.1%。未来三年，我国共享经济仍将保持年均30%以上的增长速度。[①] 这意味着，共享经

[①]《中国"共享经济"参与人数高达7.6亿 "网约工"期待出台行业性服务标准》，http://www.changjiangtimes.com/2019/05/594675.html。

济将成为未来解决就业问题的主力军。然而目前,数量庞大的网约工群体仍然被排斥在社会保险制度的保护之外。

我国城镇职工社会保险制度一直以来与职工的劳动关系捆绑在一起,即只有与用人单位形成劳动关系的劳动者才能够参加社会保险;而那些没有明确的、固定的用人单位、自我经营、自主就业的灵活就业人员,由于没有劳动关系而不能被纳入社会保险体系。《社会保险法》施行后,社会保险开始对城镇灵活就业人员开放,但在实际操作中基本仅局限于在城镇就业且具有本地户籍的灵活就业人员,而在城镇灵活就业的农民工仍被排斥在社会保险体系之外。从事网约工等新型职业的劳动者中,相当部分是不具备城镇户籍的农民工,由于没有与网络平台建立劳动关系而无法参加社会保险。

社会保险的"全覆盖"是社会保险制度平等性与公平性的内在要求。为了解决网约工等灵活就业人员没有固定用人单位为其缴纳社会保险费的问题,应当将社会保险关系与劳动关系相分离。无论何种就业形态、无论是否具有本地户籍,灵活就业人员都能平等地享有参加社会保险的权利。考虑到灵活就业人员收入不稳定、支付能力差的现实情况,应设计多个档次的缴费标准供其选择;同时在险种设计上,应强化养老、医疗和工伤保险的保障功能。

2. 合理确定社会保险负担

一直以来,缴费成本过高稳居社会保险难题之首,在很大程度上影响了社保制度的"公正"性。从全国平均水平来看,企业承担的社会保险费占职工工资总额的30%左右,职工承担的部分也占到10%左右,因此社保费就占到职工工资总额的40%左右,其中还不包括住房公积金、残疾人就业保障金、工会经费等人力成本。企业参保率持续提升,企业在参保及时性、险种覆盖面上遵守程度较好,但参保基数的合规率提升却明显乏力,充分反映了企业社保合规之路的坎坷与困顿。有研究表明,社会保险缴费对小微企业的利润挤出效应比大中型企业更加明显。[1]

---

[1] 詹长春、汤飞、梅强:《小微企业社会保险缴费负担研究——以江苏省镇江市为例》,《探索》2013年第6期。

过高的社保缴费负担导致企业生产成本普遍上涨，影响实体经济的活力，甚至可能导致不少小微企业难以为继。① 企业对社会保险减费降负的呼声越来越高。同时，个人中断缴费在很多情况下是个人自发的选择。个人弃保固然与转移接续难、最低保龄（养老保险至少缴费满15年）无法满足、养老金替代率低等诸多因素有关，但是缴费成本过高在其中所占的权重不容小觑。弃保群体主要集中于农民工、个体工商户、灵活就业人员等低收入人群，过高的缴费负担成为上述群体无法持续参保的重要原因。合理确定社会保险负担应从以下几个方面入手。

一是缴费比例和缴费基数的调整"双管齐下"。2015—2018年先后降低或阶段性降低了社会保险费率4次，共计降低了3.75%，但是前几年这种"小步多次"降费的方式往往被每年基数上调冲淡，导致企业获得感略低。2019年国家果断推进大幅降费。2019年国务院政府工作报告中明确提出养老保险费率降至16%的目标，全国36个主要城市的养老保险费率平均降低幅度达2.67%。同时，另一个重要措施是缴费基数采用"全口径"社会平均工资，2019年全国36个主要城市全口径社会平均工资与2018年社会平均工资相比平均下降7.4个百分点。上述措施不仅切实减轻了企业的负担，同时也促进了企业的合规参保。《中国企业社保白皮书2019》显示，基数完全合规的企业达到29.9%，较去年上升了2.85个百分点；按照最低基数下限参保的企业比例为28.4%，较去年下降3.3个百分点。② 从长期来看，实现养老保险基金的全国统筹将从整体上有效地降低缴费比率，但是目前这项工作进展比较缓慢。在全国统筹尚未实现的情况下，各地应确保先实现省级统筹，并根据实际情况在保证参保人员社会保险待遇水平不受影响、社保基金正常运行的前提下进一步调低缴费比率。

二是减轻困难企业和低收入群体的缴费负担。缴费基数和比例的下调能提高企业的参保率，但是对于微利或亏损企业来说高昂的社保缴费

---

① 李凌云：《社保缴费负担 不能承受之重》，《社会观察》2015年第2期。
② 《〈中国企业社保白皮书2019〉：社保基数合规连续三年上升至29.9%》，http://www.sohu.com/a/336442242_322372.

可能会彻底拖垮企业。① 各地应制定对困难企业的社保减免或缓缴政策，帮助其稳定就业、重获生机。同时，对于就业困难群体、低收入群体给予更多的社保补贴，以实现促进就业，减少个人弃保情形的发生。

三是提供灵活多样的保障方式。根据投保人的不同经济实力，可以采用多种方式的社会保险。对于具有较强的保障意识和支付能力的投保者，可以采用基本养老保险、企业年金和个人商业保险相结合的方式，同时国家应大力发展个税递延型养老保险。对于工作不稳定、收入较低的灵活就业人员提供不同档次的投保标准。

3. 加强社会保险费的征缴

前已述及，我国企业的参保率逐步提高，但参保基数的合规率仍然偏低，除了社保缴费负担过重的原因以外，另一个重要原因是我国社会保险费征缴制度存在缺陷且执行不力。根据国务院 1999 年实施的《社会保险费征缴暂行条例》，社会保险费的征收机构由省、自治区、直辖市人民政府规定，可以由税务机关征收，也可以由劳动保障行政部门设立的社会保险经办机构征收。由此，在各地形成了三种社会保险费征缴模式：一是由社会保险经办机构同时负责征收和管理；二是社会保险经办机构委托税务机关征收，而由其自行管理；三是由税务机关同时负责征收和管理。前两种模式是我国社会保险费征缴的主要模式，基本上各占一半，而采用第三种模式的地方很少，只有广州和厦门。现行模式的固有缺陷在于，职工人数和工资总额均由企业自行申报，不少企业为了降低用工成本，通过伪造职工名册、工资表的方式逃避征缴，而社会保险经办机构既不具备掌握企业真实情况的数据收集能力，也不具备冻结企业账户、查封货物的执法权限，因而造成参保的职工人数远远少于实际用工人数，参保基数远远低于实际工资水平。加之，企业社保成本过高的压力与促进经济发展、稳定就业格局的动机相结合，社保机构往往采取"不告不理"式的消极执法与宽松执法。企业大面积逃费欠费，动摇了社会保险制度的强制性，破坏了企业市场竞争的公平性，更损害

---

① 倪建飞：《社会保险缴费制度对小微企业及其劳动者的影响与完善对策》，《中国劳动》2015 年第 11 期。

了广大职工的切身利益。

为提高社会保险资金征管效率，2018年2月28日中共中央印发的《深化党和国家机构改革方案》中提出，"将基本养老保险费、基本医疗保险费、失业保险费等各项社会保险费交由税务部门统一征收"。从2019年1月1日起，社保费由税务部门统一征收。本次"社保税征"改革，改变了税务部门社保费"代征主体"的地位，而成为"全责征缴主体"。税务部门凭借强大的金税三期系统，能够准确地掌握企业的职工人数、工资总额和职工个人工资水平，无疑会迫使企业如实进行社保费申报。尽管国家尚未修改社保费征缴方面的法律法规，税务部门征收社保费不能采用《税收征收管理法》所规定的税收保全措施和强制执行措施，然而社会各界已经达成共识，社保费的征缴力度已经明显加大。

社保征缴制度改革应处理好加强征缴与减轻负担之间的关系。"社保税征"的政策甫一出台，一些地方的社保部门动作不断，开始集中追缴企业以往欠缴的社保费。由于法律没有规定社保费征缴的时效，因此社保机构可以无限期秋后算账，有的追缴期限长达10年[①]，甚至17年。[②] 对此，有观点认为，"通过依法堵漏增收，争取实现参保群体的应保尽保，才能把社保缴费基数做实，也才能为整体降低费率争取更大空间"[③]，似乎"堵漏增收"和"降低费率"二者在逻辑上应是先后顺序。笔者认为，与"堵漏增收"相比，当前更紧迫的是"降低费率"，因为只有合理确定缴费负担，企业才可能实现依法缴费，社会保险制度才能激发企业活力，稳定社会预期。正如李克强总理在国务院常务会议上所强调的，总体上不增加企业缴费负担；在"社保征收"机构改革到位前，各地一律保持现有征收政策不变，严禁自行对企业历史欠费进行集中清缴。当务之急是人力资源和社会保障部会同相关部门抓紧开展测算分析，尽快提出降低企业社保缴费比例、减轻企业缴费负担的具体措施，为税务部门依法征缴创造条件。

---

① 常州市新北区人民法院行政裁决书（2018）苏0411行审124号。
② 老河口市人民法院行政裁决书（2017）鄂0682行审102号。
③ 吴秋余：《社保费，堵漏洞才能降负担》，《人民日报》2018年10月12日第17版。

4. 平衡社会保险的代内公平与代际公平

1997年建立的"统账结合"的养老保险模式将现收现付制和基金制混合使用,在一定程度上满足了养老基金的当期发放和中远期的收支平衡需要,但是从旧制度向新制度的转轨成本并没有被消化,这种成本是试图通过代际的隐性消化来实现的。[①] 此外,我国的养老保险制度是分步骤、分阶段逐步建立的,城镇职工养老保险实行用人单位和劳动者共同缴费,形成社会统筹和个人账户;而机关事业单位的工作人员长期以来无须缴纳养老保险费,由财政负责支付他们的退休金,形成了养老保险双轨制。此外,我国在新型农村养老保险和城镇居民养老保险试点的基础上,已经建立了统一的城乡居民养老保险,社会保险逐步走向全民皆保,但是城镇职工养老保险与城乡居民养老保险之间存在巨大的制度差异与待遇落差。

养老保险的代内公平是指同代人之间养老保险负担及待遇享受大致相当,不存在过大的差别。养老保险代内不公平主要体现在两个方面:一是养老金双轨制,即企业职工的养老保险与机关事业单位人员相比存在"缴费高、待遇低"的巨大落差,同等学历、同等职称(职务)、同等技能、同等贡献的人因退休时的单位性质不同,养老金可能相差2—3倍,形成严重的分配不公。二是基本养老保险的城乡差异,大量在城镇企业工作或在城市灵活就业的农民工达到法定退休年龄时却不能享受城镇职工基本养老保险待遇,而只能退回农村享受城乡居民基本养老保险待遇。两套养老保险制度形成巨大的待遇鸿沟,对那些在城镇工作多年的农民工来说造成实质的不公平。

养老保险的代际公平是指当代人与后代人之间在承担养老保险责任及享受待遇之中的平等。我国目前的养老保险制度是让正在工作的年轻人按照一定的标准缴纳养老保险费,支付给已经退休的老年人,即通过养老基金的代际转移实现退休人员的生活保障。在人口"未富先老"且老龄化趋势不断加速的情况下要实现养老保险基金的收支平衡,势必

---

① 耿雁冰:《社保制度改革不能再碎片化》,http://field.10jqka.com.cn/20121009/c529902311.shtml.

要求年轻一代增加缴费的同时延迟退休或降低养老金的实际水平,这将引发不同代际的再分配问题,从而导致有关代际公平的争议。当前,国家提出的延迟退休政策遭到社会普遍的反对和诟病,很大程度上是因为搞年龄"一刀切"、性别"一刀切"。愿意接受延迟退休的大都是白领,特别是企业专业技术人员和管理人员,以及机关事业单位的干部,而大多数蓝领职工,特别是高强度、低收入群体以及就业困难群体则更希望提前退休。

为解决上述问题应进行以下几个方面的改革。

一是实行"养老金并轨"。养老金代内公平的一个重要表现是企业和事业单位养老金相差不多。2015年开始,养老保险"并轨"的改革正式启动,开始实行机关事业单位工作人员养老保险缴费,随着各地陆续出台实施方案并加以落实,从制度上根本解决"双轨制"导致的社会不公平问题。养老金"并轨"重在转机制,而非降待遇,改革需要财政的大力支持,可以适当调整公务员和事业单位职工工资水平,弥补因个人缴费而增加的支出,维持改革前后职工的基本生活水平。

二是要调整解决养老保险待遇的城乡差距。城乡居民养老保险应坚持和完善社会统筹与个人账户相结合的制度模式,巩固和拓宽个人缴费、集体补助、政府补贴相结合的资金筹集渠道,完善基础养老金和个人账户养老金相结合的待遇支付政策,强化长缴多得、多缴多得等激励机制,建立基础养老金正常调整机制。针对农民工达到退休年龄回户籍地养老或异地养老的情况,完善城镇职工养老保险向城乡居民养老保险的转移接续,合理提高城乡居民基本养老金待遇,适当缩小其与城镇职工基本养老保险待遇的差距。

三是合理设置退休年龄。我国应适时推行渐进式延迟退休方案。延迟退休应当与弹性退休制度相结合。年龄区间内,人们可以根据自己的职业特点、身体状况或家庭需要等选择退休年龄,但在不同的年龄退休,能够获得的退休收入存在差异,形成不同的档次。弹性退休制度既赋予人们一定的自由选择权,同时又体现了多缴多得的激励机制。

四是强化社会保障中的国家责任。应进一步明确政府对基本养老保险基金承担补贴责任,其中既包括对基本养老保险基金承担补贴责任,也包括对国有企业、事业单位实行基本养老保险制度前的职工视同缴费的部分承担补贴责任,即承担制度转轨成本。

5. 完善社会保险的统筹与转移接续

提高社会保险的统筹层次是我国社会保险制度从分散走向统一的重要标志。2011年开始实施的《社会保险法》规定,基本养老保险基金逐步实行全国统筹。其实,早在2008年国务院就曾给出时间表:2009年年底,在全国范围全面实现省级统筹,2012年实行全国统筹。但实际上提升统筹层次的步伐十分缓慢,直到2017年年初我国才普遍确立社保基金的省级统筹或者建立省级调剂制度,迈向全国统筹仍然存在很大障碍。

社保基金统筹层次不高带来诸多问题。一是各地社会保险缴费比例差异较大,各地根据自己的历史欠债和人口结构来制定缴费比率,越是沿海发达地区,养老金征缴标准越低,越往内陆,征缴标准越高,历史欠债较多的一些老工业基地征缴标准最高。二是各地社会保险基金盈亏不均。我国的基本养老保险基金从国家层面上看不仅没有缺口还有结余,但是如果按省来计算,2016年北京、广东、江苏、浙江等9个省份基金累计结余超过千亿元,仅广东省结余高达7258亿元,而黑龙江、吉林、辽宁、河北等7个省份均出现基金当期收支缺口,其中黑龙江省当期缺口达320亿元。① 三是转移接续和异地享受存在障碍。2009年年底,国家出台了《城镇企业职工基本养老保险关系转移接续暂行办法》和《流动就业人员医保转移接续暂行办法》。但是由于全国各地养老保险社会统筹所占的比例不等,如按12%的比例转移统筹资金,费率高的地区转移后仍有剩余,而费率低的地区剩余很少甚至要倒贴,因此广东这样的费率低的省份缺乏转移的积极性。同时,由于各地养老保险信息系统不统一,转移接续工作通而不畅、耗时耗力。由于转移接续难,一些劳动者只好在新就业地重新建立社会保险关系,这就造成了劳动者重复参保、重复领取养老金的现象。尽管我国已经在各地陆续建立了医

---

① 参见人力资源和社会保障部社会保险事业管理中心编《中国社会保险发展年度报告2016》,中国劳动社会保障出版社2017年版,第13页。

疗保险异地就医结算系统，但是实践中异地就医所需办理的手续还很烦琐复杂，对于异地安置退休人员的门诊和参保人员异地转诊问题还没有解决。

社会保险基金的全国统筹，特别是基本养老保险的全国统筹，意味着在全国范围内统一制度规定、统一调度基金、统一经办管理、统一信息系统，从而实现全国基本养老保险事业的统筹协调发展。全国统筹有助于实现以下目标：一是实现统一费率，平衡养老负担。一旦实现养老保险全国统筹，就可以在全国范围内核定一个统一的缴费率，有效平衡各地的养老负担，并形成更加公平的企业竞争环境。二是实现全国调剂，解决资金缺口。实行养老保险基金全国统筹，就意味着其他省份的结余资金可以调剂使用，地方财政的压力大大降低，老百姓也不必再担心领不到足额养老金。三是理顺转移接续，促进人员流动。全国统一费率、统一信息系统将会使养老保险关系和医疗保险关系的转移更加顺畅，无论是社会统筹还是个人账户都能在劳动者跨地区流动中快速、精确的转移。

社会保险基金全国统筹的优点是显而易见的，然而由于各地利益格局的固化使得推进难度很大。实际上，除少数地区实行养老保险基金统收统支外，目前绝大多数地区采取省级预算管理和提取省级调剂金的方式，并没有实现真正意义上的省级统筹。在这一背景下，推进统一费率、统一调剂的全国统筹仍然缺乏基础，必须分步骤逐步推进。2018年5月，中央出台了《企业职工基本养老保险基金中央调剂制度方案》，决定实施基本养老保险基金中央调剂制度，中央向各地收取3%的统筹调剂金，以弥补部分省份养老金基金的缺口，以后比例还会有所提高。养老保险基金的中央调剂制度是迈向全国统筹的重要步骤，下一步应通过法律规范明确地方政府、省级政府和中央政府各自的事权、财权和责任，实现各级政府权责利的平衡。

6. 健全精准扶贫与社会救助法制

社会救助制度作为"最后的社会安全网"，是国家和社会对由于各种原因而陷入生存困境的公民，给予财物接济和生活补助，以保障其最低生活水平的制度。在历史上主要表现为临时性的救灾救贫活动，随着国家经济发展及各项事业的进步，它已成为一种经常性的社会保障事业。目前，我国已经建立的社会救助制度主要包括城市最低生活保障、特困人员供养、受灾人员救助、医疗救助、教育救助、住房救助、就业救助、临时救助等。我国扶贫开发始于20世纪80年代，经过三十多年的不懈努力，所取得的成就是举世公认的。按世界银行一天一美元贫困标准估算，中国三十年间减少的贫困人口数高达六亿[①]，2011—2017年农村贫困人口累计脱贫高达9192万人。[②] 2015年11月，中共中央、国务院作出《打赢脱贫攻坚战的决定》，提出确保到2020年农村贫困人口实现脱贫。国家对于扶贫工作提出了精准扶贫的要求，客观上对社会救助法制提出了新的挑战。

按照以往《农村扶贫开发条例》的规定，扶贫对象锁定为农村具有劳动能力的农户，这一规定会形成一系列扶贫盲区，如非农村、因病、因残和年老丧失劳动能力的贫困人口，以及发达地区存在的贫困人口都无法被覆盖。在扶贫工作中，贫困人口数目不清、扶贫政策针对性不强、扶贫资金和项目的指向不准的问题长期存在且越发突出。

精准扶贫落实的核心是扶贫资源分权的管理体系和乡村治理结构。在精准扶贫缺乏法制保障的情况下，国家提供的资源掌握在政府部门手里，容易滋生腐败、产生扶贫不均。很多地方开始以扶贫到户的形式开展农村扶贫工作，由于缺乏专门立法，各地扶贫工作也出现了一些急于求成的短期行为，挤占扶贫资金、频繁调整工作思路的半截子工程、追求政绩的面子工程等情况时有发生，扶贫工作迫切需要通过立法来推动，从制度上确保扶贫资金的投入和扶贫工作的实效。

为此，需要加强精准扶贫力度，针对不同贫困区域环境、不同贫困农户状况，运用科学有效的程序对扶贫对象实施精确识别、精确帮扶、精确管理。精准扶贫不是简单地对贫困人群施以救助的过程，而是推行一种积极的社会救助模式，考虑"地情、社情、人情"的基本特点，

---

① 《30年中国累计减少逾6亿农村贫困人口》，http://cpc.people.com.cn/n/2014/1016/c64387-25849588.html.

② 参见国家统计局《2011年至2016年国民经济和社会发展统计公报》，http://www.stats.gov.cn/tjsj/tjgb/ndtjgb/.

实现从"补缺型"救助向"制度性"救助转变,从碎片化走向积极整合,实现扶贫方式和社会救助的革命性变化。通过社会救助法治化发展助力精准扶贫,将有助于为贫困群体提供"兜底性"的法治保障。进入精准扶贫阶段,必须用法制手段对中央和地方各级政府的扶贫职责进行界定,分层次界定扶贫职责,各司其职、各担其责。社会救助法制应助力实现"对象要精准、项目安排要精准、资金使用要精准、措施到位要精准、脱贫成效要精准"的具体目标。

四 结语

社会主义核心价值观坚持以人的发展为导向,始终把人民利益摆在至高无上的地位,坚持在经济发展的同时保障和改善民生。目前我国社会保障领域的立法、守法、执法和司法方面还存在许多不足,推动社会主义核心价值观融入社会保障法治建设仍是一项艰巨繁重的任务。社会保障立法应当更好地体现国家的价值目标、社会的价值取向、公民的价值准则,转变社会保障的基础理念,协调效率与公平、平等与公正之间的关系,建立覆盖全民、城乡统筹、代际公平、负担合理、保障适度、精准扶贫的社会保障法律体系和制度内容,推动新时代中国特色社会保障法治的健全发展。

工伤保险

工伤保险法的历史、现状与未来

李海明[*]

摘 要 工伤保险法是近现代社会立法的重要成果,一般认为工伤保险立法滥觞于德国俾斯麦时期的社会立法。然而,工伤保险立法与当代主流的社会保障立法有很大不同,即职业灾害法律救济中权益配置的私法性使得工伤保险之法理根植于雇主责任、侵权法理,这使得工伤保险法的扩张适用受到很大的局限性。各国工伤保险法多有扩张适用和原理再造的成分,这在实务中出现了诸多理论难题,尤其体现在工伤之判定标准上。从因应社会之考虑,在灵活就业的日益普遍并逐渐得到法治保障的情况下,灵活就业人员的工伤保险立法及其适用范围的进一步扩张将是必然。回应现世之法律解释,工伤保险法必须斟酌乃至兼顾两种理念。厘清工伤保险法之脉络,在未来立法与当下解释中均有裨益。

关键词 工伤保险 社会立法 侵权 灵活就业 法律解释

一 引言

倘若以学术期刊之现文来摸索劳动与社会保障法之前沿问题,那么《工伤保险条例》有关工伤认定的条文解释问题就应该是前沿中的前沿问题。以2019年为例,《法学研究》和《中国法学》分别刊登一篇专论:前论,针对《工伤保险条例》第14条立法技术提出建构工伤认定之一般条款的两种路径,并指出,适用一般条款需整体考虑所有工作关

---

[*] 作者系中央财经大学法学院副教授,法学博士。

联要素，并以总量平衡为要义；① 后论，针对《工伤保险条例》第14条第6项以及第16条之过错因素而提出重构基于因果判断的工伤排除规则，并指出，仍然要考虑劳动者过错，但应内置于因果关系判断中。② 足见学界对何谓工伤之争议与贡献，而且法学之双峰顶刊的专论也未必会终结该问题的讨论。事实上，大致浏览工伤保险法相关的国内期刊文献就可轻易判断工伤保险法在学术研究中的显露地位，而且工伤保险中的法律问题比较集中于工伤认定的解释问题。③ 可见，何谓工伤这个基础性问题正是工伤保险法，乃至劳动与社会保障法的前沿问题。

客观地讲，我国的工伤保险纠纷及其处理在市场经济下较早步入正轨，相关学术研究的开展也比较早。2000年，国内的专家、学者以及实务部门工作者就已经结集出版了《工伤保险改革与实践》的论文集，该论文集共分理论、改革发展、实践探索和借鉴四篇，其文献价值和理论深度至今仍不可被低估。④ 郑尚元教授的专著《工伤保险法律制度研究》也属工伤保险法律制度研究的早期成果，基本上属于学术论文未及精深化之前的重要文献。此后，伴随着《工伤保险条例》的有效实施，工伤保险纠纷及其处理的业务日益规范和流量急遽攀升，工伤保险之法学研究才应了上段之情状。目前关注较多的是灵活就业者的工伤问题、退休后再就业的工伤问题、过劳伤害与职业病问题、诸多特殊情形下的工伤判定问题等等，这些问题蕴藏着扩展工伤范围的人文关怀。那么这些问题是否是真问题呢？这就需要洞察现实、贯穿过往，秉承人文关怀、制度理性和实践智慧以把握工伤保险法的历史、现状和未来，关注工伤保险法的多元政策目标与制度变迁、立法体例与制度定位等等。⑤ 这正是本文从宏观视角透视当前具体问题的起因。

因此，本文根本关切之问题仍然是《工伤保险条例》关于工伤认定

---

① 郑晓珊：《工伤认定一般条款的建构路径》，《法学研究》2019年第4期。
② 侯玲玲：《工伤排除规则重构：从过错到因果》，《中国法学》2019年第5期。
③ 中国知网检索主题词"工伤认定"，可见年度发表论文数量极其可观：21世纪初即突破100篇，仅10年来稳定在每年四五百篇。
④ 参见葛蔓《工伤保险改革与实践》，中国人事出版社2000年版，目录。
⑤ 参见郑尚元《工伤保险法律制度研究》，北京大学出版社2004年版，序。

情形的解释问题，并将解释条文的视野放到更为广阔的历史视角和社会视角，以回应《工伤保险条例》实施中所面临的现实问题。本文从职业灾害与保险立法的历史来定位工伤保险法并反思工伤保险法的价值取向，进而审视工伤保险法发展中的贡献、突破和问题，展望灵活就业的工伤立法和工伤保险法的扩展问题，最后回到工伤保险法的法律解释的原则。

二 职灾伤害与保险立法的历史：
滥觞、延展与品格

我们所说的"工伤"简称为"职灾伤害"。比较而已，"工伤"是具象的概念，其意义为因工所受的伤害，有时候又可理解为工人所受的伤害，在英文中为"work related injury"或"workers' injury"。"职业灾害"是抽象的概念，其意义是职业所存在的特别风险，而且这种风险既然称为"灾害"，就意味着成规模的祸害。① 职业灾害的规模化是从工业革命的大机器生产开始的，这个过程基本上是从英国向欧陆、英属地区延播，相应的灾害救济也本土化展开。这期间的事故救济方式是多元的，唯有通过保险立法最终成为职灾伤害防治的主流模式，乃至而今的工伤保险法成为一个与劳动法和社会法均相对隔离的具有独立品格的法学门类。历史地看，职灾伤害与保险立法的历史逻辑大致可分为三步：滥觞于职业灾害、延展于本土制度创新、生成于工伤法品格。

1. 滥觞：工业革命、大机器生产与职灾（生产事故）伤害

在工业革命之前，只有简单的手工作坊，手工业依附并直接服务于农业生产，社会关系主要是围绕农业生产而展开的。工业革命之后，大机器生产成为经济生产的核心，社会关系主要围绕机器生产而展开。生产过程中的灾害也随之发生了重大变化：农业社会的灾害主要是影响动植物的自然灾害，而工业社会的灾害主要是机器事故。两者虽然不具有

---

① 灾害：自然现象和人力行为对人和动植物以及生存环境的一定规模的祸害，如旱、涝、虫、雹、地震、海啸、火山爆发、战争、瘟疫等。见《现代汉语词典》第7版，商务印书馆2012年版。

更迭关系，但属于两种明显不同的灾害。由于机器事故是伴发工作过程的，被认为是职业应有之风险，故而称之为职业灾害。

工业革命是诸多条件集成后发生，工业革命之所以发生在英国，是因为英国商品化的工厂手工业为工业革命提供了两个必要直接前提：拥有大量资本的少数资本家，大量存在的自由受雇的劳动力。英国资本主义工业化之先手是大机器工业替代工厂手工业、轻工业部门，特别是纺织业实现蒸汽动力的机械化。然而，在钢铁工业和化学工业为重点的电气工业化中，英国工业就开始衰落，美国和德国成为重要的竞争对手。德国实现统一后很快就在工业上超过了英国。① 由此看来，工业革命的技术并不是紧紧地限制在英国，英国能够将动力技术全面适用引领蒸汽动力的机械化是其经济生产和社会状况造就的。我们所说的工业革命涵盖了蒸汽动力的机械化、电子工业化，以及后来的信息技术。工伤保险则滥觞于蒸汽动力的机械化和电气工业化中大机器生产及其伴随的生产事故。

比较而言，同样是工业革命后发生的机器生产，其所产生的灾害又有所不同。在纺织业中，大量使用儿童和女工，过度劳动对儿童所造成的伤害尤为严重，② 乃至严重影响人口寿命和兵员质量，因此限制工作时间成为重要的共识。随着工业分工和新行业的出现和发达，事故统计也从传统的火灾、水灾、蒸汽，到涵盖铁路事故、矿山事故、机器事故、高空落体事故等。在美国 10—50 岁的死亡事故统计中，1850 年死于事故的比例为 7%，而 1880 年死于事故的比例为 12%。③ 这说明职业灾害事故在加重。在德国 1887—1907 年的工厂事故统计中，厂主过失的比例在略微下降，工人过失的比例在略微上升，不可抗力的比例变化不大，三者所占比例大致是：低于 1/5，高于 1/4，接近一半。④ 此种不可抗力的事故很难纳入过错责任的范畴，而成为与自然灾害并列感知的

---

① 林举岱：《英国工业革命史》，上海人民出版社 1957 年版，第 1—5 页。
② 恩格斯：《英国工人阶级状况》，人民出版社 1956 年版，第 178—236 页。
③ [美] 约翰·法比安·维特：《事故共和国：残疾的工人、贫穷的寡妇与美国法的重构》，田雷译，上海三联书店 2008 年版，第 44 页。
④ 参见王卫国《过错责任原则：第三次勃兴》，中国法制出版社 2001 年版，第 88 页。

灾。工业事故源于人类对自然世界的深度改造，并模糊了与自然灾害的界限，例如矿难作为灾害就是一种地质塌陷，其表征与泥石流可比。因此，职业灾害本质上是工业事故，只是切换到生产事故的视角来看此种事故时，关切的承受者是工人，故而称为职业灾害罢了。

2. 延展：强制保险的先后发展、地方化制度创新

德国开强制工伤保险立法之先河，并至今沿袭了其最初的基本特征，但是其覆盖范围则从部分工业行业逐步扩展到所有雇员，[①] 工伤保险基金的给付范围也从工伤扩展至特别的补偿领域。从历史的角度来看，德国为世界先行立法之基础值得分析；从现实的角度来看，扩展和完善工伤法律制度也是各国之本有之任务。一个是机遇和条件下的特质和本质，一个是差异化发展的特征和内容。

德国的工伤保险立法是在俾斯麦时期成就的。而俾斯麦的名声主要在铁与血解决问题的信仰上，历史对其的评价是"德国统一、欧洲持久和平的缔造者"[②]。可以想见，德国工伤保险立法或者社会立法是在新国家刚刚建立、内外焕发的背景下完成的。德国社会立法的前奏是1881年的德皇诏书，其中论及将工伤保险扩展到一个更为系统的社会立法的思路，在通过积极寻求促进劳工福祉以抚平社会损失的观念下，指出，"透过紧密连接市民的生活实力，并在国家保护及资助下，缔结合作互助组织，这样的解决方法才能实现（了）单以公权力无法达到同等规模之任务"[③]。社会立法因而随之展开：1883年医疗保险，1884年工伤保险，1889年老年及失能保险。德国能成为第一个社会保险立法的国家，原因有四：其一，在政治不稳的背景下造就以劳工为基础的国家认同；其二，相较而言，德国地区不以自由权发展为传统，自古有主动塑造社会秩序的文化基础；其三，德国无革命传统，自上而下的基础性变革恰是德国传统；其四，德国的公共设施众多，其中的社会保险

---

① 参见葛蔓《工伤保险改革与实践》，中国人事出版社2000年版，第345页。
② 刘自生：《从铁血宰相到新铁娘子：德国总理列传》，（台北）商务印书馆2009年版，第1页。
③ ［德］Eberhard Eichenhofer：《德国社会法》，李玉君等译，（台北）新学林出版社2019年版，第27页。

就是最具特色的以现代技术为基础的服务型经济的内容之一。①诸多因素促成德国的社会立法，也许德国在劳动与社会保障法领域成为先行典范，为诸多国家所效仿，以致工伤赔偿已经成为现代法之重要组成部分。

德国之后，欧洲诸国也纷纷效仿制定工伤保险法，后进国家中的美国在20世纪初才颁布和推行工伤保险法律制度。然而由于各国法律文化传统上的差异，工伤保险有明显的两分类型：一种是建立公共基金的社会保险类型的工伤保险，一种是雇主责任制类型的商业保险。美国一些地方的做法就是商业保险模式的工伤保险。②事实上，不同国家在工伤保险的覆盖范围、认定原理、制度体系等方面均有差异，但是通过保险机制来化解大机器生产带来的工业事故或职业灾害所造成的伤害已经成为通例。

3. 生成：工伤保险法的品格

通过保险来化解风险还不足以成就工伤保险法的独特品格，毕竟商业化的保险可以遵循一般的私法秩序来化解个体的意外风险。工伤保险法的独特品格在于工业社会中的秩序再造，即通过公法的思维来重新配置私人之间的权利义务，在民法的视野里就称为私法社会化或者私法公法化，在公法的视野里就称为公法规范的私法转换或者扩张性公法对市民社会的干预。具体而言，工伤保险法的品格在于破立之间的规则重构，所破除的基于资本主义初期形成的人身损害赔偿规则，建构基于后资本主义时期的人身损害赔偿规则。在资本主义初期，主张过错责任和意思自治，结果就是"普通法规则下的雇工人身损害赔偿是非常廉价的"③，事实上，工人并不能获得应有的赔偿或补偿。在后资本主义时期，工伤保险法获得了强行法和基于因果而定性的品格，其中强行法既是为了分散单个雇主的风险，也是为了保障因果责任的落实。自此，传

---

① ［德］Eberhard Eichenhofer：《德国社会法》，李玉君等译，（台北）新学林出版社2019年版，第28页。
② 参见葛蔓《工伤保险改革与实践》，中国人事出版社2000年版，第320—321页。
③ 郑晓姗：《工伤保险法体系——从理念到制度的重塑与回归》，清华大学出版社2014年版，第10页。

统私法的过错责任和意思自治在工伤保险法中转变成了因果责任和公法强制。

工伤保险法是脱胎于私法或普通法的，也因此保留了私法或普通法的一些规则，从而让工伤保险的覆盖范围上有所例外。最为常见的例外就是对绝对因果责任的修正。例如，酗酒、自我伤害、恶意违法等造成的伤害则不属于工伤，即便其符合与工作相关的伤害的外貌。这些规则在社会立法之前的雇主责任保险中就已经出现，并在后来的工伤保险中得到确认。确认这些规则使得工伤保险法律制度更吻合社会感知。因此，工伤保险法是在坚持因果责任的基础上，"应在因果关系判断中考虑劳动者过错。当劳动者过错足以改变行为（不再是工作行为）的性质时，方可排除工伤认定"①。可以说，一种摆脱过错责任思维的新思维早已形成。劳动者在工作过程中发生的事故伤害，以及因为工作而患职业病的，皆纳入工伤补偿的范围。这个开放的姿态并不限于大规模的工业事故，而是透过工业事故去审视个体所面临的职业伤害及其救济。

回顾历史，工伤保险法的品格生成，有赖于二层因素的集成：微观层面，雇主责任的强化；宏观层面，福祉供给的实施。

在微观层面，有很多理由要求雇主对劳工所遭受的事故伤害承担责任：其一，雇主作为经营者，应该整体上考虑此种风险，雇主不仅承担物资损失的风险，也应该承担雇员受伤的风险，这在具有主仆身份色彩的用工中更易理解；其二，把事故风险的责任分配给雇主更有利于雇主采取预防措施，减少雇主放任事故的机会主义；其三，在难以判断过错的情况下将机器人格化，并将机器所造成的劳工伤害归责于雇主具有私法上的逻辑理性，即完全可推断此种未知的机器瑕疵属于雇主担保的延伸。此外，朴素的利益考虑中，劳工为雇主利益而工作，其中所出现的意外也应由雇主承担责任。简言之，雇主承担劳工在工作中的风险是具有个体理性的社会行为。

在宏观层面，工伤保险法之所以成为因果责任法，端赖其引领并融入了社会立法。社会立法不羁绊于个体的过错，而从福祉供给的实施理

---

① 侯玲玲：《工伤排除规则重构——从过错到因果》，《中国法学》2019年第5期。

由上来塑造工伤保险之实质为工伤补偿。有很多理由可将因工所受到的伤害赔偿演化为工伤补偿：其一，劳工团体的发展和劳动运动的压力促使国家考虑社会化补偿工伤，这在工会法发达的国家表现得尤为明显；其二，为经济和人口健康发展的目标而形成的社会政策，这是因为只有预防工业事故和有效救济事故伤害才能实现经济的良性发展和劳动力资源的维系开发；其三，人权发展和劳工在政治国家中的地位提升也是一个重要因素，人权发展在英美体现得尤为突出，劳工群体对民族国家的政治意义在德国体现得更为明显。简言之，国家与社会对劳动力和劳工的重视是最终实现工伤保险法脱离私法而最终成为强行法和因果责任法的社会基础。

三 工伤保险法的现状：贡献、突破与问题

中国的工伤保险法是随着中华人民共和国的成立而展开的，根据立法变迁可将我国的工伤保险法分为改革前和改革后两个阶段。改革前，《劳动保险条例》规定劳动保险的专门法规，工伤之待遇就规定在这部法规中。整体来看，改革前的工伤保险的规范体系并不发达，但是工伤保险的实践已经展开。从职业病范围和职业病患者处理的具体内容来看，[①] 我国的职业预防和处理规则均是比较完善的，工伤保险待遇也是有保障的。改革后，我国的经济体制发生变化，原有体制不足以回应市场化的工伤事故和纠纷，工伤保险的地方实践和创新也随之展开。20世纪90年代，工伤保险制度改革上升为部门规章，包括《职工工伤与职业病致残鉴定标准》和《企业职工工伤保险试行办法》。进入21世纪，又有《职业病防治法》《安全生产法》《工伤保险条例》等法律法规。特别是，2003年颁布的《工伤保险条例》，经由2010年的修改，已经成为我国工伤保险法的最重要的法源。《工伤保险条例》的法律实施已经成为劳动与社会保障法领域最具实务性的内容。围绕《工伤保险

---

① 1957年，卫生部颁布《职业病范围和职业病患者处理办法的规定》。1987年，重新修订该规定，还增加了不少内容。

条例》，我们可以简略窥见我国工伤保险法的贡献、突破与问题。

1. 贡献

虽然没有专门的《工伤保险法》，但是《工伤保险条例》已经建构并实施了我国的工伤保险法律制度。我国的工伤保险法律制度为工伤认定、劳动能力鉴定、工伤保险待遇等业务的展开提供了基础，也为广义上的工伤工作提供了法律基础。回顾《工伤保险条例》的实施，可总结其四点贡献或成就：

其一，切实有效地化解了职灾风险，为企业和职工同时提供了福利。以2018年为例，我国工伤保险参保人数23874.4万人，享受工伤保险待遇人数198.5万人，工伤保险基金收入913亿元、支出742亿元，累计结余1784.9亿元。[①] 2017年，我国争议原因为工伤保险的劳动争议案件84577件。[②] 大致比较来看，一个年度内有190万以上的劳动者不经争议处理就可享有工伤保险待遇，这个数量是很大的；一个年度内的劳动争议案件也是近10万的数字，数量虽大，但与享受工伤保险待遇的人数相比，其比例也是相对较小的。可见，工伤保险法律制度非常实在地为企业分散了风险，为劳动者提供了补偿。

其二，为用人单位的工伤赔偿责任提供了依据。《工伤保险条例》第66条规定了未参加工伤保险的单位的赔偿责任，以及童工受伤亡的单位赔偿责任，这为雇主赔偿责任提供了规范基础。用人单位有迫切参加工伤保险的认识，单位用工致伤亡的雇主责任已经成为社会常识。

其三，为劳动者保护自己的权益提供了依据。从工伤保险相关的劳动争议案件可见劳动者的权益诉求。尽管由于法律制度的不完善，特定情形下劳动者仍然面临着享受工伤保险待遇的障碍，但是劳动者通过法律保障其工伤权益的意识已经得到普及。

其四，工伤保险法学、工伤保险业务、工伤保险司法已经全面展开并日趋成熟。自2003年开始，工伤保险法学研究硕果累累，劳动行政部门的工伤保险业务全面展开，工伤保险相关纠纷的司法以及相关的法

[①] 《2019年中国统计年鉴》，自中国知网中国经济社会大数据研究平台检索而来。
[②] 《2018年中国劳动统计年鉴》，自中国知网中国经济社会大数据研究平台检索而来。

律服务均日臻发达。

2. 突破

基于工场劳动而建立起立的工伤保险法律制度本身就是对传统契约法和侵权法的重大突破，以致唯有剥离于传统民法的范畴才能实现各自理论上的自洽。然而，工伤理论在各国实践的基础上均有一定的突破。以德国法为例，不仅真正职灾保险的适用范围不断拓展，而且还发展出诸种不真正职灾保险：履行社会法上登记之真正职责的职灾保险保障，出于公益之动机所发生之意外，志愿服务、基于自愿或公益目的所生行为之保障，幼儿园儿童、学生和大专学生之保障，建筑房屋、复建和照顾之保障。① 就工业灾害之分散化解而言，我国工伤保险法律制度也有一些明显的制度突破：

其一，上下班途中事故伤害纳入工伤。上下班途中事故，又称之为通勤事故。从比较角度来看，是否将通勤事故伤害纳入工伤的确是地方化的问题。有统计显示，将通勤事故纳入职灾的国家有澳大利亚（部分地方政府未包含）、奥地利、比利时、智利、爱沙尼亚、芬兰、法国、德国、希腊、匈牙利、冰岛、爱尔兰、以色列、意大利、日本、卢森堡、墨西哥、波兰、葡萄牙、斯罗维尼亚、西班牙、瑞典、瑞士，未将通勤事故纳入职灾的国家有加拿大、捷克、丹麦、韩国、新西兰（但职灾就医途中及雇主提供机动车辆属之）、挪威、斯洛伐克、土耳其（但雇主提供交通工具属之）、英国（但雇主提供交通工具属之）、美国，社会安全制度未就职灾做特殊安排的国家如荷兰则无论该问题。② 在我国，1996 年《企业职工工伤保险试行办法》规定"在上下班的规定时间和必经路线上，发生无本人责任或者非本人主要责任的道路交通机动车事故的"，2003 年《工伤保险条例》规定"在上下班途中，受到机动车事故伤害的"，2010 年修订后的《工伤保险条例》规定"在上下班途中，受到非本人主要责任的交通事故或者城市轨道交通、客运轮渡、火车事故伤害的"。可见，将通勤交通事故伤害纳入工伤的范围是我国的

---

① ［德］Eberhard Eichenhofer：《德国社会法》，李玉君等译，（台北）新学林出版社 2019 年版，第 323—328 页。

② 张其恒：《论通勤灾害应否视为职业灾害》，《政大劳动学报》2011 年第 27 期。

惯例，但这个惯例是谨慎地、有限制地将上下班途中的伤害纳入工伤。一些比较谨慎的国家是以雇主是否提供交通工具为标准来划定界限，而我国是以上下班途中所受伤害是否与公共交通工具有关，同时还考虑责任划分。这种制度突破带来了理论上的两个复杂性：（1）回归侵权法，重染过错责任，打破因果责任的纯粹性；（2）似乎在考虑非职场的工业灾害（机器意义上的交通工具）的保险责任。

其二，将职场的突发疾病死亡纳入工伤。突发疾病死亡是否属于工伤，一般应探究其与工作的内在因果，这是工伤应有之理。但是，我国将其规定为"48小时条款"下的工伤。2003《工伤保险条例》规定"在工作时间和工作岗位，突发疾病死亡或者在48小时之内经抢救无效死亡的"，该规定虽然争议很大，2010年修订后的《工伤保险条例》也未作修改。该条款实施面临着比较突出的道德问题、类比公平性问题。在法律解释中，可把在工作时间和工作岗位之突发疾病视为职业伤害乃事故伤害范围发展之极致，而独立规定疾病促发或恶化与工作有相当因果关系者视为职业病乃职业病范围应有之突破。[1] 换言之，作为事故伤害，我国的"48小时条款"下的工伤是非常特殊的立法例，而相关的职业病的突发应该是另外一个问题。

如上两个工伤法理上的突破成为工伤保险法学研究中的两个突破性的问题点，堪称工伤学术之问中的两个皇冠明珠，注目者众多。此外，视同工伤中所列举的另外两种情形也突破了工伤的一般理论。一种是在抢险救灾等维护国家利益、公共利益活动中受到伤害的，一种是职工原在军队服役，因战、因公负伤致残，已取得革命伤残军人证，到用人单位后旧伤复发的。在疫情背景下，人力资源社会保障部、财政部、国家卫生健康委联合发文《关于因履行工作职责感染新型冠状病毒肺炎的医护及相关工作人员有关保障问题的通知》强调，"在新型冠状病毒肺炎预防和救治工作中，医护及相关工作人员因履行工作职责，感染新型冠状病毒肺炎或因感染新型冠状病毒肺炎死亡的，应认定为工伤，依法享受工伤保险待遇。已参加工伤保险的上述工作人员

---

[1] 拙作：《依"48小时条款"之病亡的工伤定性》，《法学》2016年第10期。

发生的相关费用，由工伤保险基金和单位按工伤保险有关规定支付；未参加工伤保险的，由用人单位按照法定标准支付，财政补助单位因此发生的费用，由同级财政予以补助"①。这个通知强调"医护及相关工作人员因履行工作职责"的为工伤，并最终由财政补贴相关费用。这里的"相关工作人员"的范围可能是比较狭义的，而不能将所有参与疫情防治的人员纳入其中。② 事实上，视同工伤的情形之二已经为疫情背景下突破性的认定工伤提供了法律依据，即抢险救灾中的伤害可认定为工伤。

3. 问题

就社会保险而言，工伤保险的法律语境最为丰富，法学话语也较为明显。这使得工伤保险法律制度实施中的问题就比较明显。就现有制度之实施而言，一些共识性的问题有待进一步的制度发展。

其一，工伤一般规则的建构和工伤认定具体情形的解释问题。在认定工伤情形的外延扩展和适用解释中，不仅面临着特定情形解释的统一性问题，而且面临着不同情形解释的内在一致性问题。就此而言，工伤保险中的因果责任的抽象适用性远不如私法中的过错责任的抽象实用性。也因此，工伤之具体情形往往是通过列举来实现的。这在英美判例法中表现得尤为突出，其并不是抽象地解释何为"因雇佣关系而产生的"和何为"在雇佣关系存续过程中"，而是类型化出工作往返、娱乐活动、绕道、双目的旅行、打闹、心理伤害、不可抗力或自然行为、袭击、先在存在的伤害、后伤、自杀、中毒、职业病、与工作无关的活动、突发情况等情形下的具体认定方法。③ 但是，大陆法系似乎总倾向于抽象定义工伤。最近之研究趋向表明了此种努力。一般认为应该有工伤认定的一般条款，并认为，"此一般条款，仍需以工作关联性为核心，

---

① 《人力资源社会保障部财政部国家卫生健康委关于因履行工作职责感染新型冠状病毒肺炎的医护及相关工作人员有关保障问题的通知》（2020年1月23日）。
② 与医护人员相关的工作人员一般指医疗系统或机构内的各相关工作人员，可涵盖医疗机构内的所有人员。但是，第三方机构和人员参与到防疫之中，则似乎并不属于这里的"相关人员"。
③ Neal R. Bevans, *Workers' compensation law*, Delmar, 2009, pp. 101 – 137.

既可采高度抽象的'大一般条款'模式，以'其他与工作密切相关的事故伤害或疾病'来替代现有兜底条款，同时解决拾遗补阙与整合资源两大难题；也可暂借《工伤保险条例》第14条第1项之动态化解释，形成要素确定型'小一般条款'"①。就文义之张力来看，无论条款大小，但凡明示工伤之抽象本质，则无不在解释上面临着模糊的情形和复杂的推理。当工伤之内涵不可避免地揉合侵权赔偿、保险责任、社会补偿等内涵时，各种抽象路径则必然难以达成一致，工伤认定的一般规则的建构在很大程度上难以统合理论与实务。

在缺乏一般规则的情况下，具体解释工伤之列举情形乃至排除情形时就面临着理论上的难题。尽管有观点认为，"在逻辑上，工伤认定规则中的因果关系应该具有周延而完整的解释力"，但是这明显是一种学术理想和努力，仅就视同工伤的诸种情形来说就毫无因果关系的解释力。此外，应为工伤之诸情形的列举也难免出现认定逻辑上的差异性。有迹象表明，疑难案例的解释中呈现出要素衡量的模糊判断。在具体之工作时间、工作场所、工作原因的判断中，外出接人的工作场所是比较特殊的，将之认定为工作场所比较勉强；因工作原因的判断也比较特殊，将下楼摔伤认定为因为工作也比较勉强；把不够谨慎的过失排除在外也比较诡异，搜出雨雪天气的客观影响更是让问题复杂化。然而，三种因素或者三个步骤揉合后认为此种情形属于工伤。②笔者认为，案中情形若属于工伤则明显需要类比通勤工伤，而在所谓之"小一般条款"中解释为工伤则明显与普通人的理解有出入。基于工伤认定中因果关系的宽泛化解释，笔者也倾向于认定案中情形为工伤，但是其解释思路不应该是弱因素叠加的论证思路，而应该是在根本上扩张工伤之范围，在区分真正工伤和不真正工伤的基础上慷慨地保障劳动者、化解劳动风险。唯有如此，工伤之认定问题才能迎刃而解。

其二，工伤认定的权力配置与程序优化问题。尽管工伤认定纠纷在整个工伤认定业务中属于可接受的事宜，但是复杂个案所呈现的问题仍

---

① 郑晓珊：《工伤认定一般条款的建构路径》，《法学研究》2019年第4期。
② 参见最高人民法院40号指导案例。

然是非常突出的，并突出表现为两个问题：（1）工伤认定的权力如何在行政机关和司法机关进行配置；（2）工伤认定的程序如何优化的问题。

从工伤认定机构的定性来看，理论上有三种认识。"工伤认定机构行政说，这种观点认为工伤认定机构应当是行政机构，认定行为属于国家行政行为；工伤认定机构社会组织说，这种观点认为，工伤认定机构应当属于介于公力机构和私人之间的社会性组织；工伤认定机构民间组织说。"① 从现实来看，我国的工伤认定机构是劳动行政部门。工伤认定之法律救济会表现为行政复议、行政纠纷，属于典型的行政救济。从实务来看，劳动行政部门因此而经常成为被告，而且会在一审法院和劳动行政部门之间出现反复而造成程序上的诉累。改革工伤认定机构，使之成为典型的社会法上的组织，自然可减少劳动行政部门的不当诉累。在公私二分的诉讼程序中，改革为适用民事程序的民间组织也必然不妥。理想的状态是建构独立的社会法院，秉承多方参与和政策法律化的理念，使工伤认定既能得到行政上的担保，又能通过便捷的私法救济得以实施。

同时，工伤认定程序上的复杂性也将随之化解。工伤案件之程序复杂性备受诟病。有统计显示，工伤维权可能经过的程序包括：证据不足先确认劳动关系的劳动仲裁、民事一审二审，工伤认定部门做出工伤认定结论，对结论不服的行政复议、行政一审二审，工伤认定部门重新做出工伤认定结论（可能进入程序循环），劳动能力鉴定部门做出伤残等级鉴定，对鉴定结论不服的再鉴定，工伤待遇赔偿的劳动仲裁、民事一审二审等，这些程序叠加后时间在3—6年。这远超一般民事或行政案件的正常期限，而从实务来看，工伤纠纷同时经历民事程序和行政程序的比例极大，这是因为，工伤因果关系的法律判断是个别情况，而是否劳动关系以及用人单位和劳动者之间纷争的展开才最为普通。由此来看，对工伤案件的程序进行简化，并创设社会法上的纠纷处理有着其内在的合理性。

此外，工伤保险制度之本原是富含预防功能，通过保险基金的积极

---

① 郑尚元：《工伤保险法律制度研究》，北京大学出版社2004年版，第81页。

给付推动工伤预防措施的实施和生产安全设施的更新,以有效减少重大工业事故为目标,而工伤保险法实施的重点转向了基于保险费率的间接预防和基于保费平衡的保险预算,积极性工伤保险给付异化为不真正职业灾害的立法突破和法律认定。在此背景下,工伤认定的实体和程序纳入传统的基于公私划分的法律思维,工伤保险给付之问题也随之复杂化,一个典型的问题就是工伤保险给付和侵权损害赔偿之竞合问题。此问题之早期被引多可追溯至王泽鉴先生的全排列整理和归纳:以劳灾补偿取代侵权责任、选择模式、兼得模式、补充模式。[①] 经过一段时间的实践和沉淀,侵权赔偿和社会保险并行给付的主流见解已经在很大程度上与实践实现了协调,即"侵权赔偿项目与社会保险给付项目在项目类别、表述及具体的计算标准上各有不同。并行给付问题的解决,取决于被侵权人、侵权人和社会保险机构之间的利益调整。侵权赔偿与社会保险给付是否构成重复填补,应依不同赔付项目的不同性质分别判断。"[②] 事实上,工伤保险给付的问题还不仅仅在于竞合问题,还在于工伤保险给付水平的基础问题,此一点在工伤保险待遇之工亡给付中就比较突出,相应的司法实务和相应解释也有疑难问题。

四 工伤保险法的未来:灵活就业的"入流"与制度配给的思考

从工伤保险的历史和现状出发,会纠结于工伤保险法走向未来的动力,保守的观点会是立足现有法的解释论,期待通过司法审判者的经验积累来最终实现工伤保险法的修缮。然而,时代的发展已经将更大的任务或挑战摊在工伤法面前,工伤保险法的未来有待于社会法的进一步独立方能跟随将来的政策与立法并进一步融入社会法的体系建构中。其中,当务之急则是灵活就业的工伤事宜。

---

① 王泽鉴:《民法学说与判例研究》(重排合订本),北京大学出版社2015年版,第866—968页。
② 周江洪:《侵权赔偿与社会保险并行给付的困境与出路》,《中国社会科学》2011年第4期。

1. 新时代与灵活就业

当今之时代是一个新时代。目前并没有对这个新时代的名称形成统一称谓，故而众说纷纭，诸如信息时代、大数据时代、平台时代、第四次工业革命等。在新时代，"中国共产党人的初心和使命，就是为中国人民谋幸福，为中华民族谋复兴"，具体到就业上，就是"提高就业质量和人民收入水平"①。其中的背景是我国通过改革开放融入全球化的背景下，全球化的新时代的一个现实是就业形式的变化以及其背后的尚未描述清楚的新劳工问题。马克思认为，整体而言，现代工业运动就是不断地让劳动者失业或半失业。② 这可能更多是从生产效率不断提升的角度来下结论的，在后福特主义之新时代，则是灵活就业主流化下的用工模式的变化。为什么如此说呢？这是因为后福特主义的劳动用工就是要打破福特主义时代形成的集中的、标准化的流水线生产以及与之相匹配的集体劳动法。后福特主义的趋势是：传统劳动用工岗位被大量替代，劳动就业的流动性增强，新技术提出了基于网络协同的、在家办公的、个人负责的分散工作。③ 后福特主义时代实现了大规模的核心劳动力和边缘劳动力的结合，核心生产组织中的劳动力处于"监督无处不在，但监督者不知是谁"的控制中，边缘生产组织中的劳动力处于"没有集中化的集中"的标准化劳动密集型生产。④ 从劳动法的视角来看，这种转变就是灵活就业的大量兴起及其主流化。

灵活就业在我国也是一个政策上鼓励、现实中活跃的现象。在指导灵活就业人员参加基本医疗保险的部颁文件中，灵活就业人员包括以非全日制、临时性和弹性工作等灵活形式就业的人员。⑤ 此外，《社会保险法》《就业促进法》以及大量的稳就业的政策文件中均使用"灵活就

---

① 参见习近平《决胜全面建成小康社会 夺取新时代中国特色社会主义伟大胜利——在中国共产党第十九次全国代表大会上的报告》。
② Karl Marx, *Capital*, Vol. 1, London: George Allen & Unwin, 1949, p. 647.
③ 张世鹏：《德国学者论资本主义向"后福特主义劳动社会"过渡中的劳动问题》，《国外理论动态》1995 年第 30 期。
④ 谢富胜：《资本主义的劳动过程：从福特主义向后福特主义转变》，《中国人民大学学报》2007 年第 2 期。
⑤ 劳动和社会保障部办公厅关于城镇灵活就业人员参加基本医疗保险的指导意见。

业"的概念并支持多渠道灵活就业。在域外,灵活就业多称为非正规就业。非正规就业这个称谓源自国际劳工组织,其理论学说主要有贫困就业理论、二元经济理论和制度边缘理论。[①] 无论从其称谓,还是其理论基础来看,非正规就业被认为是一种非主流的就业形式。然而,随着生成用工关系的经济社会转型,新时代的劳动用工已经渐渐缺失了正规与非正规的二元格局。此外,考虑到中文词汇的通常认识,我国主要以"灵活就业"来指称这种域外来的或者市场化的非正规就业。目前,我国统计的灵活就业的数字则主要与低保制度、特殊人群的就业相关,而事实上的灵活就业的规模可能是非常巨大的。倘若以宽泛的含义来认识灵活就业的话,灵活就业者包括各种各样没有长期劳动合同的劳动者。当下,灵活就业人员至少包括个体创业者、自由职业者,以及各种散工,其社会印象多是各种平台下的司机、快递员、维修工、家政工等。

尽管新时代的目标是不断提升就业质量,但这并不意味着回归传统的"固定工"。应该看到灵活就业作为新时代生产模式的必然性,特别是在5G、互联网、AI等新技术支撑下的信息时代中,灵活就业可能将成为多数人的就业方式和谋生方式。也应该担忧根植于资本主义之恶以及向宏观放大的灵活就业所带来的诸多弊端,例如收入降低、贫富分化、引发冲突等。但是,整体来看,中华民族是一个勤劳的、富于家国情怀的民族,通过辛勤劳动实现家庭财富的积累,追求"齐家、治国、平天下"。从中国的文化和国情来看,灵活就业应该是积极的、有意义的就业方式,围绕灵活就业的政策和制度会逐渐生成、发达和完善,并应具有明显的中国特色,以化解担忧、增进民生福祉。就此而言,灵活就业必将是一种非常重要的就业方式,也必将成为一个重要的社会法规范领域。

2. 灵活就业者工伤的救济困境与出路探讨

灵活就业者难以与特定用人单位形成法律上认可的劳动关系。以高

---

① 丁金宏、冷熙亮、宋秀坤、B. Hammer、徐月虎:《中国对非正规就业概念的移植与发展》,《中国人口科学》2001年第6期。

到 7000 万的网约工为例，其中快递员、外卖送餐员众多，其多未与平台签订劳动合同，而是存在各种各样模糊的合作服务协议，明确放弃劳动与社会保障法的保护，此种情况下最为突出的问题就是工伤问题。①从现行法来看，灵活就业人员无法参加工伤保险，无法享受工伤保险待遇；没有特定的用人单位为其负责，无法参照工伤保险法律制度向平台或其他关联单位请求损害赔偿。从全国层面来看，我国在推行非全日制用工时曾提到用人单位应当按规定为非全日制员工缴纳工伤保险费，②但是该意见并不周详，也未实际就非全日制员工的工伤保险具体落地。此外，灵活就业者之主流形式是完全的去劳动关系化，非全日制用工的形式反而是少数。从地方的探索来看，有 2007 年南通市的《关于灵活就业人员参加工伤保险的通知》、2009 年潍坊市的《关于灵活就业人员参加工伤保险的通知》、2017 年苏州的《吴江区灵活就业人员职业灾害保险办法（试行）》等等，但是这些实践做法执行得并不彻底，相应的地方经验似乎并不成熟。③ 总之，就灵活就业者的工伤救济状况来看，没有畅通的制度保障，具体之救济只能按照民事究责的途径进行，在预防需求非常急切的情况也只能通过商业意外保险来化解分散。有关灵活就业者工伤困境的出路探讨也就此展开了，可列举如下三种观点，分别为德国模式、本土模式、理想模式。

一种观点认为，工伤保险的主体和待遇给付比较特殊，将工伤保险制度适用于灵活就业者是不妥当的。其理由是工伤保险以人身依赖性为前提，由于灵活就业者缺乏人身依赖性，则无法将工伤保险覆盖到灵活就业者。该观点主张借鉴德国的自雇者事故保险，通过自雇者联合会强制会员参保，单独核算费率，不区分生活风险和工作风险。④ 此种观点可称之为德国模式，或者自雇者强制事故保险模式。此种观点有赖于德

---

① 参见北京义联社会工作事务所《非正规就业者工伤权益保障情况调查研究报告——以北京地区外卖、快递、同城速递为例》，2019 年，讨论稿。
② 参见《关于非全日制用工若干问题的意见》。
③ 参见北京义联社会工作事务所《非正规就业者工伤权益保障情况调查研究报告——以北京地区外卖、快递、同城速递为例》，2019 年，讨论稿。
④ 参见娄宇《新就业形态群体的社会保险制度设计》，《中国医疗保险》2020 年第 1 期。

国经验的深入研讨和制度移植的全面考虑。从比较的角度看，此种路径是备受重视的。

一种观点认为，可借鉴南通、潍坊等地的试点，本着以支定收、适当补贴、分账管理、能保尽保、合理补偿的原则，以单赔模式替代双赔模式，主要给付治疗和康复费用。① 此种观点可称为地方模式，或者单赔模式。综观此种观点，这里单赔模式还不仅仅修改与民事侵权竞合下的并行给付模式，其主要之变通是基于基金运行考虑的给付消减，即"对于灵活就业的工伤保险应以治疗和康复为主，辅助以对因工作伤亡造成的特困劳动者及其家庭的救济，其不能标准过高，不能过于理想化，以免影响制度的实施"②。如此这般，其实际情形就会倾向于成为独立的保险，而且还是给付受限的事故保险。此种路径可能更接近于当前的有限的制度努力。

一种观点认为，应该将平台经济下灵活就业者纳入劳动法的保护范围，从根上解决灵活就业者的工伤救济问题。此种观点可称为传统模式。平台经济下的灵活就业者的缴费模式为平台缴费加政府补贴的模式，工伤认定应以灵活就业者申请为先，待遇给付标准应为一次性标准给付。③ 这种观点本身是一种理想模式，更多趋向于价值导向，而具体之制度又有所变通。

3. 灵活就业"入流"工伤保险法的制度配给

《工伤保险条例》显然无法覆盖所有职业灾害之风险。面临着越来越多的灵活就业者及其职业灾害，将来的工伤保险政策与立法必然要因应此种现实，只是工伤保险法的制度配给要处理好三个问题：

其一，职业灾害与非职业灾害的区界问题。职业灾害之概念虽然产生于大机器生产事故，但是其规范转化却是基于雇佣关系而展开的。也因此，职业灾害伤害更准确地应称为工伤。当下关于工伤保险法适用的

---

① 李坤刚：《"互联网+"背景下灵活就业者的工伤保险问题研究》，《法学评论》2019年第3期。
② 李坤刚：《"互联网+"背景下灵活就业者的工伤保险问题研究》，《法学评论》2019年第3期。
③ 李海明、罗浔阳：《平台经济下灵活就业者的权益保障》，《创新》2019年第5期。

疑难问题多是在工伤认定上展开的。将来之立法若突破雇佣关系建构新的工伤保险，则很难再将其称为工伤。在此意义上，灵活就业者的工伤是职业伤害，或者把工伤理解为工人所受之伤害。一旦将工伤认定的出发点从关系认定转移为身份认定，则意味着职业灾害与非职业灾害的界限将更加不明显。也因此，德国法上的自雇者保险并不区分生活事故和工作事故，其全然是一个新的险种或保险存在。倘若在灵活就业群体中并不区分职灾与非职灾，则意味着建构一种终究要突破行业限制的全事故保险，这意味着要全面整合事故保险以涵盖目前各种典型化之交通事故保险、工伤保险、学生意外伤害保险等，乃至将重铸商业人身保险之险种供给。从大统一的角度来看，不区分职灾与非职灾也未尝不可。但是鉴于现实和制度路径依赖，并考虑到职灾最初渊源于生产事故，可考虑建构一种统合工业和服务业的新型职灾，并谨慎区分生活事故和工作事故。

其二，职灾给付的权利基础与竞合问题。给付竞合是现代法与传统法接合中的一大难题，其问题根源在于权利基础。倘若把权利基础建构在统一的私法基础之上，则会根本性消解制度安排上的竞合问题。但是，工伤保险的基础建构是公私混合的，其待遇给付并不区分雇主是否承担责任，但又没有明确切割与雇主责任的联系，这使得职灾给付中的并行给付成为现实。此外，从职灾给付的内容来看，其标准化给付又内部分裂为过去填补与将来填补。过去填补是指保险给付直接填补给已经发生的费用，例如医疗费用，受害者不能获得受领后的实际支配；将来填补是指保险给付填补给即将发生或正在发生的费用，例如伤残补贴，受害者因受领给付而获得实际的支配。一般的事故补偿只是过去填补，而工伤保险则形成了将来填补，这在遗属给付中更为明显。从区分自己责任和社会责任的角度来看，职灾给付应当建构涵盖将来填补的理论体系，自雇者应当获得与受雇者同样的将来填补，概因为工作风险是一种社会风险，不能混同生活风险与社会风险。在此意义上，灵活就业的职业保险必需是一种与传统职灾保险相当的保险，否则尚不如直接纳入医疗保险的制度框架。

其三，职灾保险的目标扩张问题。传统职灾保险的目标或功能是多元的,相应的制度内容不仅包括工伤补偿给付,而且包括事故预防、继续性的康复计划。因此,工伤保险与交通事故保险的一个明显区别是前者应该有预防性给付,而后者仅是一种较为单纯的保险。然而,工伤保险基金的预防性给付的实际情况并不受关注,基金之实际支出情况也不清晰。预防给付和康复持续给付的弱化使得工伤保险的社会法属性弱化,并最终使得其险种更接近事故保险和责任保险,当初以社会保险替代雇主责任的制度定位受到了挑战,抑或其最初的定位只是追求适度的社会化,而并非理想状态的完全社会化。在灵活就业的职灾保险制度设计上同样面临这个问题。这个问题的回答会根本性地重置上面两个问题的答案。

基于新时代灵活就业的现状,为灵活就业者简单设计独立的工伤保险也极有可能。而从工伤保险作为社会法的制度演变及其精神品格出发,建构灵活就业"入流"工伤保险的统一制度体系则是一种较为理想的选择。其中所面临的问题也是非常明显的,值得强调的是,传统大机器生产的职灾、现代工伤保险法覆盖范围扩张的职灾,以及灵活就业者所面临的职灾具有本质的一致性,即逃逸家庭人口生产和经济生产一体化模式后,人的劳动具有市场化之本质属性,通过劳动集聚实现市场经济的有效运转,而个体所面临的劳动"卡壳"风险应由职灾所覆盖。与工业革命初期确立社会化工伤保险所考虑者趋同,市场应有保护劳动者的理性,社会应有预防灵活就业者职灾的有效措施,区分工作与生活两个世界也是人之发展的基本底线。在此意义上,灵活就业者的工伤保险应最大限度地切入传统工伤保险的制度体系,并在社会法制的未来繁盛中实现工伤保险法的最初理想。

五 工伤保险法的法律解释问题

尽管《工伤保险条例》第一条明确了工伤保险法的三个目标,[①] 却

[①] 即,保障因工作遭受事故伤害或者患职业病的职工获得医疗救治和经济补偿,促进工伤预防和职业康复,分散用人单位的工伤风险。可总结为劳动者、社会、单位三个主体所追求的本位目标。

并没有明确具体制度的解释原则。在某种意义上,《工伤保险条例》将工伤保险工作交由社会保险行政部门负责,也意味着具体工作所涉及的解释问题主要由行政部门来解释。然而,工伤保险纠纷之展开所涉及的实体法、程序法均十分繁杂,相应的法律解释不仅不由行政部门做主,而且在司法部门内部也产生了明显冲突性的解释。这在涉及挂靠劳动者的工伤认定时显得尤为突出。此外,简单法律条文的过度实施客观上极度体现了语言文字的张力,尤其是《工伤保险条例》之第14、15、16条以及工伤保险待遇的具体条文和关联条文在实践中出现了各种各样有待解释的情形。此时就需要明确工伤保险法的解释方法和原则。当然,工伤保险法应当遵守法律解释的一般原理,诸如文义解释、体系解释、目的解释、历史解释等。此外,工伤保险法还应当确立其具体解释中的基本原则。

其一,有利于劳动者是否是工伤保险法解释中的基本原则?事实上,尽管劳动者权益保障被认为是劳动法的基本原则,[1]但是有利于劳动者并不必然是劳动合同法解释中的基本原则,越是深入研讨劳动合同法具体规范的解释,其解释立场就越趋于中立和平衡。而工伤保险法的解释中极少提到保护劳动者或者有利于劳动者作为法律解释的基本立场。就此而言,以有利于保护劳动者而对工伤保险法的具体条文做扩张解释或限缩解释都是比较困难的。

其二,真正工伤和不真正工伤在解释原则上的差异性。无论事故伤害还是职业病,真正工伤所聚焦的认定情形的解释终究要回到工伤的定义上,即探究伤害经由事故或患病与工作或职业的关联性。此时,虽然是条文解释问题,其实质为事实认定问题,即客观存在的事物间的联系的认知问题。在笔者看来,此种解释的关键是实现纵向和横向比较的统一性和公平性。例如,同样的交通事故伤害,倘若在上下班途中就可认定为工伤,而若在中午外出午餐的情形下就不能认定为工伤,则明显与客观的因果关联性的通常认识有出入。当然,客观事物的联系千差万别,影响因素不确定,事事同一也不可能,此恰是真正工伤解释的魅力

---

[1] 刘俊主编:《劳动与社会保障法学》,高等教育出版社2018年版,第22—24页。

和美妙之处。

其三，不真正工伤的解释一定是限缩适用的解释趋向吗？一般而言，不真正工伤的制度应该是类比性独立运行，否则就必然产生制度内的巨大不统一。且不论我国不真正工伤的制度完善，但就不真正工伤的解释来看，一个非常站得住的理由就是看工伤保险基金的承载能力。简言之，倘若工伤保险基金留存绰绰有余，似乎可充分容纳不真正工伤，否则就必须做严格解释，此即政策视角的实力解释原则。而但就现行规定来说，不真正工伤又常常存在真正工伤的影子，例如，"48小时条款"背后的过劳伤害，抢险救灾背后的为了单位利益，这都为理论上的自洽解释提供了想象空间，但也可能构成了异化解释的可能性。整体而言，不真正工伤在性质上更具有社会性，社会政策的影响更为深刻，将其解释权授权给最高行政部门，以策应现实之各种情况，以让制度获得广泛的适应性，更为妥当。

就疫情期间发生的疾病感染而言，从此种事故原本并非产业意义上的风险，病毒肆虐之下受感染者众多之时，且不论保险基金之承受能力，但就职灾保险之初始目标而言，此种重大疫情宜有单独之统一应对。从工伤定义来看，事故伤害和职业病的界限有时候是不明确的，此时就需要一些简单粗糙的划分方法，例如有国家以5天为限，[①] 接触后5天以内发生伤害的为事故伤害，超过5天发生伤害的为职业伤害。那么，从新型冠状病毒的传染、潜伏和发病来看，多数属于超过5天之情形。因而，从职业病之认定来看，自然要限制为职业接触，所认定工作者也将限于医务人员。而从不真正工伤的角度出发，重大疫情暴发之下，职业活动平添了严重风险，就不应拘泥于真正工伤的因果判断，而应统筹安排、专项基金为所有职业活动者提供平等的职灾风险，不论是否为医护人员、是否在上下班途中、是否灵活就业，而为疫情期间从事职业活动者提供平等的参考工伤保险的待遇给付，并由财政负担费用。唯有如此，未来工伤保险法才能廓然，复工复产也会免除疫情风险之担忧。

---

① 拙作：《依"48小时条款"之病亡的工伤定性》，《法学》2016年第10期。

六　结论

在18世纪开始，英国殖民的体系下，无数的自由人涌入城市，大量的儿童、妇女进入工厂劳动。传统庄园中的人身依附及其人生场景发生彻底的转换，与大机器生产的发展理性相匹配的劳动立法渐次展开，尤以限制过度劳动的刚性规范为代表，社会化的职业灾害之预防和伤害救济进入了人类社会。德国契合各种历史机遇的背景下，展开了系统性的社会立法，其中之工伤保险立法尤为突出，并为各工业国家所效仿。经过两次世界大战，工业社会的福利国家的理念塑造了一众发达国家的社会法景象，其中之典型就是工伤保险的有效实施、覆盖范围扩展，以致个别国度全然不区分生活事故和工作事故而全然给予相应之保障。从后发国家的社会发展和社会立法来看，灵活就业已经成为非常重要的就业方式，相应的社会立法的需求遂急遽强烈，这在当下之中国尤为突出。希冀灵活就业者能够在新时代社会立法中成为典型工伤保险法制建构的社会对象，从而实现灵活就业"入流"工伤保险从而建构统一的职业灾害保险法律制度，以在未来社会中高度灵活自由的就业中仍然能够清晰区分工作和生活的界限，"职业灾害的归职灾保险，生活意外的归自己责任"。然而此种立法远景尚未清晰，本文之初步分析也仅是一种设想，祈愿未来日日向好，职业生涯中不再有劳动事故阴霾下的忧虑。

劳动者因工作原因感染疾病认定为工伤的合理性论证

艾 琳[*] 于 轩[**]

摘 要 2020年年初，新冠肺炎疫情暴发，有关工伤保险的认定再次受到社会各界的广泛关注，同时也显现出现存《工伤保险条例》的诸多问题。复工伊始，劳动者因工作原因感染疾病是否可以被认定为工伤更是劳动者、用人单位以及社会大众的关注焦点，从《工伤保险条例》的立法目的和实践经验审视，将劳动者因工作原因感染疾病，在可以举证其与工作的关联性前提下认定为工伤，能够更好地保护劳动者权益，更能体现工伤保险最大限度保护劳动者的应有之义。

关键词 工伤 感染疾病 新冠病毒肺炎 工作原因

一 问题的提出

2020年年初，新冠肺炎疫情暴发，全国人民在党中央和国务院的坚强领导和有序指挥下，抗疫工作屡创佳绩，医护人员更是以身作则、勇于担当、始终坚守在抗疫工作第一线。在疫情防控工作中，不可避免地涉及包括《工伤保险条例》在内的劳动法和社会保障法律法规的诸多问题，其中劳动者因工作原因感染新型冠状病毒是否可以认定为工伤受到社会各界的广泛关注。2020年1月23日中华人民共和

---

[*] 作者艾琳系吉林大学法学院副教授，法学博士。
[**] 作者于轩系吉林大学法学院硕士研究生。

工伤保险

国人力资源和社会保障部(以下简称"人社部")、财政部、国家卫生健康委(以下简称"卫健委")三部委联合下发了《关于因履行工作职责感染新型冠状病毒肺炎的医护及相关工作人员有关保障问题的通知》(人社部函〔2020〕11号),①确定"在新冠肺炎预防和救治工作中,医护工作者及相关工作人员因履行工作职责,感染新冠肺炎或因感染新冠肺炎死亡的,应认定为工伤,依法享受工伤保险待遇"。相比于2003年抗击非典时发布的《关于因履行工作职责感染传染性非典型肺炎工作人员有关待遇问题的通知》中的"视同工伤"有了明显进步,给予了更大程度的人文关怀。但"人社部函〔2020〕11号"文对工作原因的界定,似乎不够全面,《工伤保险条例》第14条第1项规定,职工在工作时间和工作场所内,因工作原因受到事故伤害的,应当认定为工伤。工作原因是认定工伤的核心,而"人社部函〔2020〕11号文"本意是给予医护工作者最大的关怀和保障,但不恰当地将"工作原因"限缩为在新冠病毒肺炎防治中"履行工作职责",从而使非从事新冠病毒肺炎预防和救治的其他医护人员在履行工作职责时感染新型冠状病毒是否可以认定为工伤的问题没有得到妥善解决,引发了社会舆论关注。2月7日,李文亮医生因感染新型冠状病毒抢救无效去世,武汉市人力资源和社会保障局(以下简称"武汉市人社局")于同日发布通报称,依据《工伤保险条例》及"人社部函〔2020〕11号文",武汉市人社局作出武人社工险决字(2020)第010001号《认定工伤决定书》,认定李文亮作为医护人员在抗击新冠肺炎疫情工作中不幸感染并经抢救无效去世,符合《工伤保险条例》第14条第1项规定。同时,关于李文亮医生是否应评定为烈士,也有来自多方面的争议。在社会保险法相关学者和专家的论证下,②

---

① 《人力资源和社会保障部、财政部、国家卫生健康委关于因履行工作职责感染新型冠状病毒肺炎的医护及相关工作人员有关保障问题的通知》(人社部函〔2020〕11号),2020年1月23日发布。

② 王天玉:《因抗击疫情牺牲的医护人员是否应评定为烈士?》,https://mp.weixin.qq.com/s/nfuqBWqMu2ygjgMtSUBG2Q;罗培新:《医务人员的离去,不叫"死亡",叫"殉职",请授予烈士称号》,https://sls.org.cn/levelThreePage.html?id=11451。

退役军人事务部、中央军委政治工作部亦于2月16日联合印发《关于妥善做好新冠肺炎疫情防控牺牲人员烈士褒扬工作的通知》①，要求各级政府部门妥善做好因疫情防控牺牲人员的烈士褒扬工作，符合烈士评定条件的，应评定为烈士。该《通知》要求在疫情防控期间，接触待排查或确诊病例，承担救治、护理、医院感染控制、病例标本采集、病原检测以及执行转运新冠病毒肺炎患者任务等的医务人员和防疫工作者因履行防控工作职责感染新型冠状病毒最终以身殉职，或者其他牺牲人员，符合烈士评定条件的，应评定为烈士。2月20日，在国务院应对新冠肺炎疫情联防联控新闻发布会上，卫健委人事司副司长段勇表示，国家卫健委出台了《关于全力做好一线医务人员及其家属保障工作的通知》，要求各地从生活、人文、心理、安全、待遇等方面关心关爱医务人员及其家属，并在短时间内快速出台了包括工伤认定、向一线工作人员发放临时工作补助等保障政策，明确了"医务人员因履行工作职责而感染新冠肺炎的，应认定为工伤"②。至此，针对医务人员在该次疫情防控中感染新型冠状病毒是否能被认定为工伤的争论暂告一段落。

在医护人员的英勇奋战和全国各地人民群众的积极配合下，新冠肺炎疫情趋见好转，全面复工在望，而此时，针对非医务工作劳动者在疫情防控期间感染新型冠状病毒能否被认定为工伤引发的争议仍没有消除。2月21日，人社部再次针对企业复工复产中普遍关心的劳动用工、劳动关系、工资待遇、社保缴费、工伤保险等方面相关问题，做出解答，在企业员工工作期间感染新冠肺炎是否认定为工伤这一模块，回答要点如下："人社部函〔2020〕11号文"明确在新冠病毒肺炎预防和救治工作中，医护及相关工作人员因履行工作职责，感染新型冠状病毒或因新冠病毒肺炎死亡的，应被认定为工伤，依法享受工伤保险待遇。如果不是从事新冠病毒肺炎预防和相关工作人员，感染新型冠状病毒是

---

① 《退役军人事务部、中央军委政治工作部关于妥善做好新冠肺炎疫情防控牺牲人员烈士褒扬工作的通知》（退役军人部发〔2020〕6号），2020年2月16日发布。
② 《国务院联防联控机制：多措并举加强对一线医务人员保障支持》，http://www.xinhuanet.com/2020－02/20/c_1125603529.htm.

工伤保险

不能被认定为工伤的。① 一石激起千层浪，这一回答在互联网上两小时内仅评论就多达三万余条，再次引起强烈争论。正如人社部做出的解答一样，这是在抗击疫情期间，对于新型冠状病毒职业暴露风险高的从事预防和救治的医护及相关工作人员的特殊政策，体现了党和国家对医护和相关工作人员的关爱。结合 2 月 20 日国务院应对新冠肺炎疫情联防联控新闻发布会上国家卫健委的发言与武汉市人社局在"人社部函〔2020〕11 号文"精神的指导下，对李文亮依据《工伤保险条例》第 14 条第 1 项认定工伤，可知李文亮医生虽然没有从事新冠病毒肺炎预防和救治工作，但却是在其本职工作过程中感染的。可以看出，一方面，应对"人社部函〔2020〕11 号文"精神进行正确解读和灵活运用，其对"因工感染"作了合理的扩大解释，在新冠肺炎疫情防控期间，医务人员或多或少地参与了疫情防控，很难区分医务人员是否全职投入新冠病毒肺炎的预防和救治工作中，况且同样是为疫情防控贡献力量，区分意义也不大；另一方面，对李文亮认定工伤，实际上也是对第 14 条第 1 项"事故伤害"做了合理的扩大解释，将疫情防控期间医务人员感染新型冠状病毒纳入"事故伤害"中，实践中也有多例案例对此做出有力支撑。通过对"人社部函〔2020〕11 号文"精神的解读和李文亮工伤的认定，可推定医务人员因工作原因感染新型冠状病毒的，应被认定为工伤。3 月 3 日，中央应对新冠肺炎疫情工作领导小组发布《中央应对新型冠状病毒感染肺炎疫情工作领导小组关于全面落实疫情防控一线城乡社区工作者关心关爱措施的通知》，② 明确城乡社区工作者在疫情防控期间发生事故伤害或患病，符合《工伤保险条例》认定情形的，应依法认定为工伤。如此规定，明确了在疫情期间从事防控救治工作的相关工作人员的工伤认定救济。故在现今阶段，从事新冠病毒肺炎预防、救治的医护工作者和相关工作人员在疫情防控期间感染新型冠状病毒均可以被认定为工伤。但没有从事疫情防控工作的非医务工作

---

① 《复工复产中的劳动用工、劳动关系、工资待遇、社保缴费等问题，权威解答来啦！》，https://mp.weixin.qq.com/s/OHydqgafpxlKEuv9EBF2XA，最近访问时间〔2020 - 04 - 17〕。
② 《中央应对新型冠状病毒感染肺炎疫情工作领导小组关于全面落实疫情防控一线城乡社区工作者关心关爱措施的通知》国发明电〔2020〕8 号，2020 年 3 月 3 日发布。

人员，其在从事本职工作中感染新型冠状病毒是否可以认定工伤仍没有得到妥善解决，在疫情防控期间勇于作为、坚守岗位，更大范围和更多数量的非医护劳动者在非履行防疫职责的本职工作中感染新型冠状病毒却无法享受工伤保险待遇，这说明工伤保险的范畴仍不清晰，尚需厘定。因此，本文拟就非医护人员在履行本职工作中感染疾病认定为工伤的可行性进行论证。

二 劳动者履行本职工作感染病毒能否被认定为工伤的争议焦点

2020年2月2日，《人民日报》微信公众号发文《转扩！疫情防控中的9个法律问题，你必须知道》①，该文第六个法律问题："在上班时感染新型冠状病毒，算工伤吗？"其官方解答要点如下：劳动者因工作原因感染新型冠状病毒，应依据《社会保险法》和《工伤保险条例》认定为工伤。该文章一经发出，受到学界和律师业界的颇多质疑，② 笔者总结各方观点、质疑，其矛盾争议基本集中在如下两个方面：第一，是感染病毒与工作的因果关系无法判断。随着对新冠病毒肺炎临床病理研究的进一步深入，得知新型冠状病毒具有7—14日甚至更长的潜伏期，实践中更是出现了无症状感染者以及部分患者经多次检测方被确诊，非医护劳动者一旦发病，无法确定其感染病毒的具体时间以及感染病毒是否与工作相关，职工很难举证、用人单位同样无法反证，在无过错补偿原则下③，依此情形认定工伤会大大增加企业的压力，对复产复

---

① 《转扩！疫情防控中的9个法律问题，你必须知道》，https：//mp.weixin.qq.com/s/LmHGr2gIbrFsQ4WmiJMZGg。

② 刘秋苏：《上班时感染新型冠状病毒算工伤吗？人民日报答错了!》，https：//mp.weixin.qq.com/s/211pirdihGfA4dMfSq7WZQ；徐旭东：《〈人民日报〉错了！因工作原因感染肺炎不一定是工伤》，https：//mp.weixin.qq.com/s/2WN1vMMTMikXDHNrP2gmeA；徐旭东：《与〈人民日报〉商榷，工伤认定新规不能随意扩大适用对象范围》，https：//mp.weixin.qq.com/s/I-dYdkC_zNotTL6VzRSTkg；周缘求：《认定李文亮医生属于工伤的法律依据是什么》，https：//mp.weixin.qq.com/s/o_MnTJNKp8Hrm_yHcLNQEA。

③ 郑尚元：《工伤保险法律制度研究》，北京大学出版社2003年版，第52页。

工也会产生一定的消极作用。第二，已有《工伤保险条例》中也不存在直接以此认定工伤的条款。《工伤保险条例》中明文规定可以被认定为工伤的有两种，一是第 14 条第 4 项规定的职业病。依据《职业病防治法》第 2 条，职业病是指劳动者基于工作原因，接触粉尘、放射性物质和其他毒害性因素引起的疾病。其分类和目录由国务院卫生行政部门会同劳动保障行政部门制定。可见，职业病的判定有详细的目录作为依据。二是第 15 条第 1 项规定的劳动者在工作时间和工作岗位突发疾病死亡或在 48 小时内抢救无效死亡的。然而新冠病毒肺炎未列入职业病目录，无法适用《工伤保险条例》第 14 条第 4 项的规定认定为工伤，显然又不属于第 15 条第 1 项规定的突发疾病视同工伤的情形。根据国家卫健委 2020 年第一号公告①，将新冠病毒肺炎纳入《中华人民共和国传染病防治法》规定的乙类传染病，并采取甲类传染病的预防、控制措施。可见其传染性极强，传播范围极广。但即便被认定为传染病，也不当然具备认定工伤的充要条件。职工在工作中感染传染病，无论是《社会保险法》还是《工伤保险条例》均未规定可以将其判定为工伤，虽然新冠病毒肺炎属于乙类传染病，但如流行性感冒、流行性腮腺炎，在《传染病防治法》中被规定为丙类传染病，其在实践中也很少能被认定为工伤。作为兜底条款的该条第 7 项则规定：法律、行政法规规定应当认定为工伤的其他情形也可以认定为工伤。但问题在于"人社部函〔2020〕11 号文"不属于法律、行政法规，而即便是"人社部函〔2020〕11 号文"，也仅仅是针对"医护工作者及相关工作人员"并限定为在"新冠肺炎预防和救治工作中"。

由此，不妨从以下两个角度来理解感染新型冠状病毒的工伤认定问题。第一个角度是适用《工伤保险条例》第 14 条第 1 项，即在工作时间和工作场所内，基于工作原因遭受事故伤害的，应当认定为工伤。笔者以"传染病＋工伤"为关键词检索中国裁判文书网，发现确实存在案件判决了感染传染病构成第 14 条第 1 项规定的事故伤害，从而认定为工伤。如在于永逊诉烟台市人力资源和社会保障局工伤行政确认一案

---

① 《中华人民共和国国家卫生健康委员会公告》，2020 年 1 月 20 日发布。

二审判决中,对法律适用问题做了说明:即该案情形是否属于"工伤事故"。《工伤保险条例》第1条开宗明义,为了保障职工基于工作原因遭受事故伤害或者患职业病……制定本条例。第14条第1项规定,在工作时间和工作场所内,基于工作原因遭受事故伤害的,应当认定为工伤。本案中,已能够确认被上诉人因工作原因患肾综合征出血热,该病为急性传染病。关键是看这种情形是否属于"工伤事故"。对于"工伤事故"的定义,原国家劳动和社会保障部网站—业务指南—工伤保险—问题解答模块中答复要点如下:根据《企业职工伤亡事故分类标准》和《工伤保险条例》立法精神,工伤事故是适用《工伤保险条例》的用人单位的员工在基于工作原因导致的人身伤害和急性中毒事故。本案中,被上诉人是在维修电缆工作中接触到老鼠撕咬物和排泄物而患的肾综合征出血热,其正是基于工作原因直接或间接导致的意外伤害。被上诉人的情形属于"工伤事故",符合《工伤保险条例》第14条第1项的规定。因此,无论从法理的角度还是从工伤保险的立法精神来看,被上诉人的情形都应纳入工伤范围。上诉人坚持的"被上诉人患传染病虽是一种伤害,但不是《工伤保险条例》所规定的事故伤害"的主张,本院不予支持。[1] 该案判决维护了感染传染病职工的利益,那么感染新型冠状病毒是否属于"事故伤害",如何界定"事故伤害"的范围,没有"事故"又何谈"伤害",种种问题,仍需讨论。第二种观察角度即适用《工伤保险条例》第14条第3项,在工作时间和工作场所内,基于工作原因遭受暴力等意外伤害的,可认定为工伤。但如何界定"暴力伤害"的范围,感染新型冠状病毒又是否可以归入"暴力伤害"。《工伤保险条例》于2004年1月1日施行,距今已十六年之久,然法律制定于现在适用于未来,期间正值经济和社会情况可能会发生很大变化,[2] 如同此次新冠肺炎疫情的暴发和蔓延,有关新冠病毒肺炎的事实认定、病理学研究、传染途径、发病机理问题尚无法弄清,法律又如何能完美协调现实中的突发状况,社会状况和大众价值观念的改变必然又

---

[1] 参见(2014)烟行终126号行政判决书。
[2] 伍劲松:《行政法上不确定法律概念之解释》,《广东行政学院学报》2010年第6期。

会产生旧的法律规范如何适应、协调新的现实等一系列问题，这就要求我们从该法的立法目的、立法意图等理论基础以及实践经验进行全方位考量。

三 非医务工作人员因工感染病毒被认定为工伤的理论基础和实践经验

1. 理论基础

《工伤保险条例》是为保障基于工作原因遭受事故伤害或者患职业病的职工获得医疗救治和经济补偿，促进工伤预防和职业康复，分散用人单位工伤风险的制度。其基本精神是最大限度地保障主观上无恶意的劳动者在劳动伤亡后能够获得医疗救济和经济补偿，包含三个要点：一是"因工作"。学界普遍认为工伤的认定是以减免劳动者因执行业务而致死伤疾病时所受经济上之损害为目的，其损害之原因在于执行业务。[①] 二是强调"促进工伤预防和职业康复"。三是"分散用人单位的工伤风险"。最基本的表现是《工伤保险条例》第14条第1项规定的：在工作时间和工作场所内，基于工作原因遭受事故伤害的。应当认定为工伤。首先，在工作时间上，涵盖加班加点、临时接受任务及参加用人单位运动会、参加培训及因工出差，还包括工作时间前后在工作场地，从事与工作相关联的预备性或者收尾性工作受到事故伤害的以及上下班途中的合理时间受到事故伤害等。其次，在工作地点上既包括实际开展工作的地点，也包括上下班途中的合理且必要的路线。但工伤的认定却不限于职工在工作时间和工作场所内受到事故伤害。如江苏省高级人民法院行政审判庭2011年版《工伤认定行政案件审理指南》第二部分第5条规定，即便没有工作时间、工作场所的约束，只要职工是基于工作上的原因遭受事故伤害，同样应当被认定为工伤。最后，在工作原因上，既包括劳动者直接性的工作原因，也包括间接准备工作、以上下班为目的的间接性的工作原因。可见，工伤的认定是以工作遂行性和工作

---

① 史尚宽：《劳动法原论》，（台北）正大印书馆1978年版，第505页。

起因性为标准的,其与工作的关联性是被认定为工伤的基本原则。如果劳动者确是在履行工作职责中感染病毒,虽然可能具备一定的潜伏期,但不会剥夺其被认定为工伤的基本条件。

2. 实践经验

非医务工作人员因工作原因感染病毒是否能被认定为工伤,如果其感染病毒是因为从事本职工作,从目的关联性角度来看,应当被认定为工伤。当前阶段新冠病毒肺炎仍具有极强的传染性,国家仍处于防疫期,在医护人员的一线奋战基础上,一定程度是源于停产停工、民众自行减少出门才限制住疫情的传播,虽然全国各省确诊病例逐渐清零,似乎满足了人员流动的防控条件,但国外新冠病毒肺炎确诊病例呈井喷式暴发,且不具备我国如此强大的疫情防控能力,无疑加大了境外病毒输入压力,尤其是各省响应国家大政方针号召,纷纷下调疫情防控应急响应级别,全面恢复生产生活秩序,用人单位响应要求复工复产,非医务工作人员如在执行本职工作过程中感染新型冠状病毒,其根本目的是工作,是符合工作原因这一认定工伤的基本条件的,特别是在保障民生的服务行业和窗口行业工作,其感染概率要远远大于其他行业,比如公共交通行业的驾驶司机、快递行业的网点工作者和快递员、超市售货员、收银员、水、电、煤气、电信、金融行业的窗口工作者,在工作过程中接触携带病毒个体而受到传染,应当给予其提请工伤认定的主体资格。这与李文亮医生的工伤认定有一定的相似之处,李文亮为眼科医生,根据国家监察委员会调查组于 2020 年 3 月 19 日发布的《关于群众反映的涉及李文亮医生有关情况调查的通报》①,2020 年 1 月 6 日,李文亮医生收治了一名高龄眼疾患者。该患者 1 月 7 日发热,后确诊感染新型冠状病毒。因接诊时未做特殊防护,1 月 10 日,李文亮开始发热,在武汉市中心医院发热门诊就诊,1 月 12 日入住武汉市中心医院眼科病房,1 月 14 日转入呼吸与危重症医学科三病区,1 月 23 日转入呼吸与危重症医学科重症监护室,2 月 1 日,确诊感染新型冠状病毒,2 月 7 日经

---

① 国家监委调查组:《关于群众反映的涉及李文亮医生有关情况调查的通报》,http://m.xinhuanet.com/2020-03/19/c_1125737457.htm,最近访问时间[2020-04-17]。

抢救无效在武汉市中心医院去世。接诊眼科患者是其本职工作，并不是抗疫、防疫工作，其在履行工作职责中感染病毒，被认定为工伤。同样，笔者查找到更详尽的案例，[①] 该案例的情况具有一定的代表意义，案例中赵炳林生前系莱州市中医医院的外科医生，2008年9月11日晚，在抢救急症病人肝破裂手术中，用手导引缝针刺破左手指三次。第二天病人验血结果显示HBV（乙型肝炎病毒）为阳性（即携带乙型肝炎病毒），赵炳林立即报院感染科采取补救措施，注射了乙肝免疫球蛋白一支。当时赵炳林的血液化验结果HBV为阴性，证明其在受伤之前没有感染乙肝病毒。2009年1月10日，医院为赵炳林所作生化报告单显示HBsAg（乙肝表面抗原）为阳性，说明赵炳林这时已感染了乙肝病毒。2014年6月30日，赵炳林经医院诊断患慢性乙型肝炎、肝硬化、肝癌，随后赴省内外医院进行治疗。2015年3月，赵炳林到天津市第一中心医院进行肝移植手术治疗，医院对其病肝切片进行病理检查，结果证实系乙肝病毒导致肝癌。2015年6月23日，赵炳林经医院同意，向被告提出工伤认定申请。赵炳林因患肝癌医治无效，于2016年4月去世。后被告烟台市人社局于2016年7月29日作出《不予认定工伤决定书》。其理由与当下质疑非从事抗疫人员是否可以被认定为工伤颇为相似，可从中得到借鉴，该案争议的焦点是：赵炳林患乙肝、肝硬化、肝癌是否因工作原因所致，其为病人手术时手指受伤与其患乙肝、肝硬化、肝癌之间是否存在因果关系；该工伤认定申请是否超过申请时效。

关于本案中认定是否具有因果关系，经审理，原告马振莲（系赵炳林之妻）提交了工伤认定申请表、赵炳林申请工伤的理由、情况说明及请求、赵炳林符合工伤认定条件的案例、事业单位法人证书及其副本、赵炳林身份证复印件、证人傅某某、潘某某证言、受伤害职工事故调查报告、赵炳林给病号做手术的记录单及病号输血记录单、工作人员锐器伤呈报表、发票、莱州市中医医院生化报告单、MR检查报告、莱州市中医医院诊断证明、莱州市中医医院CT诊断报告、齐鲁医学检验所检

---

① 参见莱州市人民法院（2016）鲁0683行初46号行政判决书。

验报告单、莱州市中医医院检验报告单二份、莱州市中医医院住院病历、天津市第一中心医院病理检查报告及天津市第一中心医院于2015年7月21日出具的"赵炳林乙肝病毒导致肝癌"的诊断证明书。审理中，原告马振莲向法院提供了"烟台市传染病医院关于赵炳林感染乙肝与针刺伤的关联性的复函"，即"赵炳林乙肝感染与此次职业接触具有较大的相关性。"以及卫生部于2009年3月2日发布，于同年9月1日起实施的《血源性病原性职业接触防护导则》，该导则4.1.4规定，劳动者因工作原因接触血源性病原体而感染乙型病毒性肝炎、丙型病毒性肝炎或艾滋病的，应依法享受工伤待遇。依此，法院认为该案件适用于《工伤保险条例》第14条第1项，即在工作时间和工作场所内，因工作原因受到事故伤害的应当被认定为工伤。在原告提供了赵炳林感染乙肝与针刺伤有关联性的相关证据下，被告如认为赵炳林不是因职业接触导致感染乙肝病毒并患病，应提供证据及依据的规范性文件。对事故发生时伤害结果不一定出现的，在伤害结果发生时提出工伤认定申请，是符合《工伤保险条例》的立法精神的。赵炳林患肝癌系在工作时间和工作场所因工作原因受到伤害导致的结果，符合工伤认定的条件，应当认定为工伤。

四 问题的解决

1. 关联性证明的可行性

感染新型冠状病毒能否被认定为工伤的争议焦点之一，即如何证明其与工作的关联性。

如何证明非医务工作人员是基于工作原因感染病毒的，是解决此类工伤认定问题的关键。据此，可以作为特例，实行"谁主张谁举证"的举证责任承担方式。《工伤保险条例》第19条第2项规定职工或其直系亲属与用人单位对工伤认定发生争议的，由用人单位承担举证责任。若用人单位无法提供充足的证据证明员工受到的伤害不是工伤，其诉求就得不到法律支持。如此规定，有以下考量：（1）负伤员工相比于用人单位原就处于弱势地位，保护其合法权益是劳动法律和社会保险法律法规的立法精神所在；（2）负伤员工遭受事故伤害往往发生在用人单位的工作场所，其有便利条件收集到职工负伤的证据；（3）用人单位有基于逃避事故责任的可能，实施转移事故现场、销毁证据文件的行为。但如此规定并不排斥工伤职工或其亲属等工伤认定申请人收集证据，其能提供相关证据的，仍可以向工伤认定机构举证。针对新冠病毒肺炎持续时间长、传播范围广的特征，尤其是企业在新冠肺炎疫情防控期间，停产停业，损失巨大，本着贯彻平衡保护的原则，法律救济不能忽略雇主的利益，在平等权与自由权权衡时，也要保障生产经营者的经济效益，尽量采取不影响生产经营的方式平衡劳资双方的利益。可以规定如果劳动者主张其在履行工作职责时感染病毒，则举证责任由劳动者承担，其可依托疾控中心渠道或相关媒体报道查询其感染病毒的来源，特别是由于该病毒潜伏期较长（7—14日，甚至更长），承担举证责任确实存在一定的困难，但从目前我国针对新冠病毒肺炎的防治手段来看，任何一名感染新型冠状病毒的患者的活动路线都是有据可查的，在哪个商场购物、在哪个网点接收快递、在哪个窗口办理业务、何时何地乘坐公共交通工具都可以被整理并公布。例如，一位银行窗口工作人员感染了新型冠状病毒，如果同区或同城的另一位感染者的活动轨迹中有在该银行该职员当值时办理过业务，便可视为该劳动者受到感染与履行工作职责具有关联性，只要用人单位无法提出反证，则受感染劳动者举证成功。反之，如果受感染劳动者无法举证，则无法证明其感染疾病与工作有直接关联，便无法被认定为工伤。这样虽然会有一定的关联不当出现，但并不违反工伤认定的范畴，同时也是在工伤认定中一直存在的情况，可以被视为是相对公平的结果。例如在适用《工伤保险条例》第14条第6项时，即员工在上下班途中，遭遇不是本人主要责任的交通事故或者城市轨道交通、客运轮渡、火车事故伤害的被认定为工伤。该条款在应用中，也普遍存在着劳动者或许并非是以上下班为真实目的，只是在上下班的合理时间及必要路线上发生了事故，就被认定为工伤的情形。又如，《工伤保险条例》第15条第1项的规定：在工作时间和工作岗位，突发疾病死亡或者在48小时之内经抢救无效死亡的视同工伤，从现象上来看，48小时似乎可以证明劳动者死亡与工作的直接关联性，但如果一位劳动者是因个人原因一直处于过劳状态造成身体免疫机能下降而在工作中突发疾病死亡，也会造成一定程度的关联不当情形出现。

同样，在新冠肺炎疫情防控时期，因为工作关联性的确定与否而引发的工伤认定争议，也可以给我们提供一些参考。比如，连日来引发舆论关注的"仙桃市刘文雄医生重新认定为工伤"一案。2月20日仙桃市人社局针对刘文雄之死出具《不予认定工伤决定书》。理由是，刘文雄生前一段时间以来，并未承担一线防疫值班任务，工作时间相对固定、上下班规律，刘文雄突发疾病的时间是凌晨，地点是自己家中，不符合在工作时间和工作场所内，因工作原因受到事故伤害应当认定工伤的情形；此外，心肌梗死亦不属于规定的职业病范畴。因此，刘文雄的死亡不适用《工伤保险条例》第14条规定。后经过复议，仙桃市政府认为，在重大突发公共卫生事件一级响应背景下，三伏潭镇卫生院要求其医务人员无一例外地处于24小时待命的状态，并将医生手机号码公示于发热门诊，刘文雄生前下班后存在通过电话、微信接诊的例证。刘文雄于1月12日至2月12日共诊治内科门诊患者3506人次，其中一般发热病人670人次。虽然其死亡时间是13日凌晨，但发病时间是在12日下班后，应综合考虑疫情防控期间的工作量、身心状况，可以认定其死亡符合《工伤保险条例》第15条第1项的规定，即在工作时间和工作岗位，突发疾病死亡或者在48小时之内经抢救无效死亡的，视同工伤。仙桃市人民政府《行政复议决定书》中写到，刘文雄的工伤认定应综合考虑抗疫特殊时期的工作情形，不应机械地界定"工作时间"和"工作岗位"，并撤销了仙桃市人社局作出的《不予认定工伤决定书》，责令其在60日内重新做出决定。最终，3月7日，仙桃市人社局对刘文雄在防疫备勤过程中突发疾病经抢救无效死亡，视同为工伤。对据以视为工伤的理由，不乏异议的声音，如是否可以根据《工伤保险条例》第15条第2项，即职工在抢险救灾等维护国家利益、公共利益活动中受到伤害的可视同为工伤。在实践中，通过这项条款认定工伤的案例也很少，在此次新冠肺炎疫情暴发、蔓延后，全国超过31个省（区、市）启动重大突发公共卫生事件一级响应，全国各地投入紧急

"战备"，其响应级别和涉及范围超过了2003年抗击非典，其传染速度之快更是远超"非典"，有理由将新冠肺炎疫情防控工作作为一场抢险救灾行动。其中刘文雄医生一个月内接诊病人3000多人次，处于强负荷工作状态，从而导致身体过度劳累引发疾病猝死，符合在抢险救灾工作中殉职，应当按照《工伤保险条例》第15条第2项规定认定为工伤。

总之，这虽是与过劳死有关的工伤认定案件，且不排除有一些"民意"推动的影响作用，但至少让我们意识到两个问题，一是，现行的《工伤保险条例》在应对新冠病毒肺炎是否可以被认定为工伤的问题中，存在很多缺陷，如是否可以适用、根据何在、如何适用、如何解决冲突点、如何维护法律的稳定性；二是，如果不提早规范一些可预见的情况并明确工伤认定标准，会在复工阶段因为劳动者对工伤认定标准无法有相对明确的预期而存在更多的争议和混乱，更多的"民意"与"法律"的对立，反而动摇法律的公信力。试想，如果一位公交车司机，在防疫期间拉载乘客时不幸感染了新型冠状病毒，他是不是也是一位英雄的、为人民服务的、在防疫期间给无数普通百姓带来生活便利和出行可能的劳动者，如果仅因其不是医护人员就不认定为工伤，就会鲜有劳动者敢于冒着生命危险继续维护更广大民众的正常生活运行，应该看到，工伤保险制度除风险保障功能外，还有对法律价值与社会价值的倡导和引导功能，通过其实施可以起到降低劳动者工作风险的作用，但绝不能因此否定其弘扬爱岗敬业和勤劳肯干的社会风气及公平正义的法律价值取向。工伤保险作为社会保险的一种，其根本目的就是在价值衡量的天平上，最大限度地保护劳动者，即使存在适度的关联不当也是在可以接受的范围内的。行文至此，复工已有月余，国内疫情基本得到控制，新增大多为输入病例，本地传染较少，更增加了关联性证明的可行性，也减少了复工发病率过高而使社保基金和企业不堪赔付的担忧。

2. 适用法条

关于非医护劳动者因履行职责感染新型冠状病毒是否可以被认定为工伤的第二个争议是法条适用问题。

因为新冠病毒肺炎不属于职业病，因此不适用于《工伤保险条例》第14条第4项的规定，即患职业病的，应当认定为工伤。在选择适用

《工伤保险条例》第 14 条第 1 项："在工作时间和工作场所内，因工作原因受到事故伤害的，应当认定为工伤。"还是第 3 项："在工作时间和工作场所内，因履行工作职责受到暴力等意外伤害的。应当认定为工伤。"笔者认为适用第 14 条第 1 项更为合适。笔者查询了"中国裁判文书网"中适用《工伤保险条例》第 14 条第 1 项的案例和适用第 3 项的案例，所谓的"事故伤害"更多强调的是非人为的入侵造成伤害，例如被砂轮划伤面部①、被车撞倒致当场死亡②，如此的外力伤害方能被作为"事故伤害"，进而符合工伤的认定标准。比较间接的、需要劳动者提供关联性的案例是韩德会诉辽源市人力资源和社会保障局、辽源市中房置业集团有限公司工伤行政确认案例③，韩德会在南部新城工商学院工地，被工友吴树昌发现躺在打更住处的地上，后由其亲属送韩德会至辽源市中心医院住院治疗，医疗诊断结果为"一过性意识不清，脑梗死"，之后又被解放军三〇九医院和海军总医院诊断为"一氧化碳中毒迟发型脑病"。韩德会结合其在从事打更工作的环境（因其工作特性，需进行烧碎木、碎板取暖），提供了不排除其系执行工作过程中一氧化碳中毒导致脑病的三份疾病诊断。根据《工伤保险条例》的相关规定，劳动者可以证明其受到伤害与工作具有一定的关联性，而用人单位举证不能时，结合《工伤保险条例》第 14 条第 1 项规定，可以认定为工伤。这与当前新冠肺炎疫情防控阶段在履行工作期间被病毒感染，极具相似性，可以作为关联性证明的法条适用依据。而《工伤保险条例》第 14 条第 3 项的适用更加强调的是第三人的暴力伤害，如消防工作人员被保安打伤④，驾驶员被旅客打伤⑤。此处的争议在于，被病毒感染是否可以等同于暴力伤害，被病毒感染是否可以划归"暴力等意外伤害"中的"等"中。根据上述案例可以判定，被新型冠状病毒感染更符合"事故伤害"的界定范畴，因此，没有必要纠结被病毒感染是否属于

---

① 参见北京市高级人民法院（2017）京行申 820 号行政通知书。
② 参见安徽省高级人民法院（2016）皖行申 121 号行政裁定书。
③ 参见吉林省高级人民法院（2019）吉行再 34 号行政判决书。
④ 参见宜昌市中级人民法院（2019）鄂 05 行终 157 号行政判决书。
⑤ 参见绵阳市中级人民法院（2018）川 07 行终 108 号行政判决书。

"事故",事故是指"意外的损失和灾祸",感染病毒致病属于此并无不妥之处。故亦不必仓促在《工伤保险条例》中添加"职工因工作原因感染恶性传染病,应当认定为工伤"这一项,只要可以证明因工作原因受到事故伤害,其感染疾病与工作具备一定的关联性,适用已有的《工伤保险条例》第 14 条第 1 项即可。

另外,《中华人民共和国劳动法》第 54 条亦规定,用人单位必须为劳动者提供符合国家标准的劳动安全卫生条件和必要的劳动防护用品,对从事有职业危害作业的劳动者定期进行健康检查。如果劳动者,即便是非医护工作人员在工作中感染疾病,其可以通过举证证明用人单位对其没有提供必要的劳动防护用品,比如口罩、消毒液等,用人单位如果举证不能,就要承担赔偿责任。

新冠病毒肺炎不属于职业病,卫健委将其纳入乙类传染病,并采取甲类传染病的预防、控制措施,但对其发病机理、持续时间还需相关专家和科研人员根据科学判断予以确认,如果其如流感一样长期与人类共存,演变成长期感染的慢性病,如 2009 年的甲型 H1N1 流感病毒在全球肆虐,最终转为季节性病毒,可以根据其对健康的影响程度,修改《中华人民共和国传染病防治法》,立法明确传染病防治等级,并在《工伤保险条例》第 14 条增补"职工因工作原因感染恶性传染病的,应当认定为工伤"。如果只是突发性病毒,实践中亦不乏感染传染病认定为工伤的案例,则可在《工伤保险条例》第 14 条第 1 项限以"在疫情防控期内"为前提条件,进行合理的扩大解释,即"在疫情防控期内,因履行工作职责感染新冠病毒的,应当被认定为工伤"。

五 小结

2 月 21 日,中共中央政治局召开会议,部署统筹做好疫情防控和经济社会发展工作,会议指出,在防疫取得初步成效的情况下,实现全年的各项经济社会发展目标、完成各项工作在今年内的完美收官逐渐上升到今后一段时间的主要工作。这需要劳动者们尽快有序复工,投入经济建设中去,然而诸多劳动者仍不敢返岗,通过不反对劳动者进行举证,使其在工作过程中感染新型冠状病毒可以被认定为工伤,无疑会起到引导和激励的作用。相应地,举证责任划归劳动者承担,也减少了用人单位因新冠病毒肺炎潜伏期较长而停产停工带来的不公平感和经济负担,平衡雇主和劳动者的权益。如此,方符合《工伤保险条例》最大限度地、尽可能公平地保障不同行业劳动者权益的应有之义。

从《企业职工工伤保险试行办法》到2004年施行的《工伤保险条例》,再到2011年1月1日实施的新《工伤保险条例》,结合2011年7月1日施行的《社会保险法》,可以看到工伤保险的保障水平有显著提升,覆盖范围逐步完善,越来越多的劳动者的权益受到保障,但是在新时代的背景下,在遇到特殊时期特殊问题时,还是存在某些方面的不足,这也正验证了法律相比于社会发展的滞后性,需要进一步完善,才能更加灵活地彰显其立法精神和立法意图。

劳动者工作场所健康保护的法律救济
——以尘肺病为例

李文静[*]

摘 要 对职业安全环境的事前监管与对职工的职业安全教育能够在一定程度上预防工伤及职业病的发生,但对于已经遭遇工伤或罹患职业病的患者而言,获得职业病的赔偿或补偿的需求可能更加急迫。尤其是在职业安全事前监管与职业安全教育尚不能切实发挥效用的背景下,获得赔偿或补偿成为患者权利救济的最后一根救命稻草。本文即以尘肺病为例,对劳动者工作场所健康保护的法律救济进行探讨。

关键词 工伤 职业病 工作场所 尘肺病

一 尘肺病患者工伤补偿的一般原理

(一)工伤劳动者权利救济路径从侵权到社会保险的必然趋势

工伤事故是工业社会发展如影随形的"幽灵"[①]。在工伤事故无法绝对消除的前提下,塑造工伤劳动者权利救济的有效渠道成为不可回避且至关重要的课题。在自由主义的法治理念下,工伤最初被认为系一种主要源于雇主过错的伤害,故而被纳入侵权法系统中以侵权赔偿的方式予以救济。然而,正如法谚早已释明的那样,"举证之所在、败诉之所在"[②],尤其是在发生工伤的场合,能够作为雇主"过错"证据的工作

---

[*] 作者系中国劳动和社会保障科学研究院副研究员,法学博士。
[①] 参见于欣华《工伤保险法论》,中国民主法制出版社 2011 年版,第 1 页。
[②] 参见王泽鉴《侵权行为法》,中国政法大学出版社 2001 年版,第 15 页。

场所、工作环境、事故现场甚至关键证人等均处于雇主的掌控之下,劳动者欲证明雇主的"过错"实属难于上青天。事实上,即便在采取过错推定原则而将举证责任置于雇主一方的情况下,① 诉讼程序的拖延性、消耗性以及复杂性作为一种"必要的恶",亦成为工伤劳动者及时获得权利救济难以克服的障碍。②

基于侵权理论在工伤劳动者权利救济方面的诸多难以胜任之处,工伤劳动者的权利救济最终逸出侵权理论而进入社会保险领域。以社会保险的形式实现工伤劳动者的权利救济,其理论建基彻底抛弃了侵权法理论围绕"过错"探究责任的窠臼,将工伤事故的发生归结为一种"职业风险"。亦即,认为现代工伤事故并非可归咎于任何任性上的过错,而雇主进行职业伤害赔偿则应成为一种维持正常经营的日常开支。③ 与此同时,亦有学者立足于摆脱劳动契约中的劳雇关系概念而发展出"职灾系社会公害之社会责任"之概念,将劳动者遭受之职业灾害视为替国家公共利益所为之"特别牺牲"而给予社会性的补偿。④ 无论以何种角度对社会保险下的工伤劳动者权利救济路径予以解释,均可以认为此种权利救济路径已完全摆脱了传统民法理论中的过错与侵权责任的束缚,而系以一种全新的理论为工伤劳动者权利的实现铺平道路,这本质上蕴含着工伤补偿理论"从民法侵权行为到社会法的历史跨越",工伤保险亦此被认为是一种集救治、补偿与救助三位一体的社会保障制度。⑤ 相较于传统侵权法,通常认为以工伤保险的形式实现工伤劳动者的权利救济具有以下优势:(1)工伤保险将视角置于工伤劳动者生存权与劳动权之保障,以"共同对抗风险的需求"为核心构建工伤补偿体系,回

---

① 事实上,在雇佣人推定过失责任的背景下,实务上举证免责的案例甚为罕见,实际上等同于使雇佣人承担了无过失责任。参见王泽鉴《侵权行为法》,中国政法大学出版社2001年版,第15页。

② See Durkin, T., Dingwall, R. and Felstiner, W. L. F. (1990), *Plaited Cunning: Manipulating Time in Asbestos Litigation*, American Bar Foundation Working Paper No. 9004, Chicago, p. 357.

③ 参见北京社会保险干部培训中心编译《国际劳工局与劳动部社会保险培训外国专家讲稿:失业、医疗、工伤保险》,中国劳动出版社1992年版,第255页。

④ 参见蔡维音《社会国之法理基础》,正典文化出版有限公司2001年版,第53—54、93—94页。

⑤ 参见郑尚元《工伤保险法律制度研究》,北京大学出版社2004年版,第21、34页。

避了侵权理论主要以"过错"搭建赔偿通道对工伤劳动者权利救济所造成的窒碍,以保险申请程序代替了旷日持久的索赔诉讼程序,有利于工伤劳动者及时获得权利救济;(2)工伤保险生存权、劳动权保障的理念决定了工伤保险抛弃了单纯金钱补偿的方式,根据工伤劳动者的需求采取一次性经济补偿、职业康复或者长期待遇相结合的权利救济模式,并且要求给付标准根据社会经济发展的情况及时调整,避免了通货膨胀所导致的补偿落空,能够消除工伤劳动者及其家属的后顾之忧;①(3)以雇主共同缴纳的保险费形成的工伤保险基金代替单个雇主作为对工伤劳动者予以补偿的物质基础,能够避免因雇主财力不足所导致的赔偿落空的弊端;(4)雇主通过缴纳保险费的形式将不可预期、不确定的工伤事故赔偿转化为可预期的、确定的经营成本,消除雇主对不可避免的工伤事故的后顾之忧,有利于稳定的经营与发展。

(二) 尘肺职业病患者通过工伤补偿获得权利救济的必要性

1906年,一位在伦敦执业的医师将一例于石棉纺织品厂工作的病人因呼吸困难而死亡的病例报告给国会。自此,石棉工作环境可能导致石棉沉着病的观点逐渐被人们接受,而职业病作为与工作相关但又区别于工业事故外伤的职业伤害进入工伤补偿的视野。事实上,在20世纪上半期,职业病作为工伤补偿的对象并未引起各国重视。1921年国际劳工大会通过的公约中并未将职业病纳入工伤的范畴;直至1948年第48届劳工大会才将职业病作为工伤补偿的对象。就表面含义而言,职业病系因职业原因而引发的疾病;但事实上考虑到各个国家或地区法律对职业病范围的规定并不一致,对职业病概念无法做出统一、精确的界定。然而不容置疑的是,职业病范围的形成需要证明职业与疾病之间的联系,而流行病学的发展成为证实此种联系的基石。② 流行病学研究发

---

① See N. J. Wikeley, *Compensation for Industrial Disease*, Dartmouth Publishing Company Ltd., 1993, pp. 71 – 72. 另可参见郑尚元《工伤保险法律制度研究》,北京大学出版社2004年版,第42页。

② "流行病学"(epidemiology)是研究特定人群中健康关联状态或事件的分布和影响因素,并将其运用于健康问题控制的科学。参见栾荣生主编《流行病学研究原理与方法》,四川大学出版社2005年版,第2页。

现，特定疾病的发生与特定职业类别或职业环境之间存在某种联系，某种普通疾病在特定职业人群中的患病率显著高于一般人群。以此为基础，该学科能够科学地证明特定职业中的某些危险因素是该行业从业者罹患某种疾病的影响因素或致病因素，进而建立了职业导致疾病的因果关系。这同时也决定了，职业病患者若通过侵权诉讼获得权利救济，其举证义务相较于工业事故外伤将更加艰难。① 除此之外，职业病相较于工伤事故外伤具有潜伏期长的特点，实际接触危险因素的时点与职业病发病与诊断的时点之间往往存在较长的期限。故而，职业病患者可能在受雇于不同的雇主时均存在危险因素的接触，也可能发生职业病发病时受雇雇主已不存在之情况。可见，职业病患者相较于工伤事故外伤者更加难以通过侵权诉讼及时获得权利救济，而社会保险性质的工伤保险补偿则能够较好地适应职业病患者权利救济的需求。

职业病因尘肺病而进入工伤补偿的视野。尘肺病是早期工业化国家最常见的职业性肺及呼吸道疾病，因长期大量吸入细微粉尘引起的以肺组织纤维化为主的疾病，主要发生在采矿、挖掘、雕刻、喷砂及铸造等石矿业工作者群体中。与其他类型的职业病相比，尘肺病属于典型的职业病。具言之，尘肺病的发病原因只能是长期大量吸入细微粉尘，与个人体质、遗传因素、社会环境等均无关。故而，如果患者被诊断为职业病且存在职业接触史，那么患病与职业之间的因果关系即可建立，不需另行排除其他致病因素。② 正是此种职业接触史与尘肺病发病之间的直接联系使得该类疾病成为首先被纳入工伤保险补偿体系的职业病类别，而该类疾病对人体所造成的不可逆的伤害亦使得尘肺病患者具有通过工伤保险补偿体系获得权利救济的急迫需求。事实上，目前世界各国均将尘肺病作为重要的职业病类型，如日本职业病通报表中的"尘肺症及其并发症"，英国职业病规定病种中的矽肺病、石棉沉着症、棉屑沉着症

---

① 即便在采取无过错补偿原则的侵权法理论中，被侵权人同样要证明其所受之伤害系侵权人所为；具体到职业病侵权赔偿案件中，即需要职业病患者证明其所患之疾病与其所从事之职业之间具有因果关系。

② See N. J. Wikeley, *Compensation for Industrial Disease*, Dartmouth Publishing Company Ltd., 1993, p. 6.

等；国际劳工组织建议的职业病表中各类尘肺病亦属于"职业性呼吸系统疾病"的重要组成部分。与此同时，部分国家还专门针对尘肺病进行特别的补偿立法，如美国的《黑肺病福利审查法案》（1977）与《黑肺病福利修订法案》（1981）、日本的《尘肺法》与《石棉健康被害者权利救济法》等。

（三）我国罹患尘肺病劳动者权利救济概况

我国《社会保险法》第 36 条明确规定了职业病属于可领取工伤保险待遇的工伤范畴；《工伤保险条例》第 1 条亦明确规定，工伤保险的目的即包括为因工作而患职业病的劳动者提供医疗救治和经济补偿、促进工伤预防和职业康复以及分散用人单位的工伤风险。除此之外，我国亦制定有《职业病防治法》与《尘肺病防治条例》，专门针对包括尘肺病在内的职业病的防治与权利救济作出规定。根据相关规定，我国纳入工伤保险补偿范围的职业病共分为 10 类 115 种，其中粉尘类职业病包括矽肺、煤工尘肺、石墨尘肺、炭黑尘肺、石棉肺、滑石尘肺、水泥尘肺、云母尘肺、陶工尘肺、铝尘肺、电焊工尘肺、铸造尘肺及其他粉尘引起的尘肺病共 13 种。虽然尘肺病种类在我国职业病种类体系中所占比例不大，但我国职业病报告病例中绝大多数均为尘肺病。根据我国疾病预防控制中心的统计，2010 年尘肺病新发病例 23812 例，占该年度总职业病新发病例的 87.4%，同比上升 7.44 个百分点。考虑到能够被确诊为尘肺病者在所有罹患尘肺病的劳动者中所占的比例很小，尘肺病在所有职业病中所占的比例可能更高。

二 我国尘肺病患者获得法律救济的主要障碍分析

（一）现行工伤保险不能覆盖所有尘肺病人

从我国工伤保险补偿覆盖人群角度考察，我国《工伤保险条例》要求我国境内的所有企业、事业单位、民办非企业单位、基金会、律师事务所、会计师事务所等组织和有雇工的个体工商户均应参加工伤保险，故而理论上所有从事从属性劳动的劳动者均应被纳入工伤保险补偿的覆盖范围。然而,从现实情况来看,我国绝大多数从事各类粉尘接触而可能罹患尘肺病的劳动者未能实际进入工伤保险补偿的范围。从目前各地已经进行的尘肺病相关调查的情况来看,西北政法大学多名学者对陕西省洛南县陈耳金矿尘肺病事故的调查显示,该矿所涉及的数十名尘肺病患者均未依法参加工伤保险;① "大爱清尘"基金对湖南尘肺病的调查亦显示,湖南省常德市现存活的6000多名尘肺病患者中,约3000名属于未参加工伤保险的农民工职业病患者。② 事实上,考虑到大量未参加工伤保险的尘肺病患者不能及时获得疾病诊断而实际游离于各项尘肺病调查统计范围之外,我国究竟有多少尘肺病患者未能进入工伤保险的覆盖范围可能成为永远的谜团。未能通过工伤保险获得补偿的尘肺病患者更加无法通过侵权诉讼获得权利救济,他们拖着沉重的呼吸一步步向死亡靠近,整个家庭亦随之陷入无边的黑暗。这一沉痛的现实在陕西省洛南县陈耳金矿、安徽省无为县昆山乡小煤窑、湖南各种乡镇煤窑、深圳各种爆破企业等高危行业的劳动者中不断重复,时刻敲打着我们的神经,督促我们反思:如此多的劳动者被遗忘于工伤保险的覆盖范围之外,原因究竟何在?

1. 我国目前关于工伤保险适用范围的规定存在漏洞

"劳动关系"概念在我国劳动法理论中居于核心地位,对劳动者与用人单位之间是否存在劳动关系的判断决定了劳动者之于劳动法上各项权利的"全有"或"全无"状态。③ 这一理念亦延伸至社会保险法领域。"一般来讲,社会保险法律制度与劳动法律制度之间有着密切的关系,大多数情况下,社会保险法律关系主体与劳动法律关系主体是一致的。"④ 2004年《工伤保险条例》第61条第1款即规定:本条例所称职工,是指与用人单位存在劳动关系的各种用工形式、各种用工期限的劳

---

① 参见侯文学主编《尘肺职业病社会法律问题探讨》,西北大学出版社2007年版,第82—83页。
② 参见戴春《沉重的呼吸——湖南尘肺病调查纪实》,《中国工人》2012年第7期。
③ 参见李海明《论劳动法上的劳动者》,《清华法学》2012年第2期。
④ 参见郑尚元《工伤保险法律制度研究》,北京大学出版社2004年版,第56页。

动者。该条例于 2011 年修订时虽然删去了该款关于"职工"范围的界定,并且将个体工商户的雇工纳入覆盖范围,但这均不意味着切断了工伤保险覆盖范围与劳动关系之间的联系。"劳动关系"在我国劳动法理论中并非内涵与外延均十分确定的概念,实践中部分用人单位亦倾向于通过采取各种灵活用工方式规避劳动法上劳动关系的认定。例如,前文所提及陕西省洛南县陈耳金矿即通过将坑道作为外包的形式规避与矿工之间直接的劳动关系;① 除此之外,用人单位亦可能采取如建筑工程用工一般的层层转包方式或劳务派遣方式切断其与劳动者之间的劳动关系。事实上,我国尘肺病高发的行业多为农民工就业较为集中的行业,② 而农民工就业通常具有短期性、流动性等特点。这一事实更加增加了其与用人单位之间劳动关系认定的难度。故而主要以劳动关系作为界定工伤保险覆盖范围的标准事实上助成了工伤保险强制投保义务在实践中的"软法化"。

2. 工伤保险强制投保义务之"软法化"

除却部分用人单位利用工伤保险覆盖范围的漏洞规避投保义务的情况外,仍存在为数不少的用人单位虽然明确属于工伤保险的覆盖范围但仍拖延甚至拒绝履行投保缴费之义务,导致众多工伤劳动者不能获得工伤保险之保障。之所以出现此种显而易见的有法不依的现象并且配合有公共部门的执法不严,我们分析主要存在以下原因:

(1) 对工伤保险强制投保义务性质的认识存在偏差

改革开放以来,我国所进行的社会保障制度改革本质上因循了由企业福利向社会福利转化的道路。③ 如果说在计划经济体制下职工于患病、工伤、年老等风险发生时系通过用人单位量力而行的职工福利予以保障,那么市场经济体制下社会福利形式的保障与之最大的区别即在于,用人单位对于职工保障已不再是量力而为的随意给付,而被法律课了了必须履行的公法上的法定义务,主要表现为依法投保及缴费的义

---

① 虽然按照《尘肺病防治条例》第 11 条的规定,这种外包是违法的。
② 参见周秋琴《法学视野下的农民工权益保障问题研究》,江苏大学出版社 2011 年版,第 7—8 页。
③ 参见陈银娥主编《社会福利》,中国人民大学出版社 2004 年版,第 218—219 页。

务。最能体现这一变化的是，用人单位支付职工福利的资金系来源于职工福利基金，而缴纳社会保险费的资金来源则须计入成本。这决定了无论用人单位规模大小、经营情况如何，均为《社会保险法》及《工伤保险条例》课予投保缴费义务的法定义务主体，应当及时依法履行法定义务。然而，社会观念与法律意识并未随着法律条文层面的变化而及时转变。正如某些学者所称的那样，"在《社会保险法》之前的实践中，不仅地方立法效力偏低，而地方政府更可以变通执法，长期以来，社会保险领域并未塑造其强制法观念，反而将其软法化现实植入社会心理之中"①。表现为，无论是公共执法部门、用人单位还是劳动者，仍停留在将工伤保险给付作为职业福利的层面，均为充分认识到该义务公法上法定义务的性质。

（2）用人单位基于逐利的目的逃避履行工伤保险的投保缴费义务

市场主体以追逐利润最大化为目标，因而内在的具有降低成本的追求。由于工伤保险费于企业成本中列支，依法履行投保缴费义务无疑意味着企业成本的增加。在工伤保险强制投保义务软法化的背景下，依法投保缴费必将导致运营成本增加，尤其是在实行差别费率的背景下，工伤事故或职业病高发的行业应当负担适用更高的缴费率，进一步增加了企业的生产成本。基于此，依法投保缴费可能成为企业在市场竞争中失利的重要原因。与此同时，在具体实践中，未依法投保的事实还可能对客观的工伤认定造成障碍，帮助用人单位逃避依法应当自己负担的工伤给付。这也是主张部分用人单位逃避工伤保险投保缴费义务的一个重要原因。

（3）地方政府基于地方保护主义普遍存在执法不严

对用人单位履行工伤投保缴费义务的监察与对安全生产监察不同，其通常不要进行实地检查、检测，通过执法部门的相互配合协调即可实现，因而地方政府于该方面的执法不严更多的不是来自执法能力的限制。具体分析，我们认为地方政府对于工伤保险投保缴费执法不严的原

---

① 李海明：《工伤救济之先行给付与代位求偿制度探微——兼评〈社会保险法〉工伤保险基金先行支付制度的得与失》，《现代法学》2012 年第 2 期。

因可以归纳为以下几个方面：其一，地方政府财政收入与当地企业盈利之间具有直接关联，地方政府亦如企业一般能够从投保缴费义务的不履行中获益；其二，部分地区的企业存在官商合营的情况，进一步加剧了执法部分与企业利益的一体化，如前文提及陕西省洛南县陈耳金矿，洛南国有资产管理局即占有该公司仅 3/4 的股份；[1] 其三，对用人单位履行投保缴费义务进行严格执法可能导致的地区之间投资环境的差异也是地方政府的重要考量因素。

（4）劳动者无奈的法治意识淡漠与维权能力孱弱

按照权利义务相一致的基本要求，用人单位投保缴费义务所对应权利主体无疑应当是广大可能遭受工伤伤害的劳动者。然而前文已提及，我国尘肺病高发的行业大多是农民工聚集的行业。农民工普遍具有受教育程度较低、劳动技能相对低下、自我保护意识较差的特点。因而不仅可能无法意识到所从事职业可能对其带来的伤害，而且在工伤事故发生之前亦可能不知晓工伤投保规定的存在。在一系列尘肺职业病案件中，我们可以发现绝大多数劳动者在从事相关行业之前并不知晓恶劣的工作环境将会对其身体造成何种伤害，甚至在患病后认为是受到了诅咒。事实上，即便劳动者认识到了职业危险并明确知晓工伤保险相关规定，但基于养家糊口的巨大压力也只能选择"再向工伤行"[2]。可见，依赖劳动者主张权利的方式督促用人单位履行投保缴费义务极不现实。

（二）尘肺病认定和劳动能力鉴定规定不完善

无过错的工伤保险补偿并非绝对免除了工伤劳动者的一切举证责任，工伤认定取代了过错证明成为工伤劳动者获得权利救济关键步骤。故而，工伤认定实体与程序相关法律规定质量的良莠直接决定了工伤劳动者是否能够真正享受工伤保险制度本意希望产生的权利救济便捷的效果。事实上，我国《工伤保险条例》要求应投保而未投保之用人单位应当按照工伤保险给付标准向工伤劳动者给付待遇，这意味着不具有工

---

[1] 参见侯文学主编《尘肺职业病社会法律问题探讨》，西北工业大学出版社 2007 年版，第 11 页。

[2] 参见于欣华《工伤保险法论》，中国民主法制出版社 2011 年版，第 7—8 页。

伤保险被保险人身份者亦应以工伤认定为前提获得来自用人单位之赔偿。可见，工伤认定对于我国工伤劳动者权利救济而言意义可能更加重大。劳动能力鉴定则属于工伤劳动者获得工伤保险给付的主要依据，决定了劳动者获得工伤保险给付的内容。在尘肺职业病患者的权利救济中，尘肺病的认定与劳动能力的鉴定同样居于重要的地位。

1. 工伤认定方面的主要障碍

（1）我国工伤认定相关规定的一般问题

我国工伤认定理论中，无论是工伤认定所适用的标准还是工伤认定主体及程序的选择均存在一定的问题。就工伤认定所适用的标准而言，学者通常认为我国目前并未确立起合理和科学的工伤认定标准。如有学者认为我国《工伤保险条例》确立了工伤认定"三同时"标准，即需同时具备时间、地点与原因三个要素，而时间要素和地点要素则缩小了工伤认定的标准，导致应然状态下应作为工伤认定核心要素的因果关系要素地位的下降，故而主张应主要根据工作与伤害之间的因果关系来判断工伤是否成立，而不是首先从工作时间和工作场所方面判断。当对是否属于工作原因认识不清时，可以借助对工作时间和工作场所的规定，进行综合判断。[①] 就工伤认定的主体与程序而言，学者通常认为目前工伤认定由行政机关性质的劳动与社会保障部门承担，导致工伤认定标准的制定机关与执行机关合一，且不符合工伤保险法作为社会法本质的要求。基于此，主张工伤认定机构应当由应然状态下的工伤保险经办机构来承担，在程序上则应当采用社会化而非行政化的方法。[②] 事实上，我国工伤认定理论中存在的问题同样反映在职业病的诊断与认定过程中，甚至这些问题对职业病患者获得权利救济的消极影响更加严重。

（2）尘肺职业病认定的特殊问题

尘肺病与因工作原因造成的身体关节劳损、肺炎甚至各类癌症不同。后者系普通人群亦可感染之疾病，在做出是否职业病之认定时需要证明工作因素在罹患相应疾病中所占据之权重；而暴露于危险环境为罹

---

① 参见于欣华《工伤保险法论》，中国民主法制出版社2011年版，第112—115页。
② 参见郑尚元《工伤保险法律制度研究》，北京大学出版社2004年版，第79—85页。

患尘肺病的唯一要素，这意味着罹患尘肺病的事实即可直接说明患者曾于一定期间及一定程度上暴露于尘肺危险环境，如果能够证明患者暴露于危险环境属于职业暴露，那么患病事实与工作之间的因果关系基本可以确立。与此同时，尘肺病作为一种职业病于认定中也存在特定的困难。"将某些职业病及工伤事故纳入赔偿范围，虽然从原则上来讲是必要的，但这样做的结果是一个雇主承担赔偿义务，很不恰当，因为疾病的发生是一个渐进的过程。如果一个工人曾接连为多个雇主工作，要想确认他是在为哪个雇主工作期间得的病，是非常困难甚至是不可能做到的。另外，雇员如果让老板知道自己得了职业病，就有可能被解雇。当雇员得了周期性发作的疾病时，他会在疾病发作间歇期变换工作或寻求变换工作，这样，确认工作也颇为困难。"①

我国的问题主要反映在以下几个方面：其一，进行尘肺病鉴定的主体并非中立的专业鉴定机构。对尘肺病进行鉴定本质上为一结合医学专业知识适用法律获致结论的过程，而工伤认定机构则应当居于"连接主观与客观的桥梁"的地位。② 基于此，尘肺病的诊断、鉴定机构应当为一独立于政府与用人单位的中立的专业性组织。在我国目前统筹地区各种利益纠缠在一起的背景下，尘肺病鉴定主体依附于任何组织均将对其公正地作出结论产生不良影响。其二，举证责任设置的缺陷成为将劳动者挡在尘肺病认定门外的重要原因。虽然《职业病防治法》规定了用人单位提供劳动者职业史、职业病危险因素接触史以及工作场所危害因素检测结果的义务，但实践中用人单位往往拒绝提供相关材料，导致最终由劳动者承担了举证不能的后果。其三，对尘肺病诊断、鉴定机构作出鉴定结论的性质存在认识上的偏差。医学作为一种自然科学，其结论必然是有或者无，不存在模糊的灰色地带；而尘肺病的认定实际为一适用法律的过程，在证明标准上应当采取民事诉讼中的"优势证据原则"③。

---

① ［美］威廉姆·贝弗里奇：《贝弗里奇报告——社会保险和相关服务》，劳动和社会保障部社会保险研究所译，中国劳动和社会保障出版社2004年版，第36—38页。

② 参见郑尚元《工伤保险法律制度研究》，北京大学2004年版，第79页。

③ See N. J. Wikeley, *Compensation for Industrial Disease*, Dartmouth Publishing Company, Ltd., 1993, p. 171.

此种证明标准的差异决定了尘肺病认定不能直接采用诊断或鉴定的结果。尤其在诊断结果为"疑似"的情况下，认定主体需根据患病之概率做出判定，而不得以缺乏确定的患病诊断而拒绝认定。其四，用人单位的抵触是阻碍尘肺病认定的直接原因。根据《工伤保险条例》关于工伤保险待遇的相关规定，即便用人单位依法投保并及时缴费，仍需自行负担包括伤病治疗期间的工资福利待遇以及五、六级伤残的伤残津贴，此意味着是否认定工伤与用人单位的经济利益之间存在直接的关联，因此无论是否参加工伤保险，用人单位都对工伤认定持抵触的态度。

2. 劳动能力鉴定方面的主要障碍

我国《工伤保险条例》所规定的劳动能力鉴定是对劳动功能障碍程度与生活自理障碍程度的等级鉴定。劳动能力鉴定的主体是设区市的劳动能力鉴定委员会，该委员会由社会保险行政部门、卫生行政部门、工会组织、经办机构代表以及用人单位代表共同组成。与此同时，劳动能力鉴定委员会设置医疗卫生专家库，负责对劳动能力鉴定出具专业鉴定意见；委员会则参照鉴定意见作出鉴定结论。依据《职工工伤与职业病伤残程度鉴定标准》，伤残等级的评价主要根据器官损伤、功能障碍、医疗依赖、护理依赖以及心理障碍五项因素予以评定。

尘肺职业病患者的劳动能力鉴定属于基于职业病的劳动能力鉴定，该类疾病所导致的功能障碍属于内源性疾病导致的功能障碍，而且通常是不可逆的、永久性功能障碍。我国尘肺职业病患者的劳动能力鉴定主要存在以下问题：

（1）尘肺病作为一种典型的职业病，其对身体机能所造成的伤害系内源性的功能障碍，需要经过专业医师之诊断方可予以评断。而专业医师对劳动者罹患职业病的分期做出的判断，是对尘肺职业病患者进行劳动能力鉴定的主要依据。因此，人为地将尘肺职业病的认定与患者的劳动能力鉴定区分为两个独立的程序，无疑造成程序的重复，并成为劳动者权利救济之程序负累。

（2）我国目前关于工伤劳动者提起劳动能力鉴定时点的要求是"经治疗伤情相对稳定后，存在残疾、影响劳动能力"。尘肺病系一种因吸入过多粉尘而引起的肺部组织纤维化的疾病，不可逆转且无法治愈，在劳动者被诊断为尘肺病之时起即确定的存在残疾或影响劳动能力的情形。故而，要求尘肺职业病患者待"伤情稳定后"再行提起劳动能力鉴定实无必要，甚至可能导致实践中部分机关滥用"伤情稳定"的解释而拖延受理此类劳动者劳动能力鉴定申请的时点。

（三）尘肺职业病患者工伤补偿待遇落实方面的主要障碍

1. 尘肺职业病患者工伤补偿待遇内容方面的主要问题

（1）工伤医疗待遇方面。其一，现行医疗待遇不能满足尘肺职业病患者接受治疗的特别需求。尘肺病系一种不存在治疗终结的职业病，无论采取何种医疗措施，其治疗过程自获得诊断之日起可能延续至其生命的终结。事实上，尘肺职业病患者接受治疗通常是非连续的，如果患者在疗程结束一段时间后需要再次接受治疗，这种情况显然不属于《工伤保险条例》第38条规定的工伤复发，那么尚需履行何种手续方可继续获得工伤医疗待遇系值得探讨之问题。其二，工伤医疗待遇采取报销方式难以保障尘肺职业病患者及时获得必要的医疗服务。以报销方式实现工伤医疗待遇给付，意味着劳动者需要先行垫付的医疗费用可能成为阻碍其及时获得必要医疗服务的重大障碍。尤其在尘肺病的治疗中，疗效较为显著的洗肺治疗极其昂贵且通常需要多次使用，要求劳动者先行垫付可能给其造成沉重的经济负担，甚至导致其无法及时接受相关治疗。

（2）伤残待遇方面。尘肺职业病患者除尘肺Ⅰ期且肺功能正常的情况外，均应被鉴定为六级以上伤残，因而必然存在按月支付之伤残津贴。其中，被鉴定为五、六级伤残的尘肺职业病患者的伤残津贴由用人单位负担，而我国尘肺职业病患者受雇之用人单位以小煤窑、小矿场等运营期间较短的企业为主，因而难以确保尘肺职业病患者能够持续获得伤残津贴待遇。除此之外，由用人单位自行负担此类劳动者的伤残津贴也将导致其运营成本持续处于不确定之状态，难以激发其依法投保之积极性，也导致其在劳动者申领工伤补偿给付过程中为工伤认定制造障碍。

（3）因工死亡待遇方面。其一，尘肺职业病患者因工死亡的认定存在障碍。尘肺病从诊断确诊至死亡可能存在较长的期间，于此期间内患者可能罹患其他疾病或受到其他伤害，那么患者最终之死亡是否确因尘肺病引起即存在不确定性。其二，《工伤保险条例》第 39 条第 3 款规定，只有一级至四级伤残职工于停工留薪期满后死亡的，其近亲属可以获得一次性工亡补助金。就尘肺病此种进行性的疾病而言，劳动者在初获诊断时劳动能力鉴定的结果可能并未达到一级至四级，但随着病情的发展，虽然可能未经鉴定但必然会经过一级至四级伤残的情况而至死亡。但如果未在劳动能力鉴定时被鉴定为一级至四级伤残，即便是因为尘肺病死亡，其近亲属也无法享受待遇。

2. 待遇申领程序方面的主要问题

按照现行规定，即便排除用人单位恶意拖延的因素（即不发生关于劳动关系认定等内容的仲裁与诉讼），至劳动者可向经办机构申领工伤补偿待遇之日大致需要 540 天（$10^①+60^②+30^③+10^④+60^⑤+15^⑥+10^⑦+90^⑧+30^⑨+15^⑩+15^⑪+90^⑫+15^⑬+90^⑭$），这一时间尚不包括如

---

① 经批准的医疗卫生机构受理职业病诊断申请的时间。由于现行法律法规未规定医疗卫生机构受理职业病诊断以及作出诊断的时间，为大概计算一个时限我们此处对其适用职业病诊断鉴定的时限要求，即受理 10 日，诊断 60 日。《职业病诊断与鉴定管理办法》第 26 条。

② 经批准的医疗卫生机构作出职业病诊断的时间，同上。

③ 当事人第一次申请职业病诊断鉴定的时限。《职业病诊断与鉴定管理办法》第 19 条第 1 款。

④ 职业病诊断鉴定办事机构受理鉴定申请的时间，《职业病诊断与鉴定管理办法》第 26 条第 1 款。

⑤ 职业病鉴定委员会作出第一次鉴定的时间（要求于组织鉴定当日作出鉴定结论并送达当事人），《职业病诊断与鉴定管理办法》第 26 条第 2 款。

⑥ 当事人提起第二次职业病诊断鉴定的时间，《职业病诊断与鉴定管理办法》第 19 条第 3 款。

⑦ 省级职业病诊断鉴定办事机构受理鉴定申请的时间。

⑧ 省级职业病诊断鉴定委员会作出职业病诊断鉴定的时间。

⑨ 用人单位提起工伤认定申请的时间，《工伤保险条例》第 17 条第 1 款，要求用人单位及时提出申请。

⑩ 社会保险行政机关受理工伤认定申请的时间，《工伤认定办法》第 8 条。

⑪ 社会保险行政机关作出工伤认定决定的时间，《工伤认定办法》第 21 条，要求将持有职业病诊断或鉴定结论的工伤认定申请作为"事实清楚、权利义务明确"的申请。

⑫ 劳动能力鉴定委员会作出劳动能力鉴定结论的时间，《工伤保险条例》第 25 条第 2 款，要求劳动者自获得工伤认定申请之日即提起劳动能力鉴定申请。

⑬ 当事人提出再次鉴定申请的时间，《工伤保险条例》第 26 条。

⑭ 省级劳动能力鉴定委员会作出最终劳动能力鉴定结论的时限，《工伤保险条例》第 29 条。

果用人单位不及时申请工伤认定以及各种诊断、认定、鉴定机构送达的时间,如果再考虑到该过程中可能发生的劳动争议仲裁与诉讼、劳动者与用人单位因后者不及时支付工伤补偿待遇发生的劳动仲裁与诉讼、劳动者与经办机构就核定待遇水平所发生的行政复议与诉讼,认为工伤劳动者最终获得工伤补偿待遇至少需要几年的时间绝非夸张。这种繁复的程序设置给尘肺职业病患者及时获得救济与补偿,制造了巨大的障碍。

三 尘肺职业病患者法律救济制度完善的法律建议

1. 推动尘肺病劳动者工伤保险的全覆盖

其一,对标准劳动关系意义上的劳动者与工伤保险对象之间的关系进行反思与重构。我国学者早已认识到,对劳动者进行具体之类型化以厘定工伤保险的覆盖范围应属理性之选择;[1] 域外劳动法及社会保险法理论中亦承认,对"劳动者"范围的界定应根据不同单行法的立法目的个别界定,而不应有一个适用于所有法律领域的劳动者的范围。[2] 其二,改革工伤保险待遇给付制度,力争将所有工伤给付全部社会化,由工伤保险基金统一支付,最大限度减轻用人单位对尘肺病认定的抵触。其三,从完善法律与转变执法观念入手,在明确将用人单位的投保缴费义务规定为法定义务的同时,也应立足于切断公共部门与企业之间千丝万缕的利益关联,通过公共部门的严格执法,真正增加违法单位的违法成本,从根源上消除用人单位逃避投保缴费义务的根本动机。

2. 完善尘肺病的认定和劳动能力鉴定制度

其一,考虑到尘肺病发病与职业接触的密切关联,建议在尘肺病认定中扩大推定的范围,即如果劳动者能够准确陈述出是否存在劳动关系、职业病危险因素接触等事实,在相关用人单位未能提出相反证据推

---

[1] 参见郑尚元《工伤保险法律制度研究》,北京大学出版社2004年版,第61—62页。
[2] 参见[日]柳屋孝安《现代劳动法と劳动者概念》,(东京)信山社2005年版,第47—61页。

翻此一推定的情况下，则对上述事实直接予以认定。其二，尘肺病作为一种工业灾害，即便在相关行业用人单位采取充分措施的情况下亦无法绝对避免，工伤保险的制度目标即在于对此种难以认定过错的伤害予以社会补偿。基于此，用人单位提供的已依法采取防护措施或者不存在工作环境危险因素超标的理由，均不能否定尘肺病之认定；同时，诊断、鉴定主体亦不得要求劳动者提供工作场所危险因素超标的证据作为认定尘肺病的前提。其三，建议尘肺病的认定程序与劳动能力鉴定程序予以整合，取消劳动者另行提起劳动能力鉴定申请的程序，由作出尘肺病认定的机构直接向劳动能力鉴定机构提供诊断结论，由后者根据该诊断结论直接做出劳动能力鉴定的结论。

3. 采取措施确保尘肺职业病患者工伤保险待遇的落实

其一，建议通过基本医疗保险与工伤保险之间的垫付制度保障尘肺职业病患者及时获得医疗救治。其二，就工伤劳动者应自用人单位处获得的待遇而言，如果双方发生争议，在职业病认定和劳动能力鉴定结论已然存在的前提下，用人单位应当承担的工伤补偿义务的内容基本能够确定，建议与《劳动合同法》第30条第2款所规定的拖欠或未足额支付劳动报酬的行为同等对待，亦即应当赋予工伤劳动者直接向人民法院申请支付令的权利。其三，就死亡待遇而言，建议对尘肺职业病劳动者近亲属支付因工死亡待遇可以不受劳动能力鉴定为一级至四级的约束，只要能够认定尘肺病为死亡原因则须向其支付丧葬费及供养亲属抚恤金。其四，关于工伤保险的申领程序，建议在适当的步骤中限制用人单位的提出异议的机会，例如，在尘肺病诊断、鉴定阶段，可以给予用人单位一次申请鉴定之机会，如果对诊断鉴定结论不服，那么除非提出实质证据推翻前一鉴定结论，否则不得提出异议；于工伤认定阶段，由于社会保险行政机关对职业病诊断或鉴定结论不进行实质审查而作出工伤认定之结论，我们认为该阶段应当规定用人单位不得对工伤认定结论提出异议；[①] 于劳动能力鉴定阶段，由于该鉴

---

① 事实上，在职业病的情况下，工伤认定程序仅为程序上的要求，并无实际价值，如何进行程序上之整合仍是需要考量的问题。

定的依据主要系已经获得认可的职业病诊断或鉴定结论，而在尘肺病的情况下，伤残程度只能随时间的推移，并不会出现恢复，故而除非用人单位提出实质证据否定职业病诊断或鉴定结论，否则也不应赋予其提起异议之机会。

我国工伤保险待遇支付社会化问题研究

李满奎*

摘　要　工伤社会保险是世界范围内占主导地位的工伤救济模式，其核心特征是以集体责任为基础的工伤保险待遇支付社会化。工伤保险待遇支付社会化需要具备强制参保、工伤保险法律关系法定及所有工伤保险待遇由工伤保险基金支付三个条件，并会对工伤保险费率、工伤认定、工伤待遇纠纷解决产生影响。我国的工伤保险历来定位为社会保险，但是存在用人单位支付部分工伤保险的传统，且让未参保用人单位支付所有的工伤保险待遇，再加上参保情况不理想、工伤保险法律关系不顺畅，导致我国工伤保险待遇支付社会化程度并不理想。工伤保险待遇社会化支付是一个系统工程，需要以"社保税征"为契机进行工伤保险扩面，确保工伤保险费征缴关系与工伤保险待遇给付关系隔离运行，并规定工伤保险基金是所有工伤保险待遇的第一责任人，三项措施必须同时发力，不可偏废。

关键词　工伤保险　待遇　强制参保　社会化

一　问题的提出

2009年，在工伤保险领域，发生了两起影响巨大的事件，在很大程度上暴露了工伤保险制度存在的短板和弊端，将其置于巨大舆论旋涡之中，引起了人们对工伤保险制度的关注和反思，可以毫不夸张地讲，

---

* 作者系西南政法大学经济法学院副教授、博士研究生导师。

当时的工伤保险制度面临着巨大的危机。

第一起事件是"开胸验肺"。河南省新密市刘寨镇农民张海超2004年进城,到河南振东耐磨材料公司打工,在充满粉尘的环境中做了3年多杂工和破碎等工种后,出现咳嗽、胸闷等症状,先后被河南省胸科医院、北京协和医院等权威医院确诊为尘肺。但企业却拒绝为其提供相关资料,使其不能在有职业病鉴定资质的郑州市某职业病防治所进行鉴定。在向上级主管部门多次投诉后他终于获得正式鉴定,但该职防所为其做出的却是"肺结核"的诊断。为寻求真相,2009年7月10日,28岁的张海超来到郑州大学一附院,不顾医生劝阻,铁心"开胸验肺",最终在媒体的见证下,被确诊为尘肺病。①

第二起事件是"刘汉黄刺死台商案"。2008年9月22日,贵州的农村青年刘汉黄南下来到广东省东莞市大朗镇展明五金制品有限公司,负责操作冲床;2008年9月28日刘汉黄的右手掌部和手指的骨头被运转中的冲床机器砸碎,经诊断,为"压砸毁损伤",后整个右手掌做了切除手术。2008年11月18日,刘汉黄的事故被认定为工伤;八天后,东莞市劳动能力鉴定委员会出具《鉴定书》,属于伤残五级。就赔偿金额问题与厂方协调未果,历经劳动争议仲裁、一审获得胜诉判决,但厂方提起上诉,6月14日,刘汉黄曾用自杀行为要挟厂方尽快赔偿;第二天上午,刘汉黄与厂方再次协商但无果,约定当天下午继续谈判。然而,中午12点多,刘汉黄用携带的弹簧刀刺向了台商高管,造成两死一重伤的惨剧。②

前一起惨剧被认为暴露了我国职业病诊断鉴定制度的弊端,职业病认定难以成为制约职业病病人权利保障的"瓶颈"③。罹患职业病的劳动者往往面临着求告无门,甚至被迫以一种"自残"的方式寻求职业病诊断鉴定的门路,以便能够获得工伤赔偿。也有学者敏锐地指出

---

① 肖云端:《农民工健康权益保护的困境与对策——以"开胸验肺"事件为分析视角》,《湖北社会科学》2010年第3期。

② 参见罗洁琪《刘汉黄刺死台商案始末》,《财经》2009年第14期。

③ 邓红梅、黄静:《完善职业病认定制度——写"开胸验肺"事件一周年之际》,《朝阳法律评论》2010年第2期。

"自证其责"的问题：看职业病为何必须由工作单位提供资料不可？哪个用人单位愿意自证其责呢？[①] 这一事件表面上看是与职业病诊断鉴定制度直接相关的，但是深层次原因仍然是工伤保险的定位错乱。作为社会保险的工伤保险，职工罹患职业病的，为什么要用人单位承担责任？又有什么正当理由让职工承担"用人单位承担责任"的不利后果？

在后一起惨剧中，"雇主在输掉官司之后，又搭上了两条性命。雇工在赢了官司之后，还要挑起一场必输无疑的官司。这样的结局是极端荒唐、不可理喻的"[②]。这一悲剧带给我们更多对工伤保险制度特别是工伤保险待遇支付制度的拷问：一场看似普通的工伤赔偿纠纷为何转变成一件严重的刑事案件？依据相同的实体法而进行的劳动争议仲裁与劳动争议诉讼，裁判尺度差距为何如此之大？在发生工伤赔偿争议期间，工伤职工的基本生活如何得以维系？在强制性的工伤保险体制下，为什么用人单位未为员工参加工伤保险却没有面临任何的不利法律后果？作为社会保险的工伤保险，为什么工伤职工的工伤保险待遇需要向用人单位索赔？类似的问题还可以提出很多。

这些问题暴露了我国工伤保险制度在诸多细节方面的问题和弊端。"实际上，如果工伤保险以及社会保障等制度比较健全，当事人之间没完没了的那种交涉基本上就没有必要了。"[③] 确实，刘汉黄案件暴露的问题及前述所有疑问，均由"当事人之间没完没了的交涉"引起；而消除"当事人之间没完没了的交涉"的途径只有一条，那便是实现工伤保险待遇支付的社会化，即由工伤保险基金支付所有的工伤保险待遇，斩断当事人之间围绕工伤赔偿发生交涉的必要性和可能性。这是工伤保险作为社会保险的应有之义，也是我国工伤保险法律制度改革应当坚持的方向。

经由这两个悲剧性案件的推动，我国的立法机关也对上述问题进行

---

① 董保华：《从"开胸验肺"事件看劳动者权益保障的法治命题》，《法学》2009年第9期。
② 季卫东：《天问》，http://ji-weidong.blog.sohu.com/120639392.html.
③ 季卫东：《天问》，http://ji-weidong.blog.sohu.com/120639392.html.

了回应。全国人大常委会于 2010 年通过了《社会保险法》，第四章"工伤保险"专章确立了工伤保险基金先行支付制度，并对工伤保险待遇支付措施进行了完善；2010 年年底，国务院修改了《工伤保险条例》，进一步完善了我国的工伤保险制度，致力于我国提升工伤保险待遇社会化支付的程度。[①] 这些立法回应距今已整整十年，十年后重新审视我国的工伤保险制度，客观评价这些立法回应对于提升工伤保险待遇支付社会化程度的效果，反思仍然存在的问题，对于避免"开胸验肺"和"刘汉黄式"悲剧的再次发生，具有特殊的意义。

二 工伤保险待遇支付社会化概述

（一）历史起源

工业革命前，手工作坊是基本的生产经营单元，帮工在作业过程中虽然偶尔也会伤害，但通常由作坊主为其提供照护，能得到妥善的解决。工业革命以来，随着蒸汽机的使用，人类的生产效率得到大幅度提升；同时大幅增加的还有工业事故的风险，随着机械化大生产的程度不断提高，机器的复杂程度意味着工伤事故伤害的数量和严重程度也在呈几何级数增加，传统由手工作坊主为受伤帮工提供照护的模式已无力处理此类工伤事故伤害。

工伤作为人类自进入工业社会以来需要日常面对的问题，呼唤新的解决方案，侵权法进入人们的视野。在自由资本主义时期，侵权法奉行过错责任原则，工伤雇员要获得工伤赔偿，必须证明雇主在造成伤害的问题上负有过错。雇主可以通过证明抗辩事由的存在，来免除自己的责任，抗辩事由共有三项：自担风险，即雇主如果能证明在签订劳动合同时已经告知受伤的风险而雇员接受的，雇主免责；混合过错（又称与有过失），即如果受伤雇员在造成自身伤害过程中有任何过错的，雇主免责；以及共同雇佣（又称同事过错），如果雇员是因为同事的过错而受

---

① 事实上，我国立法机关对这两个悲剧性事件的回应不止于此。全国人大常委会于 2011 年年底修改了《职业病防治法》，降低了职业病诊断的门槛；卫生部于 2013 年公布了新的《职业病诊断与鉴定管理办法》。鉴于这一内容与本文主题关联不大，于此不赘。

伤，雇主免责。过错责任的归责原则再加上这三个抗辩事由，使受伤雇员很难获得侵权损害赔偿。①

由于传统的侵权责任制度无法为工伤雇员提供充分的救济，雇员的不满日盛。侵权责任制度开始进行调试，在归责原则上开始采取过错推定，同时废除了共同雇佣这一抗辩事由，将与有过失的抗辩事由改头换面为比较过错，雇主的责任只会在受伤雇员过错的范围内减轻而非免除。这一调试的效果是加重雇主责任，但总体上仍然属于侵权责任法内部的调试。受伤雇员要获得赔偿，仍然需要起诉雇主，是否能最终获得赔偿仍然面临着极大的不确定性；雇主仍然能够利用自己强大的经济实力在侵权诉讼中免除或者减轻自己的责任，但是毕竟要应诉，法律成本支出居高不下，而一旦受伤雇员获得胜诉判决，可获得的赔偿是没有限额的，单个雇主可能会因一起工伤事故而倾家荡产。

工人和雇主对私法途径解决工伤赔偿问题的无效性逐渐达成共识。在这一背景下，德国于1884年通过《工伤事故保险法》，年收入2000马克以下的工厂工人实行强制保险，由雇主承担全部缴费义务，由同业工伤事故保险联合会作为公法实体，按照自我管理原则运行，为工伤雇员提供工伤保险待遇。② 德国的工伤事故保险，是世界上最早建立的工伤社会保险，是工伤社会保险的原型，这一模式对欧洲其他国家和北美各国的工伤社会保险制度的建立起到了重要的借鉴作用。

与传统的侵权赔偿相比，工伤社会保险核心的特点是建立在集体责任原则之上的工伤保险待遇支付的社会化。集体责任原则更多地体现在工伤社会保险内部的运作机理，根据这一原则，在工伤保险体系范围内的雇主，一改侵权法体系下"各人自扫门前雪"的局面，以互助连带的方式承担所有雇主的全部雇员可能的工伤风险，这对雇主是一种保护，他不需要再独自面对可能随时发生的工伤事故。而工伤保险待遇支付的社会化则更多表现为对外的运行方式（外观），即由雇主出资成立

---

① 参见李满奎《工伤保险体系中的"诉讼禁止条款"研究》，《环球法律评论》2010年第4期。
② 参见高媛《德国社会保险立法起源研究》，博士学位论文，华东政法大学，2017年，第3—4页。

一个无过错的工伤保险基金,但凡发生工伤事故的,不论过错,均由工伤保险基金向工伤雇员支付所有的工伤保险待遇,工伤雇员无须也不能要求雇主支付工伤保险待遇。工伤保险待遇支付的社会化是判断一种工伤保险是否为社会保险的关键标准。

(二) 工伤保险待遇支付社会化的条件

工伤保险待遇支付社会化是工伤社会保险的应有之义,但它并不是孤立存在的,需要有配套的条件和机制。只有这些配套的条件和机制顺利运行,方能实现工伤保险待遇支付社会化这一目标。缺少这些条件,要么会导致这一目标无法实现,要么导致这一目标实现的程度大打折扣,进而会消解工伤保险的社会保险性质。

第一个条件是工伤保险的强制性,或者说强制参保。工伤保险待遇支付社会化的基础是集体责任,而集体责任充分发挥作用的规则是"大数法则",参加工伤保险的雇主越多,由其出资建立的"资产池"就越大,同时汇聚的"风险池"也就越稳定,集体责任承担风险的能力就越强,工伤保险待遇支付的社会化也就更有保障。[1] 判断一种工伤保险体系是否具有强制性,不能仅仅看相关法律中是否有"强制"的字样,还要看用人单位违反强制参保义务的法律后果。

第二个条件是工伤保险法律关系法定。工伤保险是由国家行政机关,或者由专门法律建立的法定机构负责经办运行的,法律关系的成立与内容均由法律明确规定,不存在意思自治的空间。属于工伤保险体系调整范围内的雇主,从成立之时起便与工伤保险基金之间成立了工伤保险费征缴法律关系,不依法缴纳工伤保险费将面临严重的法律后果;前述雇主的雇员从劳动关系建立之时起,便与工伤保险基金建立了工伤保险待遇给付法律关系,出现法定事由即工伤的,便满足了工伤保险待遇给付的条件。这两层法律关系独立运行,互不干扰,雇主是否依法缴纳了工伤保险费,属于前一层法律关系的范畴,并不影响其雇员依法享受

---

[1] 拙作:《工伤保险的强制性及其实施路径研究》,法律出版社2014年版,第130—131页。

工伤保险待遇的权利，这属于第二层法律关系。

第三个条件是所有的工伤保险待遇项目均应当由工伤保险基金支付。工伤保险的集体责任原则意味着工伤保险基金作为雇主集体责任的承担主体，应当支付所有因工伤引发的费用和成本支出，原则上不应当存在工伤保险基金支付的待遇项目与用人单位支付的待遇项目的区分。否则的话，不仅违反了工伤保险法律关系的原理，即在雇主与工伤雇员之间也建立了工伤保险待遇给付法律关系，客观上起到消解第二个条件的作用；还会减损工伤保险分散雇主风险的功能，降低工伤保险对雇主的吸引力，客观上起到鼓励雇主逃避参保义务的作用，这又会动摇集体责任的根基，使得工伤保险待遇支付的社会化无从实现。

这三个条件互为支撑，构成了一个不可分割的整体，缺失任何一个条件，都会影响工伤保险待遇支付的社会化，并进而可能会冲击工伤保险的社会保险定位。强制参保是集体责任的必然要求，没有强制参保，集体责任便无从谈起，也就不存在工伤保险待遇支付的社会化问题，因此是前提。工伤保险法律关系法定，区分工伤保险费征缴法律关系和工伤保险待遇给付法律关系，第一层关系是强制参保的自然延伸，第二层关系确立了工伤保险基金与雇员的权利义务关系，是工伤保险待遇支付社会化的法理基础。所有待遇项目皆为工伤保险基金支付项目，是工伤保险待遇支付社会化的必然要求和表现形式；严格意义上讲，工伤保险待遇支付社会化是"全有或全无的问题"，即要么完全社会化，要么就没有社会化，在现实中，中间地带即一定程度的社会化，虽然存在，但客观上会起到消解工伤保险待遇支付社会化的功能，陷入社会化程度不断降低的恶性循环。

（三）工伤保险待遇支付社会化的意义与影响

工伤保险待遇支付的社会化是工伤社会保险的核心特征，它的影响不仅限于工伤保险待遇支付，还影响着工伤保险体系的方方面面，对于维护工伤保险的社会保险性质发挥着重要作用。

第一，工伤保险待遇支付的社会化会影响到工伤保险费率。虽然各国的工伤保险基金在融资模式上有所区别，但毫无例外，均根据工伤保险待遇支出情况，来决定工伤保险费的收取比例和规模。相比于支付未完全实现社会化的状态而言，工伤保险待遇支付完全社会化意味着工伤保险基金会有更大的支出，工伤保险费率也会相应提高，这是实现工伤保险待遇支付社会化的代价。从另一方面讲，工伤保险费率的水平也会因影响到工伤保险待遇支付的社会化，工伤保险费率不是越低越好，盲目降低工伤保险费率将导致工伤保险基金的规模过小，无法确保工伤保险待遇支付的社会化。这是各国在设计工伤保险费率时要考虑的重要因素。

第二，工伤保险待遇支付的社会化对工伤认定的影响。通常很少会有人将工伤保险待遇支付的社会化与工伤认定联系起来，事实上二者关系密切，工伤保险待遇支付的社会化程度在一定程度上会影响工伤认定标准的尺度。工伤保险待遇支付的社会化程度越高，意味着用人单位需要对具体的工伤事故或者职业病承担赔偿的责任就越小，工伤认定标准的尺度会相对宽松，这样既保护了劳动者，又不会对单个的用人单位造成太大的负担。反之，当社会化程度较低时，工伤认定标准的尺度就会紧缩。总之，工伤保险待遇支付的社会化对于合理的工伤认定标准而言必不可少。

第三，工伤保险待遇支付的社会化会影响到劳动争议解决机制。在理想的工伤社会保险中，由于工伤保险待遇支付实现完全的社会化，相当于在用人单位和劳动者之间竖起了一堵墙，用人单位与工伤职工围绕工伤保险待遇根本不会发生交集，这也是工伤保险领域非对抗性原则的应有之义。[1] 这意味着工伤职工无须再与用人单位进行"没完没了的交涉"，有利于保持劳动关系的和谐稳定。然而，如果工伤保险待遇并未实现社会化，这意味着工伤职工仍然要从用人单位那里获得部分或者全部的工伤保险待遇，工伤职工与用人单位之间围绕工伤保险待遇发生争议的现实可能性决定了二者之间又要回到冲突和对抗的老路，相应的劳动争议解决机制也必然要适用于工伤保险待遇纠纷。

---

[1] Katherine Lippel, "Preserving Workers' Dignity in Workers' Compensation System: An International Perspective", *American Journal of Industrial Medicine*, Vol. 55 (6), 2012, p. 521.

三 我国工伤保险待遇支付社会化的历史与现状

（一）历史发展

1. 《劳动保险条例》时期。我国工伤社会保险的传统形成于1951年的《劳动保险条例》，不论是劳动保险制度产生的历史渊源，还是对《劳动保险条例》具体规定的分析，均表明我国从一开始就将工伤保险在内的劳动保险定位为社会保险，[①] 而《劳动保险条例》更是被有的学者称为是我国"社会保险制度发展史上最具时代意义的综合立法"[②]。

在工伤保险待遇的支付上，《劳动保险条例》明确将待遇分为企业行政方或者资方负担的待遇项目，和劳动保险基金负担的待遇项目，具体情况见表1。

表1　　　　　1951年《劳动保险条例》待遇项目支付情况

企业行政方或者资方负担的待遇项目	1. 全部诊疗费、药费、住院费、住院时的膳费与就医路费 2. 医疗期的工资待遇 3. 因工死亡职工的丧葬费
劳动保险基金负担的待遇项目	1. 按月给付的因工残废抚恤费（完全丧失劳动能力者） 2. 给付因工残废补助费（部分丧失劳动能力尚能工作者） 3. 工亡职工供养直系亲属抚恤费

作为劳动保险"子项目"的工伤保险，并非所有待遇项目都由劳动保险基金支付，医疗费、医疗期的工资待遇及工亡职工的丧葬费由企业行政方或者资方支付，初看起来，并未实现完全的社会化支付。特别是自1969年起劳动保险金（费）的征集管理已经开始停止执行，[③] 从1973年开始，有关在劳动保险基金项下支付的各项费用改在营业外支付之后，[④] 很容易让人得出工伤保险待遇的社会化支付已经不复存在的

---

① 李满奎：《工伤保险的强制性及其实施路径研究》，法律出版社2014年版，第71页。
② 郭晓宏：《中国工伤保险制度研究》，首都经济贸易大学出版社2010年版。
③ 参见1969年财政部《关于国营企业财务工作中的几项制度的改革意见（草案）》。
④ 1973年5月15日财政部财企字第41号文。

结论。但是如果考虑当时的计划经济背景，特别是1956年底已经完成的农业、手工业和资本主义工商业的社会主义改造，这意味着工伤保险适用的对象均为国营企业。"1956年至1986年实行劳动合同制度之前的30年间，我国不存在劳动力市场背景下劳动关系主体间的利益冲突"①，不论是国营企业的资金，还是国营企业通过缴纳劳动保险费建立的劳动保险基金，皆为国有，只是分配了不同的用途而已。因此，工伤保险待遇项目究竟是由劳动保险基金支付，还是由国营企业支付，本身不存在本质性的差异，并不改变社会化支付的性质。

2. 1996年《企业职工工伤保险试行办法》时期。改革开放以后，特别是实行劳动合同制以来，我国一直在探索与劳动合同制度相适应的工伤保险制度，1994年《劳动法》明确工伤保险应该是一种独立的社会保险类型，重申了其社会保险定位。1996年劳动部发布了《企业职工工伤保险试行办法》（以下简称《试行条例》），正式将工伤保险作为一种独立的社会保险类型。在工伤保险待遇支付上，《试行办法》继承了《劳动保险条例》的做法，将其分为工伤保险基金支付的待遇项目和用人单位支付的待遇项目，具体安排见表2。

表2　　　　　　　　1996年《试行办法》待遇项目支付情况

工伤保险基金支付的待遇项目	1. 工伤医疗费 2. 评残后的工伤护理费 3. 伤残抚恤金 4. 一次性伤残补助金 5. 残疾辅助器具费 6. 工亡职工遗属领取的丧葬补助金 7. 工亡职工遗属领取的供养亲属抚恤金 8. 工亡职工遗属领取的一次性工亡补助金
用人单位支付的待遇项目	1.（工伤医疗期内的）工伤津贴 2. 5—6级伤残（难以安排工作的）抚恤金，以及5—10级伤残的在职伤残补助金（工伤造成工资降低的补偿） 3. 7—10级的一次性伤残就业补助金

《试行办法》将工伤保险待遇分为工伤保险基金支付的待遇项目和

---

① 郑尚元：《职业病防治与职业病患者权利之救济》，《东南学术》2020年第2期。

用人单位支付的待遇项目的做法，看似延续了《劳动保险条例》的规定，但却产生了与《劳动保险条例》完全不同的效果。《试行办法》出台于我国社会主义市场经济初步建立的时期，各个企业已开始成为自主经营、自负盈亏的市场主体，企业、工伤保险基金、职工之间存在着不同的利益诉求。在市场经济条件下，将部分工伤保险待遇交由企业承担，实际上又回到了"各人自扫门前雪"的个体责任，导致了工伤保险待遇支付的社会化程度被弱化的局面。《试行办法》的这一处理方式为我国工伤保险待遇支付实现社会化埋下了巨大的障碍。

3. 2003年《工伤保险条例》时期。2003年，国务院通过了《工伤保险条例》，取代了此前的《企业职工工伤保险试行办法》，提升了立法的层次。《工伤保险条例》以行政法规的形式，延续了《试行办法》所确立的工伤保险体制，仍然坚持社会保险的定位，从工伤保险基金、工伤认定、工伤保险待遇等多个方面，对工伤保险制度进行了完善。在工伤保险待遇的支付上，《工伤保险条例》仍然延续了《试行办法》的做法，将其分为工伤保险基金支付的待遇项目和用人单位支付的待遇项目，具体项目见表3。

表3　　　　2003年《工伤保险条例》待遇项目支付情况

工伤保险基金支付的待遇项目	1. 工伤医疗费 2. 辅助器具费 3. 评残后的生活护理费 4. 一次性伤残补助金 5. 1—4级的伤残津贴 6. 工亡职工遗属领取的丧葬补助金 7. 工亡职工遗属领取的供养亲属抚恤金 8. 工亡职工遗属领取的一次性工亡补助金
用人单位支付的待遇项目	1. 停工留薪期的工资福利待遇及护理费用 2. 5—6级伤残的伤残津贴 3. 5—10级伤残解除或终止劳动关系的一次性工伤医疗补助金和伤残就业补助金

在工伤保险待遇项目上，2003年《工伤保险条例》基本上维持了《试行办法》确立的由工伤保险基金支付的待遇项目和由用人单位支付的待遇项目。不过，由于《工伤保险条例》在工伤保险待遇项目上进

行了个别调整,增加了一些新的待遇项目,导致用人单位支付的待遇项目范围有所扩大,比如增加了停工留薪期的护理费用,5—6级伤残解除或终止劳动关系的一次性伤残就业补助金,以及5—10级伤残解除或终止劳动关系的一次性工伤医疗补助金,进一步弱化了工伤保险待遇支付的社会化程度。

4.《社会保险法》时期。2010年,全国人大常委会通过了《社会保险法》,在第四章"工伤保险"专章,第38条明确规定了工伤保险基金支付的待遇项目,第39条明确规定了由用人单位支付的待遇项目。2010年12月国务院对《工伤保险条例》进行了修订,对工伤保险待遇项目进行了相应的调整,具体情况见表4。

表4　　　　　　　　《社会保险法》待遇项目支付情况

工伤保险基金支付的待遇项目	1. 治疗工伤的医疗费用和康复费用 2. 住院伙食补助费 3. 到统筹地区以外就医的交通食宿费 4. 安装配置伤残辅助器具所需费用 5. 生活不能自理的,经劳动能力鉴定委员会确认的生活护理费 6. 一次性伤残补助金 7. 一至四级伤残职工按月领取的伤残津贴 8. 因工死亡的,其遗属领取的丧葬补助金 9. 供养亲属抚恤金 10. 因工死亡补助金 11. 终止或者解除劳动合同时,应当享受的一次性医疗补助金 12. 劳动能力鉴定费
用人单位支付的待遇项目	1. 治疗工伤期间的工资福利及护理费用 2. 五级、六级伤残职工按月领取的伤残津贴 3. 终止或者解除劳动合同时,应当享受的一次性伤残就业补助金

《社会保险法》和修订后的《工伤保险条例》在2003年《工伤保险条例》的基础上,对用人单位支付的待遇项目和工伤保险基金支付的待遇项目范围进行了调整,总体上增加了工伤保险基金支付的待遇项目,比如劳动合同解除或者终止时的一次性医疗补助金、劳动能力鉴定费、住院伙食补助费、到统筹地区以外就医的交通食宿费等,提高了工伤保险待遇社会化支付的程度。

(二) 我国工伤保险待遇支付社会化的条件

1. 强制参保。《试行办法》第 2 条规定："中华人民共和国境内的企业及其职工必须遵照本办法的规定执行。"第 4 条规定："企业必须按照国家和当地人民政府的规定参加工伤保险,按时足额缴纳工伤保险费,按照本办法和当地人民政府规定的标准保障职工的工伤保险待遇。"这两条确立了强制参保原则,但有意思的是,《试行办法》本身并未规定不依法参加工伤保险的不利法律后果;通常解释是如果用人单位不依法参加工伤保险,那么发生工伤事故或者职业病的,"一切费用都要由企业按照《企业职工工伤保险试行办法》的有关规定全额支付"①。

2003 年《工伤保险条例》既明确规定了用人单位参加工伤保险、为职工缴纳工伤保险费的义务,又规定了用人单位违反这一义务的不利后果,即由劳动行政部门责令改正,未参加工伤保险期间用人单位职工发生工伤的,由该用人单位按照相同的标准支付工伤保险费用。

2010 年《社会保险法》规定:"职工应当参加工伤保险",确立了强制参保原则;同时在"社会保险费征缴"专章规定了社会保险费征收机构在用人单位未按时足额缴纳社会保险费时对欠费进行征缴的方式,②并在"法律责任"部分规定了不办理社会保险登记、未按时足额缴纳社会保险费的用人单位会面临的不利法律后果,如滞纳金、罚款等。③

---

① 《企业必须参加工伤保险》(主持人:田春润),《中国社会保险》1997 年第 8 期。
② 《社会保险法》第 63 条:用人单位未按时足额缴纳社会保险费的,由社会保险费征收机构责令其限期缴纳或者补足。用人单位逾期仍未缴纳或者补足社会保险费的,社会保险费征收机构可以向银行和其他金融机构查询其存款账户;并可申请县级以上有关行政部门作出划拨社会保险费的决定,书面通知其开户银行或者其他金融机构划拨社会保险费。用人单位账户余额少于应当缴纳的社会保险费的,社会保险费征收机构可以要求该用人单位提供担保,签订延期缴费协议。用人单位未足额缴纳社会保险费且未提供担保的,社会保险费征收机构可以申请人民法院扣押、查封、拍卖其价值相当于应当缴纳社会保险费的财产,以拍卖所得抵缴社会保险费。
③ 《社会保险法》第 84 条:用人单位不办理社会保险登记的,由社会保险行政部门责令限期改正;逾期不改正的,对用人单位处应缴社会保险费数额一倍以上三倍以下的罚款,对其直接负责的主管人员和其他直接责任人员处五百元以上三千元以下的罚款。第 86 条:用人单位未按时足额缴纳社会保险费的,由社会保险费征收机构责令限期缴纳或者补足,并自欠缴之日起,按日加收万分之五的滞纳金;逾期仍不缴纳的,由有关行政部门处欠缴数额一倍以上三倍以下的罚款。

2010年修订的《工伤保险条例》也规定了用人单位应参加而未参加工伤保险的不利法律后果,包括滞纳金和罚款等。[1]

如果从法律规范上分析,我国的工伤保险毫无疑问是强制性的,实行强制参保原则,用人单位"必须""应当"参加工伤保险,否则要承担不利的法律后果。在这个意义上讲,我国工伤保险待遇支付社会化的第一个条件是具备的。不过,强制参保不能仅看法律规定,还要看强制性规定的执法状况,即强制参保的效果。遗憾的是,我国工伤保险的实际参保状况并不容乐观,现实中存在大量的用人单位应当参加而未参加工伤保险的情况。以最新的数据为例,截至2019年年底,我国工伤保险的参保人数为2.49亿,由于统计数据的欠缺,我们无法准确了解应当参保的人数;不过,按照《社会保险法》的规定,工伤保险与城镇职工养老保险的适用范围是相同的,因此,我们可以选取城镇职工养老保险的参保人数作为参照系,2019年年底,这一数字为4.35亿。[2] 工伤保险的参保人数相当于职工基本养老保险参保人数的57%,据此估计大致有近半数的用人单位没有参加工伤保险,这实际上架空了强制参保原则,也意味着工伤保险待遇社会化支付的第一个条件并没有完全具备。

2. 工伤保险法律关系法定。工伤保险法律关系分为两层,独立运行,互不影响,其中第一层关系是强制参保的逻辑延伸,第二层关系是工伤保险待遇社会化支付的法理基础。我国的工伤保险体系也秉持工伤保险法律关系法定的理念,用人单位、职工与工伤保险经办机构之间的权利义务关系均基于法律规定建立,其内容由法律直接规定,不存在当事人之间意思自治的空间。

不过,从1996年《试行办法》开始,我国的工伤保险法律关系的

---

[1] 2010年修订的《工伤保险条例》第62条第1款规定:"用人单位依照本条例规定应当参加工伤保险而未参加的,由社会保险行政部门责令限期参加,补缴应当缴纳的工伤保险费,并自欠缴之日起,按日加收万分之五的滞纳金;逾期仍不缴纳的,处欠缴数额1倍以上3倍以下的罚款。"

[2] 人力资源和社会保障部:《2020年人力资源社会保障月度数据(2020年1月)》,来源:http://www.mohrss.gov.cn/SYrlzyhshbzb/zwgk/szrs/tjsj/202003/W020200306605722407848.pdf。

运行开始呈现出不一样的样态：第一层关系为用人单位与工伤保险基金之间的工伤保险费征缴关系，从法律有关社会保险费征缴、不依法缴纳工伤保险费的法律责任看，这一层法律关系并不存在问题，也是强制参保原则的逻辑延伸。第二层关系是工伤保险待遇给付关系，这一层关系的运行在我国一开始便有些"先天不足"：除了因部分工伤保险待遇需要由用人单位支付导致这一关系"裂变"为工伤保险基金与工伤职工之间的待遇给付关系，和用人单位与工伤职工之间的待遇给付关系这一点外，更关键的是法律将用人单位未参保缴费的不利后果规定为由该用人单位支付未缴费期间职工发生工伤的所有待遇。这一规定意味着前述工伤保险法律关系中两层法律关系独立运行、互不影响的原理被打破。用人单位不缴纳工伤保险费，这属于不履行第一层工伤保险费征缴法律关系中的义务；将其后果规定为由用人单位给付所有的工伤保险待遇，意味着第二层法律关系事实上已不存在，将经济上处于弱势、身体上受到伤害的职工在工伤救济上又推向了他的用人单位，似乎又回到了工伤社会保险诞生之前的年代。

本来法定的工伤保险法律关系，按照前述法律规定运行的结果却类似于民法上双务合同中的"同时履行抗辩"：用人单位不履行缴纳工伤保险费义务的，工伤保险基金则拒绝履行给付工伤保险待遇的义务。这种处理全然不顾工伤保险法律关系的法定性，事实上将这一法律关系的成立与否交由用人单位决定，用人单位享有了通过"逆向选择"的方式退出工伤保险法律关系的权利，尽管这一选择会损害这一法律关系中的另一当事人即职工的利益。这也能在部分程度上解释为什么在强制参保的原则之下，仍然有大量的用人单位未参加工伤保险。这一处理方式使得工伤保险待遇社会化支付的第二项条件不复存在，也削弱了第一项条件的基础，从根本上冲击了工伤社会保险的定位。

我国立法也试图对此做出改变，《社会保险法》第41条建立了工伤保险基金先行支付制度，未参保用人单位拒不支付工伤保险待遇的，工伤职工可以申请工伤保险基金先行支付，然后由工伤保险基金向用人单位追偿。① 这一规定意在重申工伤保险的社会保险性质，回归工伤保险待遇支付社会化的目标，意义重大。不过，这一制度在实践中效果有限，存在参保扩面风险、基金风险和职业风险，影响了政策的推进。② 客观地讲，先行支付制度是我国立法试图回归工伤保险法律关系本源尝试，但是由于工伤保险待遇支付社会化的第一个条件和第三个条件的欠缺，这一尝试并不成功。

3. 工伤保险基金支付全部工伤保险待遇项目。从 1996 年《试行办法》开始，我国的工伤保险体系便将工伤保险待遇项目分为工伤保险基金支付的待遇项目和用人单位支付的待遇项目，这算是我国工伤保险体系的传统和特色。从趋势上来看，2003 年《工伤保险条例》中用人单位支付的待遇项目有所扩张，《社会保险法》和 2010 年修订的《工伤保险条例》扭转了这一势头，扩大了工伤保险基金支付的待遇项目，总体上是朝着工伤保险待遇社会化支付的目标迈进的。

但是从工伤保险待遇支付社会化的角度来看，用人单位支付工伤保险待遇项目的存在本身又否定了工伤保险待遇支付社会化的目标。此外，我国法律还规定，用人单位违反申请工伤认定的义务的，在违反义务期间的所有工伤保险待遇均由该用人单位承担，这一规定的本意是让违反义务的用人单位承担不利后果，但是这一承担后果的方式又扩大了用人单位支付工伤保险待遇的范围，背离了工伤保险待遇支付社会化的目标。

用人单位支付工伤保险待遇项目的存在，意味着用人单位参加了工伤保险、缴纳了工伤保险费后，无法将所有工伤风险转移给工伤保险基金，自身仍然要承担一部分工伤风险，这就降低了工伤保险对用人单位的吸引力，用人单位参保的积极性大打折扣。再加之有关强制参保的执法状况不理想，还为不参保用人单位提供了"用脚投票"的途径，最

---

① 《社会保险法》第 41 条规定：职工所在用人单位未依法缴纳工伤保险费，发生工伤事故的，由用人单位支付工伤保险待遇。用人单位不支付的，从工伤保险基金中先行支付。从工伤保险基金中先行支付的工伤保险待遇应当由用人单位偿还。用人单位不偿还的，社会保险经办机构可以依照本法第六十三条的规定追偿。

② 张军：《工伤保险先行支付运行中的三大风险》，《中国医疗保险》2017 年第 1 期。

终导致参保状况不理想,强制参保沦为一句空话。因此,第三个条件的残缺不全,又会进一步侵蚀其他两个条件,使我国的工伤保险体系进一步偏离工伤保险待遇社会化支付的目标。

(三) 影响评估

对工伤保险费率的影响。我国的工伤保险基金在确定工伤保险费率时采取以支定收、收支平衡的原则,根据工伤保险基金支出的情况来确定工伤保险的费率。由于我国目前工伤保险待遇的支付结构,用人单位仍然要支付相当部分的工伤保险待遇,因此,工伤保险基金的支出和成本就会相对较低,而核对的工伤保险费率也会相应较低。在这一背景下,我国工伤保险的平均费率长期控制在不超过1%的水平。从2015年起,我国启动了阶段性降低社会保险费率的工作,从2015年10月1日起,工伤保险的平均费率由1%降至0.75%;① 2016年,继续执行0.75%的平均费率;② 自2018年5月1日起,在保持八类费率总体稳定的基础上,工伤保险基金累计结余可支付月数在18(含)至23个月的统筹地区,可以现行费率为基础下调20%;累计结余可支付月数在24个月(含)以上的统筹地区,可以现行费率为基础下调50%,降低费率的期限暂执行至2019年4月30日;③ 自2019年5月1日起,延长阶段性降低工伤保险费率的期限至2020年4月30日,工伤保险基金累计结余可支付月数在18—23个月的统筹地区可以现行费率为基础下调20%,累计结余可支付月数在24个月以上的统筹地区可以现行费率为基础下调50%。④ 即使在降低工伤保险平均费率的情况下,截至2018年年底,全国工伤保险基金累计结存1785亿(含储备金294亿元)。⑤

或许对工伤保险平均费率进行横向对比能给我们一点启示。以同样施行工伤社会保险的加拿大为例,工伤保险实行省级统筹,10个省份

---

① 人力资源和社会保障部、财政部《关于调整工伤保险费率政策的通知》。
② 《人力资源社会保障部 财政部关于阶段性降低社会保险费率的通知》。
③ 《人力资源社会保障部 财政部关于继续阶段性降低社会保险费率的通知》。
④ 《国务院办公厅关于印发降低社会保险费率综合方案的通知》。
⑤ 人力资源和社会保障部:《2018年度人力资源与社会保障事业发展公报》。

在 2018 年、2019 年和 2020 年的工伤保险平均费率见表 5。

表 5　　加拿大各省 2018—2020 年工伤保险平均费率一览　　（单位：%）

省份	2018	2019	2020
新芬兰省	1.90	1.69	1.69
爱德华王子岛省	1.60	1.58	1.52
新斯科特省	2.65	2.65	2.65
魁北克省	1.79	1.79	1.85
安大略省	2.35	1.65	1.37
曼尼托巴省	0.95	0.95	0.95
萨斯克彻温省	1.19	1.17	1.17
阿尔伯塔省	1.02	1.08	1.14
卑诗省	1.55	1.55	1.55

资料来源：加拿大工伤保险局联合会（AWCBC）

从表 5 可以看出，加拿大三个人口大省安大略省、魁北克省和卑诗省的工伤保险平均费率在过去三年中最低为安大略省 2020 年的 1.37%，而这个最低的平均费率远超我国现在执行的降低后的工伤保险平均费率。之所以能够将工伤保险费率维持在较低水平，概因工伤保险待遇支付尚未完全实现社会化，工伤保险基金只支付一部分工伤保险待遇，其他的工伤保险待遇由用人单位支付。大幅度降低工伤保险平均费率在经济下行压力较大的时期是可以理解的举措，对于降低企业的负担、增加经济的活力都发挥着积极的作用，但是这必然意味着工伤保险基金收入的进一步减少，支付工伤保险待遇的能力受到限制，会为工伤保险待遇支付社会化设置更大的障碍。因此，工伤保险平均费率绝不是越低越好，过低的工伤保险费率是以损害工伤保险基金支付工伤保险待遇的能力为代价的，因此应当在工伤保险待遇社会化支付的前提下核定合理的工伤保险待遇。

对工伤认定的影响。我国工伤保险待遇社会化支付的现状影响到了工伤认定标准的尺度宽严。《工伤保险条例》第 14、15、16 条规定了工伤认定的标准，但条文表述的限定性与现实生活的无限复杂性之间存在着巨大的鸿沟，这也使得工伤认定工作面临着巨大的争议和压力。比如，《工伤保险条例》第 14 条规定"在工作时间和工作场所内，因履行工作执业受到暴力等意外伤害的"，应当认定为工伤，保安因在工作时间、工作场所因履行工作职责而与不法分子发生冲突，不法分子在保安下班后、工作场所外实施暴力造成的伤害，应否认定为工伤？在现实中，这一工伤认定会显得很棘手：不认定工伤，明显不合理；认定工伤，又不符合法律规定的严格标准，并且会面临来自用人单位的抗议。原因很简单，如果认定为工伤，用人单位需要承担一定的工伤保险待遇。同样，《最高人民法院关于审理工伤保险行政案件若干问题的规定》对"上下班途中"等工伤认定中争议较多的问题作了明确的解释，扩大了上下班的范围，引发了对工伤认定泛化的担忧。① 这一问题存在的原因在于司法解释更多的是立足于工伤保险待遇社会化支付的角度，从保护工伤职工的利益出发，做出的宽松认定；而现实中有关工伤认定泛化的担忧则是基于工伤保险待遇支付尚未完全实现社会化这一现状。

同样，在工伤认定程序上，工伤保险待遇社会化支付的程度也发挥着无形但重要的影响。提出工伤认定申请应当提交的材料包括与用人单位存在劳动关系（包括事实劳动关系）的证明材料，之所以有这一要求，原因在于工伤认定的结果会直接决定工伤保险待遇的支付，因此必须找到支付的主体。在用人单位已注销情况下的工伤认定问题更凸显了这一影响。以重庆市高级人民法院《关于审理工伤行政案件若干问题的解答》第八条为例，其规定："对因事故伤害提出的工伤认定申请，若工伤事故发生时原用人单位还存在，社会保险行政部门不予受理的，人民法院不予支持。对因患职业病提出的工伤认定申请，社会保险行政部门不予受理的，人民法院予以支持。"根据这一条的规定，职业病的工伤认定申请还要求以用人单位存续为前提，如果用人单位已经注销，则不予认定为工伤。这一做法的逻辑是工伤保险待遇部分或者全部要由用

---

① 参见胡大武、赵喆山《在家病亡视同工伤的认定》，《中国劳动》2019 年第 1 期；另见侯玲玲《工伤排除规则重构：从过错到因果》，《中国法学》2019 年第 5 期，该文也谈及"工伤范围扩大""工伤适用情形的扩大"，以及"限制所扩大范围无限适用"的问题。

人单位支付，用人单位注销意味着承担责任的主体已经消失，因此不能认定为工伤。当然这一做法是建立在工伤保险待遇支付尚未完全实现社会化的前提下，如果工伤保险待遇支付已经实现了社会化，则在工伤认定程序上的这些特殊要求便失去了合理性。

我国工伤保险待遇支付社会化的现状也会影响到劳动争议的解决。工伤社会保险体系旨在确保非对抗性，避免工伤职工与用人单位围绕工伤保险待遇发生的交涉与对抗。在我国工伤保险待遇未完全实现社会化的现状下，工伤职工可能需要同时向工伤保险基金和用人单位主张工伤保险待遇，在用人单位未依法参加工伤保险或者用人单位违反申请工伤认定义务的情形，工伤职工需要就全部（或者违反义务期间的全部）工伤保险待遇向用人单位主张。

这意味着除了工伤职工与工伤保险基金之间围绕工伤保险待遇发生的纠纷外，大量的工伤保险待遇纠纷是发生在用人单位与工伤职工之间的。因此，需要设计两套纠纷解决机制，工伤职工为了获得工伤保险待遇，有可能通过行政复议、行政诉讼的途径解决与工伤保险基金之间的纠纷，也需要劳动争议仲裁、诉讼的方式解决与用人单位之间的纠纷，特别是后者，极大地增加了工伤职工及时获得工伤保险待遇的难度，用人单位可以利用自己在经济实力方面的优势通过拖延等各种策略压制工伤职工的诉求，达到不赔或少赔的结果。在这种纠纷解决机制之下，"刘汉黄式"悲剧便不可避免。

四 完善建议及改革方向

从工伤保险的历史发展来看，建立在集体责任基础上的工伤保险待遇社会化支付是雇主和雇员群体就工伤救济改革达成共识的关键因素，是其取代侵权救济的正当性基础；从现实情况来看，工伤保险待遇支付社会化是各个推行工伤社会保险的国家的通行做法。工伤保险待遇支付的社会化是工伤社会保险的内在要求，是其社会保险定位的体现，其意义不仅限于工伤保险待遇支付本身，还影响到工伤保险费率、工伤认定、工伤保险纠纷解决机制等制度细节的设计问题，牵一发而动全身。

反之，工伤保险待遇未实现社会化支付，会冲击工伤保险制度的方方面面，最后会消解其社会保险的定位。我国将工伤保险定位为社会保险，并且一直将提高工伤保险待遇支付的社会化程度为目标，2010年《社会保险法》和《工伤保险条例》的修订便是明证。不过，严格意义上讲，工伤保险待遇的社会化支付是"全有或者全无"的关系，虽然理论上存在着社会化支付程度的高与低，但只要没有实现完全的社会化支付，就必然陷入一种"下降螺旋"，导致社会化支付的程度越来越低，最后动摇工伤保险的社会保险定位。作为社会保险的工伤保险，必然以工伤保险待遇支付的社会化为目标。而工伤保险待遇支付的社会化并非孤立存在，需要对工伤保险体系的各项要素进行系统化改造，方能最终实现工伤保险待遇完全社会化支付的目标。

（一）落实强制参保

工伤社会保险必然以强制参保为前提。我国《社会保险法》《工伤保险条例》均规定了这一原则，只是在执法状况上不尽如人意，导致大量用人单位应参保未参保，影响了工伤社会保险的效果发挥。我国也在一直致力于工伤保险的扩面工作，提升工伤保险的参保人数，虽然现在的参保人数跟基本养老保险比仍然有很大的差别，但2019年年底工伤保险参保人数为2.5474亿人，[①] 与2018年的2.3874亿人相比，[②] 新增1600万人，扩面工作取得了一定的进展。

为了大力推进包括工伤保险在内的社会保险的扩面工作，国家还对社会保险费征收监管体制做出了重大的调整。根据中共中央办公厅、国务院办公厅印发的《国税地税征管体制改革方案》，将国税地税机构合并，然后接受社会保险费和非税收入征管职责，精确从2019年1月1日起，将工伤保险费等各项社会保险费交由税务部分统一征收。此前，个别地方已经由税务部分代收工伤保险费；与代收工伤保险费不同，此

[①] 人力资源和社会保障部：《2019年人力资源和社会保障统计快报数据》，http://www.mohrss.gov.cn/SYrlzyhshbzb/zwgk/srzs/tjsj/202001/t20200121_356806.html.
[②] 人力资源和社会保障部：《2018年人力资源与社会保障事业发展统计公报》，http://www.mohrss.gov.cn/SYrlzyhshbzb/zwgk/szrs/tjgb/201906/W020190611539807339450.pdf.

次改革之后，工伤保险费征收将成为税务机关的法定职责，由税务机关核定并征收。借助税务机关强大的执法能力，以及对个人薪酬等信息的掌握，可以预见，实行"社保税征"后，工伤保险的参保人数将有大幅度的提升。

"社保税征"对于长期按照最低缴费工资基数缴费的企业来讲，影响巨大，特别在经济下行压力增大的时期，可能会加大企业的成本，因此2018年9月，国务院总理李克强强调，"必须按照国务院明确的'总体上不增加企业负担'的已定部署，确保社保现有征收政策稳定，在社保征收机构改革到位前绝不允许擅自调整"。在这一背景下，经国家财税及人社部门协商，出于稳定企业预期、不增加企业负担等考虑，企业承担的城镇职工基本养老保险等部分将暂缓转交税务部门征收。①

可以预见，在时机成熟后，企业职工的社会保险费最终将移交给税务部门征收。笔者建议，为了减轻对企业的影响，社会保险费征收职责的移交工作应当分社保种类、分步骤进行，应当先移交工伤保险费的征收职能，其他社保费的征收应当后续依次进行。原因在于，虽然各种社会保险对于职工来讲都非常重要，但毋庸讳言，工伤保险对于职工的需求更为迫切，相比于远期退休后的收入或者生育的风险而言，工伤的风险对于职工而言更为现实，率先移交给税务系统征收，能够在短时间内进行最大限度的扩面，为尽可能多的职工提供工伤救济，具有当然的合理性。同时，工伤保险费相对于其他社会保险费而言，费率更低，率先移交给税务机关征收，不会大幅度增加企业负担，有利于移交工作的推进。

此外，如前所述，工伤保险待遇纠纷是我国劳动争议的重要组成部分，而工伤保险待遇纠纷中大部分又是因用人单位未缴纳工伤保险费而引发的工伤保险待遇纠纷。因此，人民法院在审理此类案件的过程中，经审理查明用人单位应当参加但未参加工伤保险的，可以向劳

---

① 《重磅：企业社保转交税务部门统一征收工作暂缓》，https：//baijiahao. baidu. com/s?id = 1621006813141477187&wfr = spider&for = pc.

动保障监察部门或者税务部门发出司法建议,建议对用人单位未依法参加工伤保险的行为进行处罚,强化执法措施的刚性,加大用人单位不依法参保的违法成本。这一措施将在一定程度上提高工伤保险的参保人数,更重要的是,它向未参保用人单位传达了一个重要的信号,其不仅仅要承担对工伤职工的工伤保险待遇支付责任,也将面临未参保的行政处罚。

通过"社保税征",再加上由法院向劳动保障部门或税务部门签发司法建议的方式,将在很大程度上提高用人单位的参保情况,增加参保人数。参保人数的增加将使工伤保险基金的规模更大,工伤保险基金承担和消化工伤风险的能力更强,为工伤保险待遇的社会化支付能够提供坚实的经济基础;同时,根据"大数法则",参保的人数越多,工伤风险越稳定,长远来看,可以降低工伤保险费率;工伤保险费率降低能提升工伤保险对用人单位的吸引力,又能鼓励更多的用人单位参保。这样能够形成一种良性循环,为工伤保险待遇支付的社会化提供更为坚实的支撑。

(二)重塑工伤保险体系的非对抗性

如前所述,在社会保险原理运行之下的工伤保险法律关系实行法定原则,用人单位在工伤保险费缴纳问题上面对的是工伤保险基金,工伤职工在工伤保险待遇申领上面对的也是工伤保险基金。与普通劳动关系中用人单位与劳动者之间动辄"剑拔弩张"相比,工伤保险具有非对抗性的特点,用人单位与职工在工伤保险问题上奉行"不见面主义",这是工伤社会保险相对于侵权责任而言具有的无可比拟的优势。这一点似乎在我国的司法实践中也是被认可的。[①]

但是,我国从1996年开始的法律规定及操作实践,却构成了对非对抗性和"不见面主义"的背离。工伤职工能否从工伤保险基金获得工伤保险待遇的资格与其用人单位是否依法缴纳工伤保险费实施捆绑,

---

① 《最高人民法院关于审理人身损害赔偿案件适用法律若干问题的解释》第12条:依法应当参加工伤保险统筹的用人单位的劳动者,因工伤事故遭受人身损害,劳动者或者其近亲属向人民法院起诉请求用人单位承担民事赔偿责任的,告知其按《工伤保险条例》的规定处理。

意味着用人单位未依法缴纳工伤保险费的，工伤职工无权从工伤保险基金获得工伤保险待遇，这使得工伤保险法律关系中的两层法律关系相互纠缠，互相影响。虽然规定了用人单位不依法参保的行政责任，但用人单位违反参保义务最直接的后果其实是对其职工发生的工伤承担全部的费用。这一处理方式看起来确实是对未参保用人单位的惩罚；但是这一惩罚确是以工伤保险基金放弃法定给付义务和工伤职工丧失获得行政给付的法定权利为代价的，也违反了法律关于责任配置的原理，"从逻辑上讲，一个人能否取得一个法律制度的保护，应当取决于和自己相关的事实（最重要的法律事实是自己的行为）"①。因此，任何有效的改革措施必须以理顺工伤保险法律关系为前提。

在第一层法律关系上，未来我们应当进一步强化工伤保险费征缴法律关系的刚性，赋予征收机关更多的执法措施，使不参保的用人单位面临更严重的不利法律后果，充分发挥法律责任的震慑作用，督促其参加工伤保险、缴纳工伤保险费，这一点在实行"社保税政"的背景下应该能够得到较好的贯彻。同时明确，用人单位是否依法缴费、征收机关是否进行执法，其影响仅限于此第一层法律关系内部。在第二层法律关系上，工伤保险基金的给付义务是法定的，只要满足法定事由，工伤保险机关就应该支付法定标准的待遇。第二层法律关系的运行仅限于工伤保险基金与工伤职工之间，法定事由出现的，工伤保险基金应当支付，但也可以规定工伤职工负有一定的义务，比如及时申请的义务，违反这一义务的，也会影响到其获得工伤保险待遇的权利。但用人单位是否履行了缴费参保义务属于第一层法律关系的范畴，对工伤职工根据第二层法律关系享受工伤保险待遇毫无影响。

理顺工伤保险法律关系意味着非对抗性的回归，有利于和谐劳动关系的构建。一方面，工伤保险基金对于符合法定条件的工伤职工应当支付工伤保险待遇，这事关工伤保险基金的安全问题，会促使其更关注工伤保险费的收取问题，也使工伤保险费的征收机关更有内生动力主动加

---

① 赵廉慧：《工伤保险制度强制性问题研究》，《社会法评论》（第4卷），中国人民大学出版社2010年版，第256页。

强执法、改善参保状况，能够有力地推进工伤保险的"扩面"工作；另一方面，非对抗性的回归意味着用人单位与劳动者之间围绕工伤保险发生纠纷的可能性已经消除，工伤职工无须再与用人单位进行"没完没了的交涉"，这意味着作为现有劳动争议重要来源的工伤保险待遇纠纷将不复存在，会减轻劳动争议解决机制的压力，有利于劳动争议解决机制的平稳有序运行。

（三）明确工伤保险基金是所有工伤保险待遇支付的第一责任人

作为一项"传统"，我国工伤保险体系从建立之初，便将工伤保险待遇项目分为工伤保险基金支付的项目和用人单位支付的项目。这一传统之所以"长盛不衰"，这可能跟我们长期追求工伤保险的低费率有关，因为这样做可以"有效地"限缩工伤保险基金的责任范围，进而降低工伤保险费率，当然，前文已经述及，工伤保险费率不是越低越好，于此不赘。另外，这可能也与我们的一种认识有关，即让用人单位承担部分工伤成本，有利于督促其改善安全生产条件，不过，这一认识是没有科学支撑的，否则侵权法体系将是改善安全生产条件的最有效途径，而历史证明并非如此，工伤社会保险才会取而代之。

工伤保险待遇的社会化支付要求我们改变这一传统做法，通过法律明确规定所有的工伤保险待遇项目均属于工伤保险基金的支付范围，消除用人单位支付的待遇项目。这意味着对职工保护程度的提高，自不待言；同时也意味着用人单位通过（法定）参保可以转移全部的工伤风险，会提高工伤保险对用人单位的吸引力，有利于消除工伤保险"扩面"的阻力。

在将所有工伤保险待遇项目规定为工伤保险基金支付项目的基础上，应当明确工伤保险基金是支付工伤保险待遇的第一责任人，不管用人单位是否履行了参保缴费义务，也不管用人单位是否违反了其他义务。这意味着现行工伤保险基金先行支付制度成为多余。工伤保险基金先行支付制度是建立在工伤保险待遇支付未实现完全社会化的现状基础上的，其逻辑前提是未参保的用人单位是第一责任人，只有证明用人单位不支付的，方可向工伤保险基金申请先行支付，并且先行支付通常被称为"垫付",视用人单位为第一责任人的意味不言自明。① 规定工伤保险基金是第一责任人后,先行支付制度便没有存在的必要。至于在用人单位未依法缴费的情况下,为了达到惩罚目的,工伤保险基金按照较高的标准(比如支付的工伤保险待遇金额的倍数)要求用人单位支付工伤保险费,则完全是工伤保险法律关系中第一层关系的内部权利义务分配,与工伤职工无涉。

此外,我国现行法律中还存在因为用人单位违反申请工伤认定的义务,而将违反义务期间所有的工伤保险待遇分配给用人单位支付的情形。这一处理的出发点是让用人单位承担违反法定义务的不利后果,但不合理之处在于工伤职工在很大程度要承受这一不利后果,且不符合工伤保险基金先行支付的条件。在规定工伤保险基金是第一责任人的前提下,不论用人单位是否违反了申请工伤认定的义务,工伤职工均可以要求工伤保险基金支付工伤保险待遇;作为违反义务的不利后果,工伤保险基金可以按照一定的标准(相应工伤保险待遇金额的倍数)要求用人单位进行赔偿,并不影响工伤职工获得工伤保险待遇的权利。

五 结语

现代工伤保险体系的最高目标是为工伤职工提供充分的保护,而实现这一点"唯一办法就是健全工伤保险体系,健全工伤保险法制,由社会力量分担雇主经营风险、分担劳动者个人之不幸才是最佳选择"②。建立在集体责任基础上的工伤保险待遇支付社会化是工伤社会保险的核心特征,事关工伤保险的社会保险性质。表面上看,工伤保险待遇支付社会化程度存在高低之别,但严格意义上讲,这是一个"全有或全无"的问题,未完全社会化意味着用人单位需要承担部分或者全部的工伤赔偿费用,会降低工伤保险对用人单位的吸引力并弱化工伤保险费征缴机构严格执法的内生动力,使得参保人数无法增加,工伤保险基金进行社

---

① 参见李海明《工伤救济先行给付与代位求偿制度探微》,《现代法学》2011年第2期。
② 郑尚元:《职业病防治与职业病患者权利之救济》,《东南学术》2020年第2期。

会化支付的能力进一步降低，进而会陷于一种近乎恶性循环的"下降螺旋"。工伤保险待遇支付社会化程度不足，又会影响工伤保险制度设计的方方面面，如工伤保险费率、工伤认定标准与程序、工伤保险纠纷解决等。工伤保险待遇支付的社会化是一个系统工程，需要满足强制参保、工伤保险法律关系法定及所有工伤保险待遇均由工伤保险基金支付三个条件，而这三个条件之间又是相互依存、彼此影响的，缺失其中一个条件，会影响另外两个条件的实现，因此需要同时发力。

失业保险

我国失业保险法律制度的完善路径[*]

王显勇[**]

摘 要 我国现行失业保险法律制度和政策运行实践表明其具有社会救助和社会福利的属性,这不符合社会保险的制度原理。我国失业保险法律制度应当回归社会保险的制度原理,重溯以促进就业为中心的三位一体的制度目标,其中生活保障是基础,促进就业是核心,预防失业是补充。我国应建立以促进就业为核心的就业保险法律制度,完成从失业保险向就业保险的制度转化,围绕制度目标建立三项就业保险给付:完善促进就业导向的失业给付制度;建立旨在为失业的参保劳动者提供就业服务和职业培训的就业给付制度;建立经济不景气时期或者突发事件发生时期的缩短工时工资补贴制度。

关键词 失业保险 就业保险 社会保险 就业促进 社会保险法

一 引言:2006—2018年失业保险相关统计数据分析及问题的提出

(一)2006—2018年失业保险相关统计数据

自古到今,人类社会的整个历史可以说是一部追求安全保障的记录。社会保险制度在人类解决生、老、病、死、伤、残及失业等意外事

---

[*] 本文原发表于《四川大学学报》(哲学社会科学版)2017年第5期,此次收录本论文集时对题目和内容进行了修改、增补和删减。
[**] 作者系中国政法大学民商经济法学院教授,法学博士,博士后。

故，追求生存安全，图谋生活保障的过程中扮演着重要角色。[①] 失业保险作为社会保险的重要环节，旨在保障在职劳工遭遇非自愿性失业时，提供失业给付维持最低生活安全及避免造成社会问题。[②] 我国失业保险制度历经三十多年的发展历程，已经成为我国社会主义市场经济体制的重要组成部分，《失业保险条例》也已经实施二十多年，为数额庞大的失业劳动者群体提供了一定的生活保障。当前失业保险法律制度正处于修改完善的历史节点。笔者以2006—2018年国务院人力资源和社会保障行政主管部门发布的《人力资源和社会发展统计公报》中的统计数据为依据，以覆盖率（失业保险年末参保人数÷城镇就业人数×100%）、城镇登记失业率（城镇登记失业人数÷城镇总就业人数×100%）、失业保险领取率（领取失业保险金人数÷城镇登记失业人数×100%）、失业保险金替代率（平均失业保险金÷城镇单位就业人员平均工资×100%）、失业保险基金当年使用率（当年失业保险基金支出÷当年失业保险基金收入×100%）、当年累计结余额等为参照点予以图表化，力图从中发现问题，分析原因，提出完善相关制度的法制建议。

表1

年份/平均数	覆盖率（%）	失业率（%）	领取率（%）	替代率[③]（%）	当年使用率（%）	当年结余总额（亿元）
2006	39.52	4.10	38.61	10.01	50.13	708
2007	39.68	4.00	34.46	9.64	46.19	979
2008	41.05	4.20	29.46	9.24	43.42	1310
2009	40.86	4.30	25.52	9.20	63.28	1524
2010	38.56	4.10	23.02	8.76	65.08	1750
2011	39.86	4.10	21.37	9.55	46.91	2240
2012	41.04	4.10	22.25	9.94	39.60	2929
2013	42.93	4.05	21.27	9.47	41.27	3686

---

① 柯木兴：《社会保险》（修订版），台北三民书局2002年版，第44页。
② 柯木兴：《社会保险》（修订版），台北三民书局2002年版，第358页。
③ 宋雪程：《我国失业保险制度运行效应的整体分析——基于1999—2013年统计数据的实证分析》，《公共治理评论》2015年第2期。

续表

年份/平均数	覆盖率（%）	失业率（%）	领取率（%）	替代率（%）	当年使用率（%）	当年结余总额（亿元）
2014	43.36	4.09	21.74	—	44.57	4451
2015	42.89	4.05	23.50	—	53.80	5083
2016	43.66	4.02	23.42	—	79.41	5333
2017	44.24	3.90	47.12	—	80.32	5552
2018	45.24	3.80	22.90	—	78.14	5817
平均数	41.77	4.06	27.28	9.48	56.32	

（二）统计数据分析

由上表统计数据，我们可以分析得出一个结论，即我国失业保险覆盖率低，失业率较高，失业保险领取率低，失业保险金替代率低，失业保险基金使用率低，结余额巨大。具体阐释如下：

从覆盖率来说，2006—2018 年我国失业保险平均覆盖率是 41.77%，大量农民工以及城镇灵活就业人员等游离于失业保险制度之外。按照国际劳工组织《社会保障最低标准公约》规定的标准，失业保险覆盖范围在全体雇员中不低于 50%，我国失业保险覆盖率低于国际劳工组织的标准。

从失业率与领取率来说，我国 2006—2018 年平均失业率是 4.06%，失业率高于国际通行的警戒线（4%）。与较高失业率形成反差的是，我国失业保险金领取率却很低，2006—2018 年平均领取率仅为 27.28%。领取率低说明较多的失业人员不能领取或者不愿意领取失业保险金，不能领取与失业保险覆盖率低相关联，不愿意领取则与失业保险金替代率低以及劳动合同解除的经济补偿金制度具有替代性功能有关联。

从替代率来说，有学者统计了全国 1999—2013 年的 15 年数据，平均替代率为 11.57%。上海市平均失业保险金给付标准在 1999—2014 年间是最低生活保障标准的 1.27 倍、最低工资的 60%、社会平均工资的 19%。[①]

[①] 宋雪程：《我国失业保险制度运行效应的整体分析——基于 1999—2013 年统计数据的实证分析》，《公共治理评论》2015 年第 2 期。

北京近10年平均替代率为12.58%。但在国际上，失业保险金的替代率水平一般达到在职职工工资的50%。① 我国的替代率标准大大低于国际劳工组织的标准，也低于发展中国家40%—50%的平均水平。② 低替代率无法解决失业人员的基本生活，客观上导致有些失业人员即便符合条件也不愿意去领取失业保险金。

从失业保险基金使用率和结余额来看，2006—2018年失业保险基金平均使用率为56.32%，仅超过当年基金收入的一半，造成基金结余额巨大，2018年年末失业保险基金结余总额达到5817亿元。如此庞大的基金结余额势必要寻找新的出口，2006年以来实施扩大失业保险基金支出范围以及援企稳岗等政策措施，拓展了失业保险促进就业、预防失业的功能，逐步消化吸收基金结余额。

（三）问题的提出

由上述2006—2018年的统计数据及其分析，我们可以发现我国失业保险制度和运行实践运行中存在着悖论：较高失业率与低失业保险覆盖率、低失业保险领取率并存；巨额失业保险基金结余与低替代水平、低基金使用率并存。这些悖论不符合失业保险强制性原理和现收现付原理。巨额基金结余额需要有适当的出口，目前主要有三个途径：一个扩大支出范围；二是援企稳岗稳定就业；三是降低失业保险费。前两项政策措施导致失业保险的制度功能和结构逐渐扩大，政策实践运行中失业保险基金与就业促进专项基金混同使用，失业保险的功能扩展到社会福利的范围，受领主体也扩展到参保劳动者之外的其他主体。扩大支出范围和援企稳岗各项政策补贴的受领主体主要是企业，而非参保劳动者。由此可见，当前我国失业保险制度存在的主要问题在于：没有用社会保险的制度原理去做社会保险应该做的事情，而是突破了社会保险的制度原理去做社会救助、社会服务等公共服务事业。

---

① 李林：《保生活、促就业、防失业——进一步发挥失业保险制度"三位一体"功能的对策》，《经济研究参考》2015年第63期。
② 宋雪程：《我国失业保险制度运行效应的整体分析——基于1999—2013年统计数据的实证分析》，《公共治理评论》2015年第2期。

当前我国学界和实务界从经济学、法学、公共管理学等各个学科对失业保险进行研究，这些研究成果在本文的相关部分有介绍和引用，它们对于失业保险低给付水平不能保障基本生活的问题进行了阐释，并对失业保险制度应当具有就业促进功能进行了较多的论述。但是学界就通过何种制度模式及具体制度设计以实现就业促进并未达成共识，也没有厘清失业保险三项制度目标之间的关系，没有阐释清楚失业保险中的就业促进制度与《就业促进法》中的就业促进制度之间的关系。我们认为，研究失业保险法律制度，探索其改革完善之路，需要沿着失业保险是什么——做什么——怎么做的逻辑思路，对失业保险的制度原理、制度目标、制度完善等进行深入研究。综合而言，主要是研究三个问题：一是失业保险是什么，它属于社会保险、社会救助还是社会福利？二是失业保险要做什么事情，它是要保障基本生活、促进再就业抑或预防失业？三是失业保险怎么样才能做好它应该做的事情，如何完善制度内容使其能够实现制度目标。

二　我国失业保险法律制度应回归社会保险的制度原理

（一）失业保险本应属于社会保险

1. 失业保险属于社会保险的制度内容

失业是现代市场经济国家不可避免的社会现象。失业关系着劳工的所得损失与人力利用问题，反映出直接关系的两个问题：一是社会性失业，即因劳工失业致使所得不足问题；二是经济性失业，即因劳工失业致使人力资源闲置及可能产生的丧失问题。[①] 失业保险是解决失业问题最重要的方法之一。传统的失业保险只负责解决社会性失业问题，旨在减轻失业劳工的生活贫困，对遭遇非自愿性失业期间提供一种替代所得。现代社会有些国家或地区在解决社会性失业的基础上，逐渐将重心用于解决经济性失业问题，通过提供就业给付以促进就业，避免人力资

---

① 柯木兴：《社会保险》（修订版），台北三民书局2002年版，第356—357页。

源闲置和浪费。由此，传统的失业保险逐渐演化为就业保险，不仅解决社会性失业，同时也解决经济性失业。

不论是传统的失业保险，还是新兴的就业保险，它们都是社会保险的重要环节和制度内容，旨在透过危险分摊原理，保障在职劳工遭遇非自愿性失业时，提供失业给付维持最低生活安全及避免造成社会问题。失业保险有三个特性：其一，它是一种在职的社会保险制度，即参加失业保险的劳工必须具有工作能力，且已经有工作者，若现无工作者或无工作能力时则不能参加保险。其二，失业保险给付申领者必须是非自愿性失业。对于劳工无适当理由而擅自离职者，或因自己过失而遭解雇者，或直接参与劳动争议而罢工或停工者，均不予给付。其三，失业保险给付为失业期间的短期给付，被保险人重新获得工作后即应停止给付。①

2. 失业保险应遵循社会保险的基本原理

社会保险具有双重性格：一是社会性。社会保险透过社会政策的方法、共同经济的关心，以及社会性危险的维护等方式以求社会多数人的生活保障；二是保险性。社会保险集合了多数可能遭遇相同危险事故的经济单位或者个人，成立利益与共的团体，以公平合理的方法聚集基金，对特定危险所招致的损害或损失，予以分散于全体负担，而达到确保其收入安全为目的的一种经济制度。②

基于社会保险的社会性，失业保险应遵循强制性原则、基本生活保障原则、给付假定需要原则。强制性原则是指凡是法律规定范围的国民均应强制参加失业保险。基本生活保障原则，又称为社会适当原则，是指对所有被保险人在失业时能提供维持一般社会生活水准的最基本需要。给付假定需要原则是指失业保险给付依据假定的需要来订定，针对的是非自愿性失业，如果是自愿失业则假定他并不需要给付。

基于社会保险的保险性，失业保险应遵循给付权利原则、自给自足原则。给付权利原则是指被保险人在失业时享有向保险人请求失业保险

---

① 柯木兴：《社会保险》（修订版），台北三民书局2002年版，第361页。
② 柯木兴：《社会保险》（修订版），台北三民书局2002年版，第42页。

给付的权利,这是一种基于工作缴费而非经济需要的法定权利,① 无须经过资产所得调查,失业保险的给付标准、给付方式、给付条件及给付项目等均依法明文规定。自给自足原则是失业保险的财务要做到自给自足,自负盈亏,不能以营利为目的,利用保险精算技术来计算成本,财务状况须能做到收支平衡。②

(二) 我国现行失业保险制度实践偏离社会保险的制度原理

1. 生活保障制度具有社会救助色彩和属性

目前仍然有很多文献都将失业保险金称为失业救济金,将失业保险给付称为失业救济给付,这本身反映了学界对于失业保险究竟属于社会保险还是社会救助还存在着混淆性认识。一般社会大众也认为失业保险是不劳而获的,领取失业保险金是不体面的事情。从待遇内容上看,失业保险长给付期限、低给付标准实质上带有社会救助的色彩和属性。我国现行失业保险制度的最初设计是为国企改革服务的。依据1999年颁布的《失业保险条例》关于给付期限和内容的规定,失业保险金发放标准按照低于当地最低工资标准、高于城市居民最低生活标准的水平,由省、自治区、直辖市人民政府确定。对于很多参保失业者来说,如此低额的保险金完全不能起到"平滑消费"的作用。③ 有学者认为,我国的失业保险制度在筹资上属于保险性质,在待遇给付上却是救助制度,一定程度上混淆了"保险"与"救助"、"基本生活标准"与"最低生活标准"的区别,不符合社会保险权利与义务对等的原则。④

2. 促进就业的政策措施具有社会福利色彩和属性

我国从2006年开始实施扩大失业保险基金支出范围的政策实践,2008年开始实施援企稳岗的预防失业政策。这些政策在实践运行过程

---

① Andrew W. Dobelstein, *Understanding the Social Security Act*, Oxford: Oxford University Press, 2009, p. 21.
② 梁宪初、冉永萍:《社会保险》,(台北)五南图书出版公司2004年版,第6页。
③ 张雷、姚志勇:《失业保险合同设计——基于"道德风险"和"逆向选择"的分析》,《产业经济评论》2013年第12卷第2辑。
④ 宋雪程:《我国失业保险制度运行效应的整体分析——基于1999—2013年统计数据的实证分析》,《公共治理评论》2015年第2期。

中超越了社会保险的制度原理,具有一定的社会福利色彩和属性,具体体现在两个扩展:一是失业保险的职能扩展到公共服务,失业保险基金与就业专项基金混同使用,失业保险法与就业促进法的界限被打破;二是失业保险基金的受领主体由参保劳动者扩展到未参保人员、扩展到投保企业。例如,安徽省规定,职业介绍补贴和职业培训两项补贴资金的支付对象由单纯的领取失业保险金人员扩大到领取失业保险金人员、城镇登记失业人员、农村转移就业劳动者、毕业年度高校毕业生和城乡未继续升学的应届初高中毕业生五类失业人员。2008年以来实施的援企稳岗补贴政策,稳岗补贴的受领主体也是投保企业而非参保劳动者。此外,有些地方规定职业介绍和职业培训补贴的受领主体是投保企业而非参保劳动者。

(三) 我国失业保险应回归社会保险的制度原理

1. 我国失业保险应回归社会保险的强制性原理

我国失业保险覆盖率低不符合失业保险的强制性原理,应当贯彻强制加保主义,凡是具有劳动关系的劳动者都应当强制纳入失业保险的保障范围。失业保险中的失业是指失去从事一从属性工作的机会。[①] 只要具有从属性的劳动关系,无论是城镇职工还是农民工,无论是全日制还是非全日制就业人员,都应当强制性地纳入失业保险。非全日制用工应由用人单位按比例缴纳失业保险费。另外,应当建立小微企业例外豁免制度,凡是不超过法定人数的小微企业可以自愿加入失业保险,目的是降低小微企业的经营成本,增加其成长空间。

2. 我国失业保险应回归社会保险的保障基本生活原理

我国失业保险低给付水平不符合基本生活保障原理。失业保险旨在维持失业劳动者可接受的生活水准,以便其有时间去寻找能够运用其技能和经验的合适工作。[②] 失业给付与其原有的工资维系着一种合理的关系,尽量维持失业劳工原有的生活水准,而非单纯提供失业劳工的最低生活

---

① 杨通轩:《就业安全法理论与实务》,(台北)五南图书出版公司2011年版,第96页。
② Richard A. Bales, Jeffrey M. Hirsch, Paul M. Secunda, *Understanding Employment Law*, San Francisco: LexisNexis, 2007, p. 180.

水准。① 因此，我国失业保险金给付制度应当提升给付水准，按照失业劳动者失业前的缴费工资的一定比例计算，而不是低替代率的均等化给付。

3. 我国失业保险应回归社会保险的给付权利原理

失业保险给付是一种基于社会保险所产生的法定权利，既不是社会救助，也不是社会福利。失业保险给付的权利主体是参保劳动者，义务主体是保险人，投保单位并非失业保险关系的当事人，不具有法律主体性，用人单位依据失业保险条例所负担的一定比例的保险费，并非在履行失业保险关系中的契约义务，而是单纯地对于国家所承担的公法上给付义务。② 我国当前失业保险促进就业的政策实践带有社会福利的属性，这不符合失业保险给付权利原理。应当将促进就业政策的社会福利属性转化为社会保险属性，建立就业给付制度，参保劳动者拥有就业给付请求权。

4. 我国失业保险应回归社会保险的自给自足原理

我国当前失业保险基金巨额结余不符合失业保险现收现付的制度原理。消解巨额结余，实现自给自足，需要多管齐下：一是转变观念，防止失业保险制度的财务指标的锦标主义，防止对失业保险基金增长的盲目崇拜；③ 二是建立就业给付制度，扩大失业保险基金支出范围，将职业介绍和职业培训纳入保险给付请求权的范围当中；三是降低失业保险费；四是做好精算，实行动态费率制。

三 我国失业保险应重溯以促进就业为中心的制度目标

（一）三种失业保险的制度目标模式

1. 生活保障型失业保险：以美国为代表

生活保障型失业保险是指失业保险只承担生活保障的制度功能，而不负担就业促进的职能。图 1 表示这种模式的法律关系。美国采用这种

---

① 柯木兴：《社会保险》（修订版），台北三民书局 2002 年版，第 363 页。
② 杨通轩：《就业安全法理论与实务》，（台北）五南图书出版公司 2011 年版，第 125 页。
③ 郑秉文：《中国失业保险制度存在的问题及其改革方向——国际比较的角度》，《中国经贸导刊》2011 年第 5 期。

模式。美国失业保险制度是一种单纯的生活保障制度，它是联邦政府的一种社会保险项目，但是由各州具体运作。失业保险征收失业保险税，发放失业保险金。各州的失业保险金数额大致在个人平均税前工资的50%—70%，个人平均工资越高，失业保险金替代率越低，体现了有利于低收入者的轻度再分配。[①] 就业促进和就业培训由其他法律来完成，而不由失业保险制度承担。

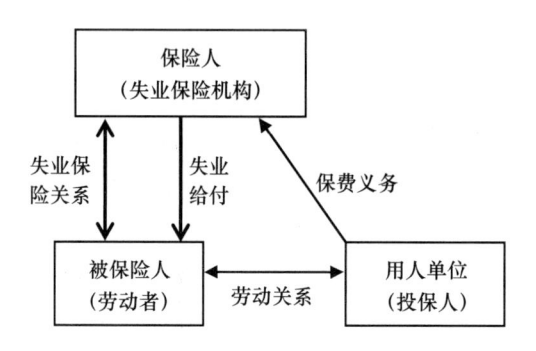

图 1　生活保障型失业保险法律关系

2. 就业促进型失业保险：以德国为代表

就业促进型失业保险是指失业保险不仅承担生活保障目标，还要负担就业促进功能，但是就业促进并未在保险人与被保险人之间产生就业给付的请求权法律关系。图 2 表示这种模式的法律关系。这种模式以德国为代表。1969 年德国公布实施雇佣促进法，将职业训练、职业介绍/推介就业及失业保险一并规定于该法中，以求就业安全制度的落实，雇佣促进法在 1997 年被修正为社会法典第三部，立法者更进一步将其内容扩充成为就业促进法。但是失业保险中有关的就业服务、推介工作服务、参加职业训练等，并非赋予人民请求权，即没有赋予职业训练请求权和就业服务请求权。[②] 为失业人员提供职业介绍、职业咨询和培训的

[①] Andrew W. Dobelstein, *Understanding the Social Security Act*, Oxford: Oxford University Press, 2009, p.114.

[②] 参见杨通轩《就业安全法理论与实务》，（台北）五南图书出版公司 2011 年版，第 8—17 页。

费用属于失业保险基金的支出范围。在德国失业保险基金的支出中，60%用于失业保险金的支付，余下的40%中绝大部分被用作职业介绍、职业培训以及补贴、补助企业雇佣等促进就业的工作上。① 因此，德国是将失业保险统一规定在就业促进法中，将失业保险基金的一定数额的资金转移到就业服务和职业培训当中，失业人员和其他人员一并按照就业服务和职业培训法律的规定，获得相应的服务，但是这些服务并没有形成被保险人的主观公法权利。

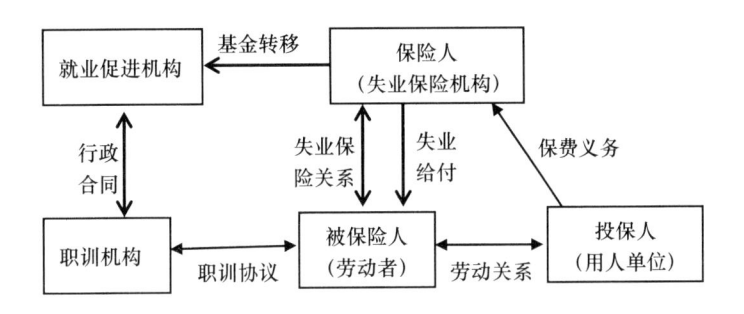

图 2　就业促进型失业保险法律关系

3. 就业保险：以加拿大和日本为代表

就业保险不仅提供生活保障等失业给付，而且还提供就业服务和职业培训等就业给付，失业给付和就业给付都是就业保险给付的内容，都属于被保险人的法定给付权利。图3表示这种模式的法律关系。就业给付有直接提供和间接提供两种模式。直接提供模式是法令上直接规定给付主体有服务给付之义务或权限，但现实上，服务系由其他主体提供，给付主体与服务实施主体间有委托或者准委任契约关系以及委托费或报酬之支付关系。加拿大采用这种模式。加拿大1996年起对失业保险制度进行了重大变革，建立了就业保险制度。就业保险制度除了规定传统的失业保险给付项目，还规定了就业保障给付与支持性措施。就业保险制度第一章为失业给付，包括一般给付（即失业给付）、特别给付（包

---

① 宋雪程：《我国失业保险制度运行效应的整体分析——基于1999—2013年统计数据的实证分析》，《公共治理评论》2015年第2期。

括疾病给付、怀孕给付、生育给付与同情照顾给付）与工作分担，第二章为就业给付及就业服务，主要规范就业给付与支持就业措施。欲申请就业保障给付，必须与就业保险咨询员面谈协商个人的就业与参加职业培训的计划，以得到相关的辅助。为了实施就业保险制度，联邦政府和省级政府签订了劳动市场开发协定。联邦政府将劳动市场训练的责任下放到省、市政府并提供大量经费及就业机会给省、市就业服务中心，同时协助各中心帮助劳工与用人单位，联邦政府仍需负责管理全加拿大的保险事务。①

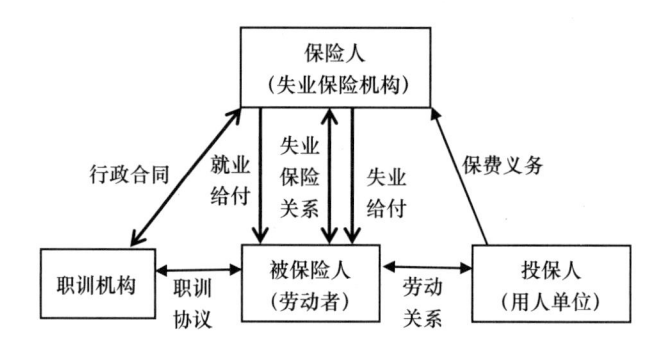

图3 就业保险法律关系

间接提供模式是法令上直接规定给付主体之给付义务或权限以金钱给付为原则，由受给主体自行选择服务实施主体，由实施主体提供服务，受给主体自行负担全部费用，再就所负担费用由给付主体以金钱给付直接支付给受给主体（服务费用之偿还）。但给付主体与服务实施主体间，无任何法律关系。日本采用这种模式。日本《雇佣保险法》规定就业保险主要由失业补助和促进雇佣三项事业两个部分组成，各有基金来源，专款专用，不可互相调剂使用。失业补助包括求职者补助、促进就业补助、教育训练补助和连续就业补助四项内容。日本《雇佣保险法》不仅在一般求职者补助中规定了求职期间的学习技能补贴，包括听

---

① 谭金可：《从失业保险转向就业保险的加拿大经验与启示》，《财经问题研究》2016年第3期。

课费、交通费、在外地接受公共职业训练的寄宿费等,而且还专门设置了促进就业补助和教育训练补助,教育训练补助对象是参加劳动大臣指定的职业教育训练并取得了结业证书的参保劳动者,无论其失业或在职,均可给予职业教育所付费用80%的补助。① 促进就业补助和教育训练补助实质上就是就业给付。雇佣安定资金则由雇主一方缴纳形成,资助企业开发雇员的能力、"储备囤积"企业内富余人员、资助雇主多雇佣就业困难的高龄与残疾人等、创造更多的就业机会,改善职工的福利待遇等,可谓取之于企业,用之于企业。②

(二) 我国应当构建以就业促进为中心的就业保险

1. 就业优先战略的客观需要

我国当前正在实施就业优先战略,把促进就业放在经济社会发展的优先位置,把稳定和扩大就业作为宏观调控的主要目标。作为最为重要的就业促进措施,就业服务可以调节劳动力市场供给和需求,促进人力资源得到充分利用,职业培训能够开发人力资源,提高劳动者素质,增强工作技能,利于应对技术性失业。当前政府财力不足以支撑解决社会所有成员的就业服务和职业培训费用,通过失业保险来促进就业就成为客观需要。《失业保险条例》已经将促进就业列为制度目标,2006年以来的系列政策实践强化了保生活、促就业、防失业这三项制度功能,2015年国务院《关于进一步做好新形势下就业创业工作的意见》明确了失业保险保生活、促就业、防失业的三项功能,标志着失业保险制度促进就业和预防失业功能的常态化。

2. 就业促进型失业保险不符合社会保险的制度原理

由前述三种制度模式的法律关系图可知,就业促进型失业保险和就业保险都具有促进就业的制度目标和制度设计。不同之处在于就业促进型失业保险是以社会福利的方式来促进就业,而就业保险则是以社会保险的方式来促进就业,形成了就业给付制度。由此,就业促进

---

① 吕学静:《日本社会保障制度》,经济管理出版社2000年版,第115—121页。
② 麦丽臣:《日本失业保险制度的改革》,《日本研究》2001年第1期。

型失业保险属于半保险制度，其生活保障功能通过保险原理解决，而就业促进功能则逾越了社会保险的界限而进入了社会福利的领域，失业保险基金与就业促进专项基金混同使用，混淆了失业保险法与就业促进法的界限，这不符合社会保险的制度原理。而就业保险属于全保险，运用保险原理筹集保险经费既解决生活保障问题，又解决就业促进问题，通过构建就业给付制度提供就业服务和职业培训，促进就业，预防失业。

3. 巨额失业保险基金结余额为就业保险提供了坚实的物质基础

截至2018年年末，失业保险基金累计结余额5817亿元，数额庞大的结余额为就业保险提供就业给付解决就业问题奠定了物质基础。有经济学者也从经济学的视角实证研究了基金支出范围扩大的政策效应，认为2006年起实施的扩大失业保险基金支出范围的政策是有效的，不仅提高了经济效率，也促进了社会公平。政府应在总结试点地区经验的基础上，将扩大失业保险基金支出范围的政策逐步推广到全国。[①]

（三）实现促进就业中心主义的三位一体

就业保险具有三个制度目标，即生活保障、就业促进和预防失业。这三个制度目标之间是什么关系呢？目前我国学者对此没有系统论述。我们认为，我国失业保险制度改革应以促进就业为中心，实现促进就业中心主义下的三位一体，其中生活保障是基础，促进就业是核心，预防失业是补充。

1. 生活保障是基础

就业保险首先需要为失业的参保劳动者提供失业给付以替代其工资收入。参保劳动者在就业时将其所得的一部分收入通过就业保险留备他日失业之用，失业给付补偿失业的参保劳动者所造成的所得损失。但是这种收入替代给付也需要配合促进就业目标的实现，无论是名称还是内容都应当注入促进就业的因素。

---

① 赵静：《失业保险与就业促进——基于基金支出范围视角的双重差分法分析》，《中国经济问题》2014年第1期。

2. 促进就业是核心

就业保险应建立就业给付制度，在参保劳动者与保险人之间形成就业给付请求权法律关系。就业保险的最终目的是促进就业，帮助失业人员进入劳动力市场。当前我国失业保险制度改革最需要做的事情，就是应该为那些有意寻求职业培训的人，提供足够的职业训练机会和位置，帮助他们重返劳动力市场。为此，应当区分参保劳动者失业原因及其具体需求，提供相应的服务，明确就业给付的内容和范围。

3. 预防失业是补充

就业保险应建立薪资补贴等补充性机制预防失业。在市场经济条件下，用人单位正当合法的解雇行为属于市场行为，法律不宜过多干预，否则会阻碍企业重整，造成新的不公。只有在特殊情况下，主要是发生经济危机导致经济不景气时，就业保险可以通过薪资补贴等利益诱导机制鼓励企业尽量不做出解雇行为。因此，预防失业不是常规性制度目标，而是经济不景气时的补充性做法。

（四）理顺就业保险法与就业促进法的关系

2007年我国《就业促进法》中合并规定就业服务、职业训练和失业保险，实质彰显了就业服务、职业训练及失业保险整合的就业促进法制时代的来临。当前应借《失业保险条例》修订之机，整合《就业促进法》和《失业保险条例》，理顺两者的关系。

1. 两者法律性质不同

前者属于社会保险法，后者属于就业促进法。在现今政府财力不足以应对整体失业状况，将参保劳动者的就业服务和职业培训通过就业保险中的就业给付制度来解决不失为良善之道：这一方面符合社会保险的制度原理，有利于通过就业给付制度来推动职业培训的发展；另一方面可以减轻政府负担，使有限的就业促进专项基金集中用于社会弱势与困难群体。另外，数额庞大的失业保险基金结余也可以在符合社会保险制度原理的框架内予以消解。

2. 两者具有重叠关系

就业保险法实施就业给付并不是要重新建立一套新的就业服务和职

业培训体系，而是运用《就业促进法》中已经存在的制度体系，通过委托授权和服务协议的方式让就业促进法中既存的实施主体来提供就业给付，就业给付费用由就业保险法来承担。

3. 两者具有联动关系

应实行就业服务先行原则。就业服务是获得失业给付和职业培训的前提，参保劳动者在等待期内如果经由就业服务没有获得就业则实施失业给付和职业培训。参保劳动者如果在就业保险法规定的时间范围内经由失业给付和就业给付仍然不能获得就业的，则转由就业促进法予以援助。

四 我国应建立以促进就业为核心的就业保险法律制度

（一）生活保障目标的制度完善：促进就业导向的失业给付制度

1. 各类生活保障制度应统称为失业给付

对应于就业保险的保生活、促就业、防失业三个制度目标，我国就业保险应当建立失业给付、就业给付以及薪资补贴三种给付制度。其中保障失业被保险人基本生活的各类津贴和补助可以统称为失业给付，失业给付制度也应当以促进就业为导向，具体可以包括求职者津贴、提早就业奖励津贴、育婴留职停薪津贴等形式。

2. 调整失业保险金给付制度

我国现行给付期限长、标准低的失业保险金制度无法保障参保劳动者的基本生活，也不适应促进就业的制度目标，应当进行调整：一是将名称变更为求职者津贴，彰显生活保障制度的就业促进因素；二是实行差异化的失业保险金给付期限和支付标准，促使失业人员尽快就业。可以考虑按照职工参保缴费工资的50%左右设定失业给付标准，缩短给付期限。实行给付水准递减制，领取失业给付时间越短，给付标准越高，领取失业给付时间越长，给付标准随之减少。三是严格给付条件，实行就业服务先行原则，促使失业人员尽快就业。用人单位应在劳动者离职之日前，将离职劳动者的工作岗位、离职事由及是否需要就业服务等事项，列表通报当地失业保险机构及公立就业服务机构，以便其采取因应措施。劳动者在办理失业登记后，应先接受公立就业服务机构的安排，参加就业咨询。在办理失业认定发放失业给付时，至少提供2次以上求职记录。四是设置合理的等待期，以减少自愿失业，促进就业。根据国际劳工组织第168号公约《关于促进就业和失业保护的公约》，失业保险的等待期在7日以内。我国失业保险制度应当设置合理的等待期，即在依法进行失业登记后，要经过一段时间才能领取失业给付，促进短期失业者再就业。

3. 建立提早就业奖励补贴制度

通过提早就业奖励补贴促进失业人员尽快就业。对提前就业者给予就业补助，在法定给付期限内因提前找到工作的劳动者，可以获得一定比例的尚未支付的失业给付。

4. 建立育婴留职停薪津贴制度

我国可以考虑在就业保险中建立育婴留职停薪津贴来化解全面二胎政策所产生的社会问题，化解劳资双方的后顾之忧。参保劳动者在育婴留职停薪期间因照顾婴儿而停止工作，本质上与失业没有差别，因而育婴留职停薪津贴符合失业保险的制度原理。育婴留职停薪津贴纳入失业给付在国际上也有很多制度先例。日本、比利时、中国台湾地区等都将育婴留职停薪津贴纳入失业给付当中。① 例如，依据中国台湾地区《就业保险法》第11条第1项第4款规定，被保险人之保险年资合计满1年以上，子女满3岁前，依性别工作平等法之规定，办理育婴留职停薪，享有育婴留职停薪津贴请求权。

5. 建立失业保险费率动态调整机制

目前学界对于是否借鉴采用美国失业保险的经验税率制度有赞成和反对两种意见。根据美国《联邦失业保险税法》，雇主可以用其缴纳的州失业保险税抵扣联邦失业保险税，最高可抵扣到5.4%。各州都被要求实施经验税率制度，具体计算经验税率的方法不同，最为普遍的方法

---

① 董克用、李刚：《比利时失业保险体系对中国失业保险改革的启示》，《人口与经济》2008年第3期。

是将雇主承担的州失业保险税率与其个人账户相关联,该个人账户等于雇主已经缴纳的失业保险税减去已经支付给其雇员的失业保险金。这样,解雇少的雇主就可以承担低于5.4%的税率,但是仍然可以按照5.4%进行抵扣。[①] 我们认为,鉴于我国《劳动合同法》中已经有了经济补偿金制度,该制度同样可以发挥抑制解雇的功能,已经大大降低实施经验税率的必要性。另外,经验税率也可能会造成人员流动较快的劳动密集型企业比其他企业负担更高的税率。我国失业保险应坚持"以支定收、收支平衡"原则,科学设定失业保险费征缴费率,并实行动态调整,降低失业保险基金结余额。

(二) 促进就业目标的制度改造:建立就业给付制度

1. 明确就业给付请求权

我国应当明确失业保险的参保劳动者在失业给付期间享有就业给付请求权,获得免费的就业服务、一次职业培训的给付请求权。这种就业给付请求权是法定的,失业保险机构作为保险人负有就业给付的义务。就业给付在实践中是可以实现的。目前《北京市职业培训补贴管理办法》第3条规定,城镇失业人员和农村转移就业劳动力每年可结合自身条件和就业需求,参加一次免费职业技能培训或创业培训。

2. 公立就业服务机构提供免费就业服务

政府应当举办公立就业服务机构,提供免费的就业信息、就业咨询、就业介绍和就业指导等就业服务。可以考虑将就业保险经办机构与公立就业服务机构合并,建立一站式职业服务和失业给付机构,就业保险基金可以用于支付一定比例的公共就业服务信息网络建设费用。发达国家和地区一般都整合了政府就业促进部门与失业保险经办机构的职能,成立职责更加清晰、服务更加便捷的就业保险经办机构,或者直接赋予就业保险经办机构新的职能。将失业预防、就业咨询、失业审核登记、就业推荐、安排职业培训、发放失业金或培训津贴等职能实行整

---

① Richard A. Bales, Jeffrey M. Hirsch, Paul M. Secunda, *Understanding Employment Law*, San Francisco: LexisNexis, 2007, p. 181.

合，以达到减政便民的目的。① 英国为了将促进再就业引入失业保险制度之中，将原来分别履行不同职责的失业救助所和职业介绍所合并为就业服务中心，统一管理失业金发放和再就业服务，并将服务工作一直延伸到安排他们与雇主的面试及试用。②

3. 就业保险机构通过购买职业培训服务为被保险人提供职业培训

其一，地方人力资源和社会保障部门根据经济社会发展情况，制定职业培训目录和项目收费的政府指导价。纳入职业培训目录的项目应当是有利于提高劳动者适应经济社会发展的职业技能素质，能够促进就业的技能类培训项目。职业培训目录的制定需要广泛征求社会意见。

其二，建立职业培训机构名录，经核准纳入名录的职业培训机构有资格从事委托的职业培训业务。设定职业培训机构的条件，符合条件的培训机构自行申报。凡是经人力资源和社会保障部门核准符合申报条件的培训机构都统一纳入职业培训机构名录当中，从事职业培训业务。培训机构与区、县社保中心签订《定点职业培训机构职业培训服务协议》，参保劳动者可以使用社保卡到这些机构接受职业培训。

其三，劳动者在培训机构接受职业培训。参保劳动者失业后，在等待期接受就业服务未能重新就业的，经公立就业服务机构的职业指导培训后，可以根据自身就业需要或技能提升需求，自主选择职业培训机构名录中的培训机构和职业培训目录中的培训项目，与培训机构签订《职业培训协议》，进行职业培训。

其四，失业被保险人在完成职业培训和考核鉴定后，由社保经办机构和培训机构依据《定点职业培训机构职业培训服务协议》《职业培训协议》等进行费用结算。

4. 建立职业培训补贴制度

建立职业培训补贴制度，参加培训的失业劳动者，由就业保险基金

---

① 黎大有、张荣芳：《从失业保险到就业保险——中国失业保险制度改革的新路径》，《中南民族大学学报》（人文社会科学版）2015年第2期。
② 陈芳：《试论加入WTO对中国就业的影响与"就业促进型"失业保险制度的建立》，《社会保障问题研究》2003年第2期。

补贴与职业培训相关的费用支出,包括注册费、书费、交通费、在外地接受职业培训的寄宿费等。

(三) 预防失业目标的制度实现:特殊时期的缩短工时工资补贴制度

1. 雇佣安定制度的两种模式

预防失业的雇佣安定制度大体上有两种制度模式:一种是企业作为受领主体的制度模式。日本采用这种模式,日本雇佣保险由失业保险和失业预防系统所组成,两部分基金相互独立不能相互调剂使用。失业预防所需要资金仅由雇主担负,用在雇主身上,失业预防系统包括安定雇佣事业、能力开发事业和雇佣福利事业三项事业。三项雇佣事业经费一部分用于资助雇主开发雇员的能力,一部分用于资助雇主为雇员建立文化娱乐等福利设施,一部分用于资助雇主多雇佣老龄退休工人、多提供就业机会等活动。[①] 一种是劳动者作为受领主体的缩短工时薪资补贴的制度模式。德国与中国台湾地区采用这种模式。德国就业保险法缩短工时的发动,必须是如天灾事变、输出入管制等无法避免的事故,金融风暴、不景气萧条等经济原因以及组织改造等原因。而且,尚需厂场内存在严重缩短工作时间及工资丧失的状况。此系一短暂期间内无法避免的事件,而且在请求补贴的期间内,厂场所雇佣的劳工,至少有1/3以上因为工作时间减少而丧失10%以上的工资。[②] 中国台湾地区2011年实施《就业保险促进就业实施办法》,根据该办法的规定,当每月领取失业给付人数占该人数加上每月底被保险人人数之比率,连续三个月达2.2%以上,可以实施薪资补贴,由雇主自愿拟订雇佣安定计划,报请公立就业服务机构核定,予以雇佣安定薪资补贴,应按其约定缩减工时前三个月平均月投保薪资差额之50%核发,其主要目的是替代损失的工资。[③]

2. 我国应实行缩短工时工资补贴制度

我国2008年以来实施援企稳岗政策以预防失业,稳岗补贴发放的

---

① 吕学静:《日本社会保障制度》,经济管理出版社2000年版,第130页。
② 杨通轩:《就业安全法理论与实务》,(台北) 五南图书出版公司2011年版,第179页。
③ 杨通轩:《就业安全法理论与实务》,(台北) 五南图书出版公司2011年版,第180页。

对象是企业。如果要法制化这些政策实践，日本和德国的做法都给我们提供了借鉴意义，它们都符合社会保险的制度原理。日本在其雇佣保险中，对于援企稳岗这些雇佣安定措施，则由雇主另行缴费，形成另外一个蓄水池，两者相互独立互不挤占。德国则通过特定时期参保劳动者与保险人之间形成给付请求权，参保劳动者获得缩短工时薪资补贴，从而符合社会保险原理。

根据《劳动法》和《就业促进法》的规定，我国目前已经建立了在职职工职业培训制度，一般企业按照职工工资的1.5%足额提取教育培训经费，因此无须再像日本那样通过就业保险法来实施在职培训。我们认为，我国应当借鉴德国与中国台湾地区的制度经验，建立缩短工时工资补贴制度，保障参保劳动者的收入，稳定职工队伍，提升就业能力。缩短工时工资补贴制度的具体内容包括：其一，适用条件，需满足宏观条件和微观条件。宏观条件是整个社会经济不景气，具体可以用失业率达到一定比例或者失业给付领取率达到一定比例。此外，因公共卫生事件等突发事件致使企业无法开工或者工时较大幅度缩减的情形也应当予以适用。① 微观条件是用人单位存在严重缩短工作时间、降低工资的情形。其二，就业保险机构核定用人单位的预防失业计划。用人单位自愿拟定缩短工时、降低工资的计划，报请就业保险机构核定。其三，给付工资补贴。就业保险机构对经核定符合条件的参保劳动者给予最长不超过6个月的工资补贴，按照参保缴费工资与缩短工时后的工资差额的一定比例给予补贴。其四，接受在职职业培训。领取工资补贴的参保劳动者在缩短工作时间期间，在正常工作时间内应接受在职职业训练，提升职业能力。

---

① 2020年1月24日人力资源社会保障部办公厅发布《关于妥善处理新型冠状病毒感染的肺炎疫情防控期间劳动关系问题的通知》，该通知之二种规定，企业因受疫情影响导致生产经营困难的，可以通过与职工协商一致采取调整薪酬、轮岗轮休、缩短工时等方式稳定工作岗位，尽量不裁员或者少裁员。符合条件的企业，可按规定享受稳岗补贴。2020年2月7日人力资源和社会保障部、全国总工会、中国企业联合会/中国企业家协会、全国工商联发布《关于做好新型冠状病毒感染肺炎疫情防控期间稳定劳动关系支持企业复工复产的意见》（人社部发〔2020〕8号），该意见之（八）中规定，用好失业保险稳岗返还政策，对受疫情影响不裁员或少裁员的中小微企业，可放宽裁员率标准，让更多企业受益。

五 结论：我国失业保险法律制度的完善路径应是从失业保险到就业保险

20世纪70年代以来，西方国家出现了经济停滞和通货膨胀并存的情形，失业率大幅度上升，政府福利包袱沉重。很多国家或地区对失业保险制度进行改革，将其与减少失业、稳定就业等经济政策相结合，增加促进就业的制度功能。这场自20世纪70年代延续至今的失业保险制度改革所奉行的基本理念是，摆脱以往那种不断提高保护水平为基本目标的传统做法，实施积极的失业保护政策和最终建立确保失业人员基本生活的前提下充分发挥其促进再就业功能的新制度。[1] 德国1969年颁布《雇佣促进法》取代1927年的《失业保险法》，开启了失业保险促进就业的制度先河。国际劳工组织1986年通过《关于促进就业和失业保护的公约》，不再称"失业公约"，而改为"就业公约"。随后，日本、加拿大、韩国等国家或地区更加注重就业促进功能，制度上再进一步，通过社会保险的方式解决就业问题，直接用就业保险法取代失业保险法。

值此我国《失业保险条例》修改完善之时，我国失业保险应当回归社会保险的制度原理，变革为就业保险，重溯制度目标，实现制度更迭。构建就业促进为中心的就业保险制度目标模式，实行保生活、促就业、防失业三位一体，生活保障是基础，促进就业是核心，预防失业是补充。完成从失业保险向就业保险的制度转化，建立实现制度目标的三项就业保险给付制度：一是失业给付，目的是保障失业的参保劳动者的基本生活；二是就业给付，旨在为失业的参保劳动者提供就业服务和职业培训，帮助其获得就业信息、掌握就业技能，促进就业；三是雇佣安定给付，目的在于在经济危机或者突发事件来临时，通过薪资补贴等措施稳定就业、预防失业。

---

[1] 马永堂：《从保障生活到促进就业——国外失业保险制度改革综述》，《中国劳动保障》2007年第1期。

医疗保险

我国社会医疗保险治理的社会参与权：
能效驱动与治权结构性改革[*]

董文勇[**]

摘 要 社会医疗保险的社会性是其本质特征之一，以往我国医疗保险治理体制改革实现了由行政化到社会化的转变和回归，部分医疗保险管理权力和全部服务职能从行政机关剥离，借此改善了医疗保险制度的整体效能，然而这一改革并未完成。医疗保险的服务和管理体制是社会保险治理的两个基本方面，二者皆有基于治理能效改进的再社会化之客观需求，体现为社会参与权的介入。社会参与权的介入引起既有治理权体系的结构性改革。医保服务及管理之参与权的再社会化改革改革具有法理上、政治上和经验上的正确性。改革目标有二：在基本制度方面，赋予社会机构以参与医疗保险服务的权利，并依据该参与权利依法取得医疗保险服务权和附属的管理权；在具体制度方面，分解政府办医疗保险机构的内部治理权，赋予社会组织和个人以参与治理的权利。社会化配权和社会参权有助于实现公立医疗保险机构的内部科学治理和外部有效竞争，并依此改善医疗保险机构的服务管理能力和效益。

关键词 医疗保险 社会化 服务参与权 管理参与权 能效改革

---

[*] 本文原发表于《河北法学》2017年第10期，此次收录本论文集，有删改。
[**] 作者董文勇系中国社会科学院法学研究所副研究员，法学博士。

医疗保险

自 20 世纪 80 年代末以来，我国开始推行社会医疗保险（下文除特别强调外，均简称为"医保"。）的全面社会化改革，借以解决医保的公平和效率问题。然而，这一改革并不彻底，除保险筹资制度实现完全社会化以外，医保的服务体制和管理体制的社会化改革并不充分，其国家一元化的体制特征没有发生本质变化。为提升服务和管理的效率，国家在既定制度框架内采取了细部制度改进的技术主义路线，各种针对医疗服务的管理性政策法规层出不穷，而对医疗保险服务和管理体制的改革则少有触及。然而，这种重外部开源而轻内部挖潜的规则创制格局出现严重的内卷化（involution）趋势，① 改革的边际效益逐渐降低。从医疗保险经办机构（以下简称"经办机构"）与合同医事服务机构（以下简称"服务机构"）的长期博弈结果来看，② 前者总体上一直处于被动局面，管理能效难以继续提高；覆盖全国的经办机构和规模庞大的服务管理队伍格局也面临进一步提高效率的问题。既然既定制度框架之下的细部制度改进收效甚微，那么是否需要另辟蹊径、重启搁置已久的社会化改革和医保服务管理体制改革？从国外医保制度改革和我国公共服务体制改革经验来看，在诸多制度改进选项中，不应排除体制性的改革路径。社会医疗保险顾名思义应当社会化，有关医保服务管理的体制即基本制度也不应例外。为此，本文拟在分析现行医保服务和管理基本制度社会化改革留存问题的基础上，以管理和服务效能为标准评估其再社会化之可能性与必要性，提出服务和管

---

① "内卷化"（Involution）是美国文化人类学家克利福德·格尔茨（Clifford Geertz）在其名著《农业的内卷化》（*Agricultural Involution*）一书中创制的概念。根据格尔茨的定义，"内卷化"是指一种社会或文化模式在发展到某一阶段之后便形成一种定式，其演进停滞不前或难以跃升为另一种高级形态的现象。See Clifford Geertz, *Agricultural Involution*: *The Process of Ecological Change in Indonesia*, Berkeley and Los Angeles: University of California Press, 1963, pp. 80 - 82. 在格尔茨之后，"内卷化"这一概念被其他学科所广泛借用，用以描述某一事物在其外扩条件被严格限制的条件下，其内部不断精细化、复杂化的情形。参见刘世定、邱泽奇《"内卷化"概念辨析》，《社会学研究》2004 年第 5 期。

② 我国有关医保的现行规范性文件和政策文件均称提供医疗服务和医药服务的机构为"定点医疗机构"和"定点零售药店"，这些直观、具象的概念不能周延，且不能充分体现所指机构的法律地位和法律性质。笔者更倾向于使用"合同医事服务机构"之概念，借以指称二者。

理基本制度社会化的制度方案假设并施以理论推导验证。笔者认为，服务和管理制度再社会化改革以向社会赋予对医保服务和管理的参与权为必要前提，通过在法律上赋予社会组织和个人以医保事务参与权的方式动员全社会优质服务管理资源，为形成医保服务和政府办医保机构内部治理两个方面的社会化良性运行机制创造条件，进而提升医保服务和管理的整体能效。

一 治理能效与医疗保险的社会化

社会医疗保险固有其社会性本质特征。社会性乃相对于行政性之称谓，具体言之：第一，医保关系的主体具有泛社会性，其类别包括个人、相关社会组织和必要的国家机关；第二，医保关系指向的客体是全社会最广泛参保人的医疗保障利益，此种利益乃属于社会公共利益，而非国家利益；第三，医保关系的内容是在全社会场域之内的公共医疗保险基金筹集、管理、监督和保险待遇给付，医保基金亦属于社会公共财产，而非国家财产。总而言之，社会医疗保险即由社会主办、为社会公益、由社会管理的医疗保险制度形式，从1881年德国首创社会医疗保险制度至此后该制度风行于全球，其制度的基本特征未有多大改变。而第二次世界大战后个别国家出现的国家医疗保障体制，本质上属于基于国家财政筹资的国民医疗福利制度，而非社会医疗保险制度。

我国医保改革的重要成功经验是实现了一定程度上的社会化，城镇职工基本医疗保险、城镇居民基本医疗保险和新型农村合作医疗（以下简称"新农合"）实现了保障对象的社会化、多元筹资渠道的社会化、属地统筹管理的社会化、经办管理权的社会化。与以城乡、行业或单位为保障单元、以国家财政或公有制集体公益金为保障资金来源、以政经合一的或纯行政性的单位为主要管理主体的行政化医保制度相比，经由社会化改革的医保制度充分地展示出了其运行能效，即在效率和公平两方面实现了兼顾且取得了良好的效果，主要体现在：医保实现全民覆盖仅仅用了短短的十年时间，基金支付能力和偿付比例不断提高，之前受保障水平参差不齐的城镇职工、事实上缺乏保障的城镇无业人员、长期被排斥在医疗保障体制之外的农村居民对新医保的满意度明显提升①。改革实践证明,社会化导向对于医保改革具有路径正确性。然而,医保社会化改革并未完成,社会组织和个人对医保服务和管理事务的参与程度较低,且无法律保障。从制度应然角度而言,我国医保服务管理体制存在再社会化的必要性。

(一) 医保服务管理参与权的社会化配置问题

我国医保的社会化改革具有不彻底性,至少表现在医保事务参与权的社会化配置不足,具体而言,一是法律未向社会组织或个人赋予医保服务事务和管理事务的参与权,具体医保事务的服务权和管理权由准政府机构行使,呈现医保服务权和管理权配置体制的总体一元化特征;二是经办机构的内部管理权高度集中且封闭运行,由于法律亦未向社会组织或个人赋予管理参与权,因而公立医保经办机构内部治理的社会参与程度较低。

在有关医保服务及相应管理的基本制度层面,基本医疗保险事务(以下简称"基本医保")与商业医疗保险活动各自独立运行。基本医保虽然属于"社会"医疗保险,但是医保的服务权和相应的管理权由作为政府附属机构的医保经办机构所专有,在法律未向其他组织或个人配置医保事务参与权的情况下,服务权和管理权的配置体制具有

---

① 将全社会中最具经济强势和自我保障能力的群体作为主要保障对象,这是旧有医保制度最大的不公。新医保全覆盖是对选择性覆盖的纠正,破除了参保权利按身份配置、按所在单位经济能力配置的局面,实现了不同经济能力的公民在全社会范围内的互助共济,这是新医保具有制度平等性的有力证明。同时,在实现医保全覆盖之前实施的相关法律仅对一小部分公民和单位实行强制保险原则,对占人口多数的农村居民、城镇自由职业者、无业人员明确实行自愿参保原则,然而占社会绝大多数的自愿参保人员积极选择了新医保制度,这在一定程度上证明现行医保制度具有效率。根据北京大学健康与社会发展研究中心多阶段分层随机抽样调查结果显示,93.5%的调查对象对现行医保制度"满意",且98.0%的受访者"愿意"继续参保。参见王红漫《京基本医保满意度调查》,《中国医院院长》2013年第24期。另有研究对去行政化的医药卫生体制改革进行了调查研究,调查对象对医改的总体满意度达到71.8%。参见杨雅琪《重庆市非主城区患者对医药卫生体制改革满意度调查和印象因素研究》,硕士学位论文,重庆医科大学,2012年。

浓厚的行政垄断色彩，因而不存在社会举办的基本医保服务管理体系。① 医保业务的经办方式单一，完全由医保经办机构办理，不存在委托办理形式。商业保险机构的经营范围主要限于商业健康保险服务，而基本医保的补充保险业务虽有商业保险机构介入，但其并不参与基本医保事务。此外，更无非营利性社会组织独立提供基本医保服务。

在医疗保险机构（以下简称"保险机构"）组织制度方面②，我国在改革过程中并未制定"经办机构组织法"，《中华人民共和国社会保险法》虽然就"社会保险经办"作出了专章规定，但是没有详细规定组织制度。在无法可依的情况下，改革实践延续了政府主导社会改革和建设的体制，各地由政府设立了相应经办机构。经办机构均系附属于各级政府的"工作机构"③，在人事制度和财务制度两个最核心的方面都是国家化的。在此情况下，我国社会医疗保险的组织管理体制仅形成了"有限外部社会化"的监督体制，即行政机关以外的利益相关人基本无权进入到经办机构内部以参与管理和运营，仅有权参与对服务和管理事务的外部监督④；对服务和管理的监督以行政监督和审计监督为主、以

---

① 《中华人民共和国社会保险法》第8条规定，由社会保险经办机构提供社会保险服务管理；《国务院关于建立城镇职工基本医疗保险制度的决定》规定，社会保险经办机构负责基本医疗保险基金的筹集、管理和支付，经办机构的事业经费由各级财政预算解决。从各地实践来看，所有社会保险经办机构均是由政府设立的，若以此为标准，那么这些法律和政策性文件均排除了其他机构介入基本医保服务管理的可能性。

② 笔者在本文中将"保险机构"和"经办机构"两概念作区分使用，因为医疗保险经办机构不是独立、完整的保险人，我国目前尚无法律意义上的保险人。为方便表述，本文将理论模型中法律意义上的保险人称为"医疗保险机构"，以区分"医疗保险经办机构"的称谓。

③ 《社会保险争议处理办法》第2条第2款规定："本办法所称的经办机构，是指法律、法规授权的劳动保障行政部门所属的专门办理养老保险、医疗保险、失业保险、工伤保险、生育保险等社会保险事务的工作机构。"

④ 例如《国务院关于开展城镇居民基本医疗保险试点的指导意见》规定："要探索建立健全由政府机构、参保居民、社会团体、医药服务机构等方面代表参加的医疗保险社会监督组织，加强对城镇居民基本医疗保险管理、服务、运行的监督。"同时该文件也规定了"建立医疗保险专业技术标准组织和专家咨询组织"，但是其作用限于"完善医疗保险服务管理专业技术标准和业务规范"，而非参与管理、监督。

社会组织对保险基金的监督为辅。① 由此观之，社会化监督组织还没有在国家制度层面完全内化为经办机构的应有组成部分。我国医疗保险机构的社会化程度仍然不足。

医保服务管理事务之参与权的社会化配置不足乃整体而言，而作为制度局部的新农合制度则有较大突破。在国家层面上，新农合经办机构组织制度允许参合农民代表参与管理，② 也许可商业保险机构经办新农合业务，并依申请和遴选程序进一步获得服务权和管理权。③ 然而，鉴于参与主体类别的有限性，新农合制度的社会化还有待进一步提升。

（二）服务管理参与权社会化配置的能效关联

社会医疗保险制度内在应有的"社会性"和服务管理上的行政性存在错位，由此预埋下了体制机制上的缺陷，并进而对医保服务和管理的效益产生消极影响。

在我国现阶段，政府将一部分社会服务和公共管理职能分离出来并交由部分事业单位承担，这些事业单位实际上发挥了行政执行功能。在这个意义上，医保机构变异为医保"经办"机构、政府"工作机构"，即执行和落实行政机关服务管理任务之机构，其行政性和附属性决定了职能的被动性、消极性，管理职能强于服务职能，因而难以完全发挥作为保险人而应当具备的职能④，对被保险人的利益诉求也难以做出足够

---

① 《国务院关于建立城镇职工基本医疗保险制度的决定》就建立"保险基金社会监督组织"作出了规定，但没有赋予其对其他服务管理事务的参与权利。

② 《国务院办公厅转发卫生部等部门关于建立新型农村合作医疗制度意见的通知》，《中华人民共和国国务院公报》2003年第6期。

③ 《卫生部、保监会、财政部等关于商业保险机构参与新型农村合作医疗经办服务的指导意见》，《中华人民共和国国务院公报》2012年第4期。

④ 我国社会医疗保险立法和法学理论中没有"保险人"的概念，仅有"社会保险经办机构"的概念。从立法本意上看，似意在以之指称保险人。然而"社会保险经办机构"这一概念无从准确体现该机构在社会保险法律关系中的地位、职能和作用，且所指机构与保险人相去甚远。再者，"社会保险经办机构"是个具象的概念，外延单一，难以概括社会发展中可能出现的其他医保服务管理机构。因此，我国社会医疗保险法应引入"保险人"的概念。

的响应①。

具体而言，一方面，经办机构作为政府的"工作机构"，经法律授权可行使部分以社会管理为内容的行政权力，同时代政府"经办"以医保事务为内容的公共服务②。在单方体制下，服务管理的改进主要取决于政府的政治自觉，并多将公民依其宪法权利而应当取得的医保待遇归结为居高临下的"惠民"③，因而保险给付水平具有不确定性；政策制定者和管理者对公民医保诉求的反应相对迟缓，且还须经受其价值判断、知识背景和个人意愿的筛选，难以保证决策和管理的科学性。而作为准行政机构，组织制度对工作人员的专业技术要求不可能太高，因此而制约了经办机构的服务能力和监督能力。④ 行政性、垄断性的经办机构组织制度决定了，经办机构与被保险人和服务机构之间缺乏平等对话权，从政府相关政策的制定到经办机构具体决策和执行均存在错误风险

---

① 我国社会医疗保险立法和法学理论中没有"被保险人"的概念，仅有"参保人员""个人"等概念。然而在理论上，"被保险人"与"参保人""投保人"是法律意义不同、不可相互替代的三个概念，而"个人""用人单位"等具象名词根本就不是法学概念。"参保人"这一概念在法律上缺乏准确性和确定性：第一，在法律上，"人"既包括自然人，也包括法人和其他组织。实际上，参加保险的并非仅仅指自然人，用人单位、社会保险给付提供机构等法人和其他组织也可能是社会保险法律关系的主体，"参保人"的概念失之笼统、模糊。第二，参保的自然人在不同保险关系中具有不同的法律身份和地位，如在申请参加保险或进行保险登记阶段为参保人，在缴费关系中是投保人，在保险关系存续期间是被保险人，"参保人"概念难以准确描述之。第三，参保人并不必然等于投保人或被保险人，对于实行家庭缴费的城镇居民医保和新农合而言，这种情形则更为明显。第四，"参保人"的概念无法准确反映出用人单位、家庭、劳动者、城乡居民与经办机构之间不同的法律关系。第五，作为法学概念的"参保人"与作为社会保险管理学、福利经济学、社会学等学科中所使用的"参保人"概念，在内涵上有很大差别，法学意义上的"参保人"着眼于公民是否能够享有参保权利、能否进入到社会保险制度之内，主要体现于一种公民与社会保险制度之间的关系状态，而非其他学科意义上的人群类别。总之，"参保人"与"投保人""被保险人"应当区别使用。

② 医疗保险经办机构的组织规则和职权、职责的配置与其他政府工作机构并无实质性的区别。相关规定参见《关于印发加强社会保险经办能力建设意见的通知》（劳社部发〔2006〕10号）。

③ 在法理上，医保的各种物质资源皆来自公民的纳税和缴费，公民依其公民身份和被保险人身份，仅仅是通过基于公意和税收建立起来的国家之手、依照特定规则取回属于自己的劳动成果。因此，基于所有权理论，不存在具有独立财产权利的施惠者，因而也谈不上所谓"惠民"，社会保险在本质上是参保人的互惠机制。

④ 屈万祥：《关于我国医保基金使用和监管问题——在全国政协小组讨论会上的发言》，《中国纪检监察报》2009年3月18日第1版。

和有效性风险。例如,即时结算信息系统是经办机构的服务工具,然而一些地方的经办机构单方强行将该系统的维护费用转移给服务机构;①又如,经办机构一般以简单定额的方式对医院发生的费用进行管理,缺乏协商谈判机制。②

另一方面,在行政化条件下,经办机构的职能容易异化,并因此而偏离其作为保险人的天然本职,故与其说经办机构是被保险人的"代理人",毋宁说是政府保险事务的"管家"。经办机构业务上以被动的保险基金管理为主,而主动、积极地进行服务、监督的职能不足。例如,销制费用结算制度体现的是管理上的便宜性而非保障效果,该制度以向被保险人分配费用报销风险的方式,将保险人对服务机构的监督责任、与服务机构谈判的责任转移给被保险人。又如,尽管我国医保待遇水平还不是很高③,但是同时结余率却很高④,在此情况下经办机构既做不到医保低费率,也做不到提高医保待遇,因而损害了被保险人的期待利益。此外,有关经办机构工作制度的规范性文件也没有专门就经办机构对被保险人承担的责任、医保工作绩效责任等作出规定。

行政化的经办机构天然与医保行政部门关系紧密,并很容易因此而形成外部医保服务权和内部管理治理权的行政垄断格局,进而倾向于排斥社会对基本医保服务事务和管理事务的介入,形成医保服务权和管理权对政府办医保经办机构的一元化配置。这种权利(权力)配置体制存在诸多问题:一是经办机构在内有行政授权、外无竞争压力的情况下,改进服务和管理的动力大为降低;经办机构的服务管理绩效缺乏外部参照,从而提高了政府和社会的监督成本。二是可能排斥一部分服务

---

① 谭啸:《医保实时结算的实际问题》,《计算机世界》2010年5月3日第26版。

② 刘虹:《医疗费用实时结算:新方法带来新挑战》,《健康报》2009年11月12日第5版。

③ 2011年职工医保、新农合、城镇居民医保、城乡居民医保实际报销比例分别为64.10%、49.20%、52.28%和44.87%。参见中华人民共和国审计署《全国社会保障资金审计结果》,《审计结果公告》2012年第34号(总第141号)。

④ 职工医保、新农合、城镇居民医保、城乡居民医保分别累计结余5525.52亿元、824.42亿元、413.57亿元和125.79亿元。参见中华人民共和国审计署《全国社会保障资金审计结果》,《审计结果公告》2012年第34号(总第141号)。

和管理能力更强、成本更低的组织机构进入基本医保领域，国家改进医保服务和运行能效的机会成本大为提高。三是参保人缺乏选择权，在医保管理制度、决策制度和经办机构治理制度封闭运行的情况下，被保险人缺乏表达合理利益诉求的渠道，同时又在事实上被剥夺了"用脚投票"的可能性，因而参保人和被保险人的合法权益难以获得切实保障。四是基本医保制度建立起来后，政府设立并不断扩大经办机构的规模，"服务型政府变成新的全能主义"①，不仅行政成本随之大增，而且抑制了社会潜在经办资源的发育成长。

（三）社会参与权介入下的医保再社会化改革

鉴于医保服务和管理体制的社会化程度直接关系制度能效，因而我国仍有诸多必要推动医保再社会化改革。

第一，社会医疗保险是一项社会公共事业，不属于必须由政府直接管办的领域。政府在资源配置、社会治理以及政府管理模式等方面却具有一定局限性，进而容易产生政府失灵问题，②特别是在直接面向基层、量多面广的社会公共服务领域，政府直接提供服务的劣势更容易放大。因此，理性的政府应当是"治理"的政府，而非"实干"和"操办"的政府，③在医保领域尤其如此。过去的改革经验表明，"政府包办"的医保体制具有低效性和不可持续性，"包办"的结果可能是"包而不办"④，政府职能缺位、越位、错位的经典问题难以避免。⑤有鉴于此，《中共中央国务院关于构建社会主义和谐社会若干重大问题的决定》（以下简称《构建和谐社会决定》）提出了完善社会管理需要"推进政事分开，支持社会组织参与社会管理和公共服务"的方针；在改革

---

① 邹珊珊：《走向服务型政府的地方政府改革》，杨雪冬、赖海榕：《地方的复兴：地方治理改革30年》，社会科学文献出版社2009年版，第268页。
② 马运瑞：《中国政府治理模式研究》，郑州大学出版社2007年版，第105页。
③ ［美］戴维·奥斯本、特德·盖布勒：《改革政府——企业精神如何改革着公营部门》，周敦仁等译，上海译文出版社1996年版，第22页。
④ 周其仁：《宿迁医改的普遍意义》，《经济观察报》2007年9月3日第44版。
⑤ 秦芩、申来津：《政府法治化与政府职能"错位"、"越位"、"缺位"现象的治理》，《行政与法》2006年第3期。

的关键时期,党的十八届三中全会就转变政府职能做出了部署,《中共中央关于全面深化改革若干重大问题的决定》(以下简称《深化改革决定》)明确将政府职能定位在"主导"层面,同时提出"简政放权""政社分开"鼓励和支持社会各方面参与社会治理、"公办事业单位与主管部门理顺关系和去行政化"等改革方向。这些方针这构成医保服务管理体制再社会化改革的政治基础。

第二,医保服务管理行政化、一元化体制存在行政成本高且效能低的通弊。首先,医保业务具有高度复杂性、专业性、差异性、多变性,而岗位、技术类型、技术层次、编制数量均呈固定化的传统经办组织体制不适应经办业务的需要,[1] 客观上应根据业务的实际需要建立灵活的专业人员遴选和退出机制。其次,单一的经办体制不存在竞争,因而不利于提高服务管理效能。最后,我国地域广阔,人口分布不均,并非所有地域、所有业务均需要由国家建立专门的经办体系和组建行政化的经办队伍,否则会加大管理成本,有鉴于此,相关经办事务完全可以委托给社会机构。

第三,社会化分权和配权改革不仅能改善医保运行的有效性,而且会有助于改善医保、医疗事业的整个面貌。医疗服务关系具有非对称性,非由保险机构代表被保险患者制衡医疗机构,不足以平衡医患关系、保障患者的权益。[2] 在实行社会医疗保险制度的条件下,医疗服务关系的主要形式是医疗与医保的关系,保险机构的支付和监督职能对于医疗服务的方式和效率,乃至对卫生资源的配置均起到"指挥棒"的作用。[3] 在社会医保制度范围内,保险机构更是总括、协调各方的核心主体,合理的医保服务管理对医保资源的有效利用起到激励、约束、协调等社会管理作用。服务权和管理权的社会化配置是保险服务管理民主、科学、安全的保障,其溢出效果可扩及医疗和医保事业发展的全局。

---

[1] 李惠宁:《提高社会保险经办机构服务管理能力问题的探讨》,《科学咨询(科技·管理)》2007年第1期。
[2] 拙作:《医疗费用控制法律与政策》,中国方正出版社2011年版,第346—348页。
[3] 拙作:《社会法与卫生法新论》,中国方正出版社2011年版。

第四，服务权和管理权配置的行政一元化以及经办机构内部治理权配置的一元化不足以保障基金安全。医保基金被经办机构及其工作人员挪用、占用、骗取、送人情的现象是个一直存在的老问题，[①] 这是个"对监管者的监管"经典问题，也暴露出内部监督的有限性和民主化治理的不足。为保障基金安全、保障参保人对基金所有权，可以通过经办组织机构社会化的方式将外部横向社会监督加以内化、落实所有权人的处理权。

综上，外部服务权和内部治理权的行政一元化配置体制不利于保险人职能的发挥。然而，参与权的配置是取得服务权和管理权的先决条件，目前我国社会组织和个人尚缺乏医保事务的参与权，进而阻碍了医保服务权和管理权的社会化配置。有鉴于此，我国医保服务管理体制的再社会化须从参与权的社会化配置角度切入。医保服务管理之参与权的社会化配置主旨有二：一是对医保服务权和附属的管理权做分解并做部分剥离，享有服务参与权的社会机构提出申请的，依法配予，依此建立医保服务及附属管理事务的社会化参与体制；二是将政府办医保经办机构的内部管理治理权作部分拆分，享有参与权的社会组织或个人提出申请的，可依法对其配予，依此建立公立医疗保险人的社会化治理结构和医保事务的社会化管理制度。

二 医保服务参与权的社会化配置进路

对具体医保服务参与权进行社会化配置改革符合执政党和国家对于社会发展战略和医疗卫生体制改革的目标。这一改革方向不仅具有政治和政策基础，也符合我国《宪法》第二条第二款有关人民以适当形式管理社会事务之权利的规定，且已经体现于新农合的初步改革实践。

（一）医保服务参与权社会化配置的基本理念

《构建和谐社会决定》倡导社会公共事务的社会协同和公众参与，

[①] 杜清：《医疗保险：原来又是只跳蚤》，《中国改革》2005年第5期。

党的十八大报告也明确了"党委领导、政府负责、社会协同、公众参与、法治保障"的社会治理体制建设目标。这些政治纲领性文件中的"社会协同"中的"社会",宜以广义的"社会"概念来理解,[①] 因而所谓"社会""公众",不仅包括自然人,也包括法人,而法人的范围则不排除企业法人、民办非企业单位法人和社会团体法人。在国外,荷兰政府为解决原有医疗保险制度存在的体系分散化带来的不公平性、垄断产生的效率低下等诸多弊端,[②] 在医疗卫生体制改革中实施了以契约化、市场化为特征的社会化改革,并将改革经验巩固为法律制度。[③] 荷兰医改实现了政府向社会组织购买医保服务、参保人择一参保的社会化医保服务体制,从而既不放弃政府责任又能实现行政目的,兼顾了公平和效率。这是社会公共服务社会化改革的一种形式。

市场化是社会化的一种主要形式。市场化有其合理性的一面,在行政资源有限、政府治理难以满足社会实际需要的条件下,市场性手段的优势更为明显。通过市场对抗市场,在市场中消化、克服市场弊端,本身就是一种理性的政策工具选择。市场具有客观性,没有主观意志,如果说市场化改革存在不良后果的话,那么在更大程度上是制度设计的问题,即所谓"茶杯也会成为凶器",关键是如何利用市场,而不是简单否定市场、把市场存在缺陷作为转而把问题交给政府处理的理由。[④] 鉴于国家治理不可能在所有层次上具有相同的有效性,公共产品的提供应尽量遵循市场优先的原则。[⑤] 改革开放至今,政府职能逐渐退出微观社会事务领域,市场机制的作用领域不断扩大,《深化改革决定》明确提出,"推广政府购买服务,凡属事务性管理服务,原则上都要引入竞争机制,通过合同、委托等方式向社会购买"。我国历次医药卫生体制改

---

① 柴振国、赵新潮:《社会治理视角下的社会组织法制建设》,《河北法学》2015年第4期。

② 尹莉娟:《从分散到统一:荷兰基本医疗保险制度改革对我国的启示》,《中国卫生事业管理》2008年第2期。

③ 孙东雅、范娟娟:《荷兰医疗保险制度改革研究》,《中国医疗保险》2012年第5期。

④ [美]詹姆斯·M. 布坎南:《自由、市场和国家》,吴良健等译,北京经济学院出版社1988年版,第3页。

⑤ 薛澜、张帆:《治理理论与中国政府职能重构》,《人民论坛》2012年第4期。

革在增强医疗卫生和医疗保障公益性的同时,也并未排斥市场化改革;在理论上,市场也并不排斥公共服务机构。①《中共中央国务院关于深化医药卫生体制改革的意见》(以下称《深化医改意见》)也明确具体要求:"积极提倡以政府购买医疗保障服务的方式,探索委托具有资质的商业保险机构经办各类医疗保障服务管理。"如果该项政策着眼于社会组织的管理和服务能力,那么除商业性组织机构外,有管理和服务能力的非营利性社会组织也应当有权参与具体医保的服务管理,许多社会公益事业让非政府组织经营比政府更有效率。②非营利性社会组织介入医保服务管理的契约化方式在本质上也是市场化的。

(二) 社会化医保服务参与权的制度实现形式

以往商业保险机构介入医保的形式主要限于提供补充性医疗保险服务产品,无权经办基本医疗保险事务。2012年颁布的《关于商业保险机构参与新型农村合作医疗经办服务的指导意见》则提出了商业保险机构服务管理新农合的制度框架,保险企业从医保终端服务向中间服务扩展,执政党有关文件所倡导的社会参与原则、政府主导与市场机制结合原则得到了具体体现,实现了医保经办体制改革的重大突破。该改革措施的意义有三:第一,体现了对效率价值和效率公平的追求、政府职能转变的改革新成果。第二,践行了《深化医改意见》"创新体制机制,鼓励社会参与"的指导思想、"坚持公平与效率统一,政府主导与发挥市场机制作用相结合"医改基本原则。第三,体现了国家在处理职能与职能实现方式、目的与手段的关系方面取得了显著进步。当然,该指导意见仅仅是政策性文件,且仅确立了一个制度构建的基本方案,尚待作进一步延伸和实现确定化、明细化。

参照国内外医保社会化经办改革的成功经验,在医保服务参与权的社会化配置方面,权利人的类别可以不局限于商业保险机构,还可以包括民办非企业单位等有资质从事社会公共服务性的社会组织。鉴于我国

---

① 赵晖:《论我国医改中政府职能的归位》,《人民论坛》2010年第36期。
② 徐惠茹、潘敏敏:《中国非政府组织在政府职能转变过程中的角色定位》,《学习与探索》2005年第2期。

人口基数足够庞大，为提高统筹层次，国家可将服务权及附属的管理权配予省级行政区域范围内的政府办医保机构和至少一家社会办医保机构，各医保机构的法律地位一律平等；剥离政府办医保机构的行政管理权，收归省级医保行政部门。参保人的范围为省级区域范围内的居民及其用人单位、家庭，凡依法投保任何一家保险机构的，保险权利一律平等，适用同样的法律和政策。医保行政部门得以招标或竞争性谈判的方式从享有服务参与权并提出申请的、具备法定资质的社会机构中遴选产生医保机构。社会办医保机构与政府办医保机构拥有同等的基金独立管理权，医保基金结余不得用于分配①，人员及业务经费则由医保行政部门以购买服务的形式另行偿付。为实现城乡统筹和提高保障能力，各类医保机构的业务范围覆盖整个省级行政区域。鼓励各类医保机构成立跨省行业联合组织，具备条件的行业联合组织可依法获得服务管理权，借此实现各医保机构在服务管理上的各自全国统筹。

三　公立医保机构内部治理权的社会化配置进路

经办机构实为国家和社会为参保人谋求福利之公器，故应具备作为保险人的能力。经办机构由"经办人"嬗变为"保险人"的关键在于组织体制和组织制度的社会化，通过组织治理权和内部事务管理权的社会化配置来建立保险人的社会化民主治理机制，依此才能保障其应有效能的发挥。

（一）公立医保机构治理管理权社会化配置的理念

在法理上，医保机构是受托人，接受三重委托：一是全民凭借赋税、主权和凝聚公意的宪法之利，责成国家组建医保机构、雇佣工作人员，建立社会保险组织体系；二是经法律授权和委托，由医保机构代国家履行医保公共服务和社会管理职能；三是受全体参保人委托，由医保

---

① 非营利性是由我国基本医疗保险制度的公益性所决定的，这不但与非营利社会组织介入医保服务管理相契合，且与商业医保机构以收取政府支付的服务管理费的方式营利并不矛盾。此外，基金由投保人和政府共同共有，保险机构并不享有结余所有权。

机构代为管理受托的医保基金、处理保险事务、保障被保险人的权益。由此观之，利益相关者完全可以凭借所有权人和利益相关人的身份参与对保险机构的治理和对业务的监管。根据现行法律，我国《宪法》第2条第2款规定："人民依照法律规定，通过各种途径和形式，管理国家事务，管理经济和文化事业，管理社会事务。"该款规定在法律上给予了参保人及其他利益相关人参与医保机构的可能性，使医保机构成为一个能够"凝聚公共价值和公民行动的载体"，体现"多元共治"和"多元互依"的现代社会治理法治秩序。[①] 从经办机构与参保人和服务机构之间的法律关系角度讲，行政化的医保服务管理关系具有单方性，内在缺乏反馈和制约机制。因此，若要保证经办机构的运行效率，则须有凝聚公意和科学理性的外在法律为前提；若缺此前提，则必须有能够体现公意性和科学理性的内在组织制度。无论哪个环节，都需要利益相关人参与管理。从政府和社会的基本关系上看，在现代法治国家，行政权配置出现了"既扩权又削权、放权，既限权、控权又参权、分权、还权的复杂演变"趋势，[②] 鉴于医保事务的复杂性和技术性以及公民医疗诉求的多样性，政府在承担对公民抽象的健康保障责任的同时，主要保留制度政策制定权、组织监管权等基本权力即可，并应将具体的、微观的医保管理权力和医保服务责任还权、授权和转移给社会组织，同时社会组织和个人享有医保机构治理参与权利、医保事务自治权利。

依照所有权人权利和社会权利，公民可通过代议机关经由法律程序完全授权医保行政部门行使对保险机构的组建、监管权力，但是同时也可以根据医保事业的特点和服务管理的实际需要而保留部分所有者权利和治理权力。医保事务具有专业性、繁杂性、高风险性和广泛利益关联性，在公民愿意保留部分参权利和治理权力的条件下，法律应当予以安排实现，在组织法上体现为应当有利益相关者参与公立经办机构的治理和监管，使之真正成为保险机构。上述理念与我国宪法所规定的以及《构建和谐社会决定》《深化改革决定》所倡导的保障公民管理社会事

[①] 梁平、冯兆蕙：《基层治理的法治秩序与生成路径》，《河北法学》2017年第6期。
[②] 郭道晖：《法治行政与行政权的发展》，《现代法学》1999年第1期。

务的权利、发挥社会自治功能、实行管办分离等原则和要求相契合。《深化医改意见》也指出:"完善内部治理结构,建立合理的用人机制和分配制度,完善激励约束机制,提高医疗保险经办管理能力和管理效率。"

(二) 社会化治理权的组织制度体现

医保机构社会化治理是许多国家的共同经验。以德国为例,该国有七类业务范围均遍及全国的医保机构①,这些平行设立的机构均属于非政府性质的公法法人,各医保机构及其在州和联邦层面上成立的联合会均设有管理委员会和理事会,均由雇主和雇员选出的数量等同的代表组成。②

我国没有制定医保机构组织法,各地经办机构在组织制度上极为杂乱。③ 除新农合经办机构外,其他经办机构均未实现社会化。我国充分社会化的医保机构组织制度建设可以作如下设置:医保机构内部设立由相关政府部门代表、相关专家、被保险人代表、参保用人单位代表、服务机构代表组成保险事务领导决策委员会,下设保险服务执行委员会、医疗保险基金安全监督委员会、医疗服务监理审查委员会、医疗费用委员会、医疗保险法律政策委员会。

保险事务领导决策委员会负责人事、机构、业务管理和服务事务的领导及重大决策,委员由医保行政部门选聘;保险服务执行委员会负责各项保险服务业务的实施和决策执行;医疗保险基金安全监督委员会负责医保基金的安全运行,由相关政府部门代表、被保险人代表、参保用人单位代表以及保险、金融或财务专家组成;医药服务监理审查委员会负责定点医事药事服务机构的审核、服务监督,由相关政府部门代表、

---

① 七类医保机构分别是:地方医保局、企业医保局、手工业医保局、农民医保局、海员医保局、矿工医保局以及替代医保局。
② 中华人民共和国劳动和社会保障部、德国技术合作公司:《德国医疗保险概况》,劳动和社会保障出版社 2000 年版,第 134 页。
③ 朱国宝:《当前我国社会保险经办机构面临的难点和采取的对策》,《中国社会保险研究》2007 年第 1 期。

服务机构代表、被保险人代表以及医师和药师组成；医疗费用委员会负责对服务机构费用谈判、费用预支付、费用结算和费用审查，由相关政府部门代表、服务机构代表、被保险人代表以及医师和药师组成；医疗保险法律政策委员会负责医保政策法律咨询、服务管理具体办法的研究、接受申诉处理等，由相关政府部门代表、保险和法律专家组成。

社会化后的政府办经办机构在法律上与社会办医保机构同属于保险机构，即保险人。政府办医保机构属于国家经由政府设立的社会公共服务机构，根据执政党制定的《深化改革决定》，在组织立法方面应取消其行政级别。

四　医保治理权体系结构化改革之理论检验

对医保服务及管理事务参与权进行社会化配置的目的不在于行政分权、社会参权本身，也不在于形式意义上的社会民主表意或宣示，而在于通过形成医保服务体制的社会化、医保机构组织体制的社会化，实现保险人服务管理能效的提高，以确保医保制度能够发挥其应有制度价值、最大可能的效益。

通过政府办医保机构分权和利益相关人参权，可实现对公立医保机构的民主治理，以此为医保事务的有效服务和科学管理奠定组织制度保障，能够在一定程度上减少行政体制存在的通弊，从而提升其处理决策的专业性、灵活性、严谨性、务实性，增强其纠错能力和减少决策风险，进而强化其作为保险人的责任意识。能力是效率和效益的保障，社会化的组织制度和内部治理结构能够最大程度减少行政机关对社会公共事务的不适当干预，借以摆脱地方利益、部门利益和集团利益对医保基金、被保险人的利益诉求乃至整个医保事业的侵蚀，使医保事业能够用心专一地服务于被保险人。专业、负责的医保机构有能力与医事药事机构进行谈判，有能力监督医疗服务的合理性和必要性，并可以保障医保资金的运营安全和使用效率。

社会化的医保服务参与体制可为形成优胜劣汰的服务管理竞争格局奠定基础。一方面，社会办医保机构特别是商业医保机构具有管理和服务的效率优势；另一方面，通过不同服务管理主体的并立以及并行竞争，可推动各自提高服务管理的效率和质量，特别对政府办医保机构构成外部竞争压力，使其实现从"要我服务和管理"到"我要服务和管理"的转变，在提高服务管理的自主性和效率的同时，也有助于大幅降低医保行政部门对医保机构的监管成本。社会办医保机构不存在行政"包袱"，可将业务范围向城乡两端拓展，其产生的示范效应会有助于整体上推动实现体制上的城乡统筹和服务管理资源的进一步整合。

服务及管理参与权的社会化配置有助于进一步实现服务权和管理权的优化配置，进而有助于改善医保制度的效益，其整体效益实现机理如下图所示。

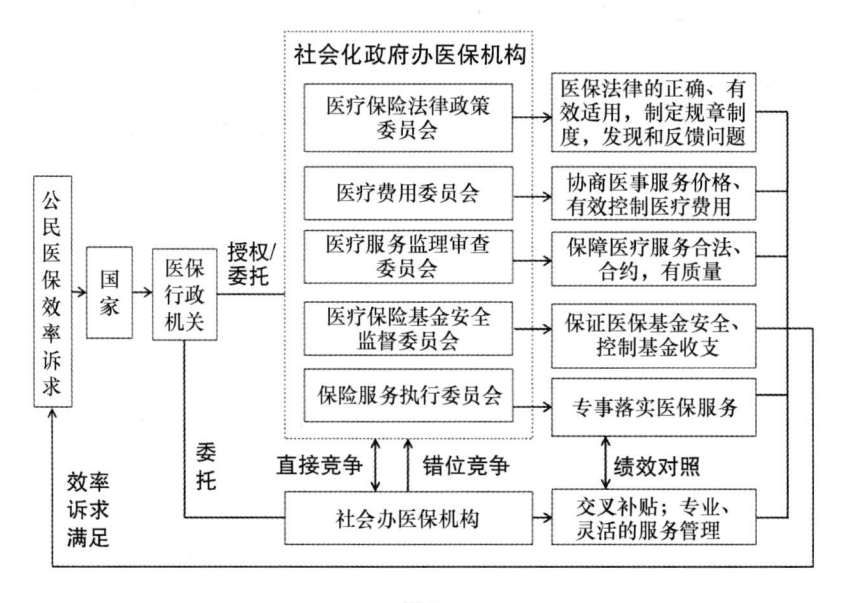

图1

五 结语

社会医疗保险事务乃至全社会之公共事务，并不必然由政府专门执掌，也并不必然需要政府亲力亲为。在本质上，政府也是基于全民意志在全社会范围内建立起来的承担一定社会职能的组织。受特定社会条件的影响，我国政府与社会组织之间多表现为产出关系，然而这并不必然意味着"先来"者比"后到"者天然地拥有更多的、永世不变的权力优势。政府是公意执行、实现机构，社会组织的出现为公意的执行和实现方式提供了另外一种可能，使公民拥有了更多的工具选择或搭配组合。无论是行政工具还是社会（包括市场）工具，均是国家干预社会公共服务的两种基本手段，而均非目的。世界各国的社会治理经验表明，行政手段可以在一定层面、特定领域和适合方式来使用，个人和包括企业在内的社会组织的参与甚至自治也不可或缺。至于社会公共服务需要由政府还是由社会提供、需要政府以何种方式提供，有关制度建设的主要原则和标准在于，在现实的社会条件下，何者更能体现、实现公意，何者更能最大限度地保障利益相关人的权益。

推进医保社会化改革需要首先破除"全能政府"思维定式。目前我国已然形成受市场经济推动而形成的平权化和多元化的社会，行政一元化的既有医保体制难以与之契合。政府包办的医保体制不仅容易使政府成为社会矛盾的焦点和唯一的责任人，而且从长远来看，不利于医保事业的稳定和健康发展。社会医疗保险制度的全面社会化改革符合改革方向，也具备经验上的支持和经验正确性，无论是《构建和谐社会决定》《深化改革决定》还是《深化医改意见》，早已对此提出了要求；自20世纪90年代以来，我国医保改革的成功在很大程度上也得益于其社会化方向，新农合服务管理体制的社会化改革已先行试水。现阶段的医保制度改革需要解决服务和管理方面的能效问题，尽管有必要对具体制度进行技术性改进，但是改革理念的调整和宗旨的转变会异曲同工，甚至可达事半功倍之效。目前医保社会化改革有待于进一步深化和全面拓展至医保服务和管理层面，具体方略是对适格的社会组织或个人进行医保服务参与权和公立医保机构治理参与权的二元社会化配置改革，目标在于提高保险人的服务管理能效。唯享有参与权，社会组织或个人方有服务社会之可能性，因而，参与权之赋予乃是整个医保体制社会化的关键环节。在保障社会享有医保服务管理参与权的前提下，社会组织或个人基于自愿申请，可依法定条件和程序取得医保服务权和公立医保机构管理权，并同时承担相应的法律义务。

医保服务管理参与权的社会化配置改革意味着对医保利益格局进行重大调整，兹事体大，须借助立法。《中共中央关于全面推进依法治国若干重大问题的决定》提出，"实现立法和改革决策相衔接，做到重大改革于法有据、立法主动适应改革和经济社会发展需要"，并根据改革的需要进行立、改、废和法律授权。目前我国已经制定了《社会保险法》，医保改革实践决定了，这一框架性的社会保险母法需要进一步细化，其方式是制定单行的《基本医疗保险法》，其中应当对保险服务管理基本制度作出规定；视医保再社会化改革和法治建设的需要，也可以制定专门的《基本医疗保险机构组织法》，或至少制定《基本医疗保险机构组织条例》，以全面实现医保事业法治化。作为参与权配置的结果，医保服务管理权的社会化配置可能形成"多中心治理"或"无中心治理"格局，集体行动机制可能伴随优先次序混乱、行动迟缓和有效性降低等问题。有鉴于此，立法仍应保障国家在社会化医保体制中的领导权、决策权、监督管理权和最高处分权，同时也令其担负最主要的和最终的职责。

论医疗服务协议的法律性质

吴晓月* 娄 宇**

摘 要 我国司法实践中关于医疗服务协议的判决有民事案由亦有行政案由,然而现行立法未明确其法律性质,而且理论界的观点也各异,这直接影响着基本医疗服务协议的谈判机制以及纠纷解决机制的建立。医疗机构和社会保险经办机构签订服务协议的目的是保障医疗机构提供必需的医疗服务,确保社会基本医疗保险保险人给付义务的实现。医疗服务协议的主体地位不平等,一方为行政主体,订立协议的目的是通过医保行政管理维护公共利益,协议的内容包含了行政优益权,因此医疗服务协议应当归入行政合同的范畴。

关键词 医疗服务协议 定点医疗服务机构 行政合同 协议管理

一 引言

2019年6月30日国家医疗保障局发布《2018年全国基本医疗保障事业发展统计公报》显示2018年参加全国基本医疗保险134459万人,参保率稳定在95%以上,基本实现人员全覆盖。2018年,全国基本医保基金总收入21384亿元;全国基本医保基金总支出17822亿元,比上年增长23.6%,占当年GDP比重约为2.0%;全国基本医保基金累计结存23440亿元,其中基本医保统筹基金累计结存16156亿元,职工基

---

* 作者吴晓月系北京市人力资源和社会保障局干部。
** 作者娄宇系中国政法大学民商经济法学院社会法研究所所长、教授。

本医疗保险个人账户累计结存 7284 亿元。在基金监管方面，2018 年打击欺诈骗取医疗保障基金专项行动期间，全国检查定点医疗机构和零售药店 19.7 万家，查处违法违规定点医药机构 6.6 万家，约占抽查机构的 1/3，占全部定点医药机构的 1/9，其中解除医保协议 1284 家、移送司法 127 家，查处违法违规参保人员 2.4 万人。①

由此可见，定点医疗机构和零售药店骗保的行为在国内十分猖狂，2018 年还出现了沈阳特大骗保案等类似骗保案件，给医疗保险基金带来了极大的风险。充分发挥社保经办机构对定点医疗机构的制约作用，合理运用协议管理，无疑将有助于化解这一问题。社保经办机构这一作用发挥的前提是需要明确医疗服务协议的法律性质。

二　医疗服务协议的内涵

医疗保险服务协议在我国提出已有 21 年之久，从刚刚提出至今协议的模式和内涵都在不断细化和发展。1998 年在《国务院关于建立城镇职工基本医疗保险制度的决定》中首次被规定："基本医疗保险实行定点医疗机构（包括中医医院）和定点药店管理。社会保险经办机构负责确定定点医疗机构和定点药店，并同定点医疗机构和定点药店签订合同，明确各自的责任、权利和义务。"同年，劳动和社会保障部、卫生部、中医药管理局制定的《城镇职工基本医疗保险定点医疗机构管理暂行办法》第 11 条规定："社会保险经办机构要与定点医疗机构签订包括服务人群，服务范围，服务内容，服务质量，医疗费用结算办法，医疗费用支付标准以及医疗费用审核与控制等内容的协议，明确双方的责任，权利和义务。任何一方违反协议，对方均有权解除协议，但须提前 3 个月通知对方和有关参保人，并报统筹地区劳动保障行政部门备案。"进一步明确了医疗服务协议的内容。2007 年，劳动和社会保障部颁发的《关于完善城镇职工基本医疗保险定点医疗机构协议管理的通知》

---

① 数据来源于国家医疗保障局官网征求意见板块 2019 年 6 月 30 日发布的《2018 年全国基本医疗保障事业发展统计公报》，http://www.nhsa.gov.cn/art/2019/6/30/art_47_1476.html.

规定:"城镇职工基本医疗保险定点医疗机构医疗服务协议,是明确社会保险经办机构和定点医疗机构双方权利与义务,规范双方行为的具有法律约束力的文本,是处理双方关系,尤其是考核定点医疗保险服务质量和结算医疗保险费用的重要依据。"2016年《基本医疗保险定点医药机构协议管理经办规程》(以下简称《经办规程》)中第2条第2款规定:基本医疗保险定点医药机构服务协议是指经办机构与定点医药机构签订的,用于规范双方权利、义务及违约处理等办法的专门合约。2018年11月,人力资源和社会保障部发布《社会保险经办管理服务条例(征求意见稿)》中第38条规定了"社会保险经办机构应当与工伤医疗(康复)机构、辅助器具配置机构等社会保险服务机构签订服务协议,明确权利义务,规范其服务行为"。

从上述规范性文件对于基本医疗保险定点医药机构服务协议的定义可以看出,定点医疗保险服务协议是由社会保险经办机构和定点医疗机构签订的有关双方权利与义务的合同。

三 医疗服务协议双方的法律关系分析

基本医疗保险法律关系涉及多方主体,包括作为保险人的医保经办机构,作为被保险人的城乡居民,作为投保人的居民或用人单位,作为定点医院和药店等医疗机构四大主体。[①] 本章主要通过分析经办机构与定点医疗机构之间的法律关系,进而分析双方的权利义务,以此为基础探讨医疗服务协议的法律性质。

(一) 医疗服务协议主体的地位

1. 社保经办机构的地位

(1) 基于法律法规的规定

我国社会保险行政管理模式遵循"政事分开"的原则,按照1993

---

① 李晓鸿:《论我国医疗保险法律关系的定性及争议回应》,《甘肃社会科学》2013年第6期。

医疗保险

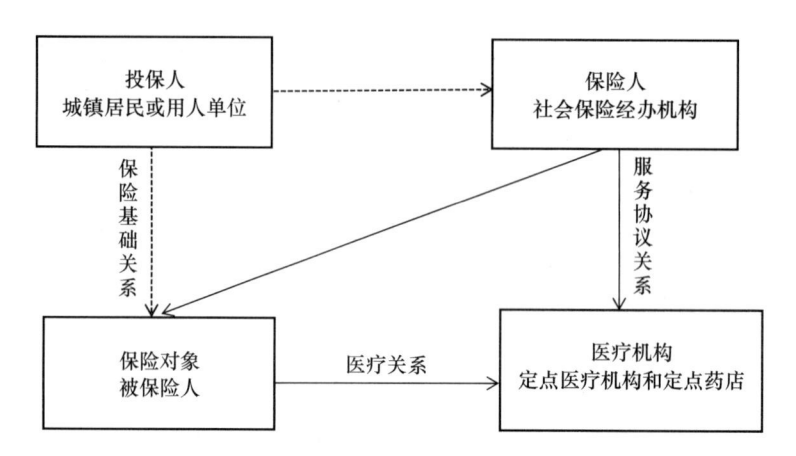

```
┌─────────────────┐         ┌─────────────────┐
│   投保人        │ ------> │   保险人        │
│ 城镇居民或用人单位 │         │ 社会保险经办机构  │
└─────────────────┘         └─────────────────┘
        │  保险               │  服务
        │  基础          ╲    │  协议
        │  关             ╲   │  关
        │  系              ╲  │  系
        ▼                   ╲▼
┌─────────────────┐         ┌─────────────────┐
│   保险对象      │  医疗关系 │   医疗机构      │
│   被保险人      │ ──────> │ 定点医疗机构和定点药店│
└─────────────────┘         └─────────────────┘
```

图 1　基本医疗保险中各方法律关系示意图

年《国务院批转国家体改委关于一九九三年经济体制改革要点的通知》的规定，社会保险工作机构包括社会保险行政部门和社会保险经办机构。社会保险行政部门（人力资源和社会保障部门）主要负责社会保险有关政策、法规的制定，而社会保险经办机构主要负责贯彻落实国家有关社会保险的政策和法律法规，并承办有关社会保险的具体工作[①]。在 2001 年原劳动和社会保障部发布《社会保险行政争议处理办法》中，首次对经办机构的名称做了解释，该办法第 2 条第 2 款指出，"本办法所称的经办机构，是指法律、法规授权的劳动保障行政部门所属的专门办理养老保险、医疗保险、失业保险、工伤保险、生育保险等社会保险事务的工作机构"。2011 年《社会保险法》第九章专门对经办机构的设置和职责做出了规定，该法第八条规定："社会保险经办机构提供社会保险服务，负责社会保险登记、个人权益记录、社会保险待遇支付等工作"；第 72 条规定："社会保险经办机构的人员经费和经办社会保险发生的基本运行费用、管理费用，由同级财政按照国家规定予以保障。"2011 年国家标准化管理委员会公布的《社会保险服务总则》（GB/T27768—2011）中指出，"社会保险经办机构是由社会保险行政部

---

①　郑秉文：《中国养老金发展报告 2013——社保经办服务体系改革》，经济管理出版社 2013 年版，第 145 页。

门设立的，承担基本养老保险、基本医疗保险、工伤保险、失业保险、生育保险等的运行管理、经办事务和社会服务职责的机构"。从以上法律和文件内容可以看出，已出台的法律政策主要对经办机构的职责进行了界定，国家并没有出台专门的社保经办机构管理条例对经办机构的性质和法律地位作出规定。

2018年11月人社部发布《社会保险经办管理服务条例（征求意见稿）》第四条规定："社会保险经办机构承担社会保险经办管理服务工作。"同样没有对社保经办机构的法律地位加以说明，但社保经办机构的法律地位是社保经办机构通过医疗服务协议对定点医疗机构进行管理的前提问题，因此我们必须对经办机构的法律地位加以明晰。

（2）基于机构设置的角度

我国社会保险经办机构是政府直接管理覆盖全国的分层设置、分级管理的经办组织系统，包括中央和地方两个层级。中央社会保险经办机构为人力资源和社会保障部社会保险事业管理中心，由原劳动部社会保险事业管理局、卫生部全国公费医疗管理中心、民政部农村社会养老保险管理中心、人事部中央国家机关及其在京事业单位社会保险管理中心4个单位合并而来，属财政全额拨款事业单位，人员参照公务员管理，担负综合管理，指导和监督之责，不经办社会保险具体业务①。由此可以看出中央层面经办机构定位较明确，即"综合管理全国社会保险基金和社会保险经办业务工作的部直属事业单位"，可归属于"承担行政职能"的事业单位之列②。地方社会保险经办机构由各统筹级别政府对应设置，包括省、市（地）、县三级，省、市两级担负指导和经办双重职责，县级机构主要负责经办工作，在一些乡镇和城市社区还设有社会保障事务所，作为业务的平台，从事社会保险经办工作。各地的社会保险经办机构，不论名称如何差异（"中心""局"或者"处"），基本上属于同级政府主管部门直属的、全额拨款的事业单位，机构人员参照公务员管理③。由此可见地方社保经办机构具体经办社会保险相关业务，是

---

① 曹洋：《我国社会保险业务经办的现状、问题与对策》，《中国劳动》2015年第4期。
② 娄宇：《论我国社会保险经办机构的法律地位》，《北京行政学院学报》2014年第4期。
③ 张荣芳、黎大有：《论我国社会保险人的法律地位》，《珞珈法学论坛》2014年第13期。

承担技术性、服务性职能的业务执行机构[①]。

2. 定点医疗机构的地位

定点医疗机构和零售药店是医疗机构协议的相对方，它们都不具备行政主体资格。医保定点医院是指社保部门公布所管辖区域内的具有社保医疗资格的医院名单，参保人根据所公布的名单，选定自己就医的医院，然后社保部门审核合格后，发给参保人员医保卡，凭医保卡到指定的医院去就医，可以按照相关规定报销医疗费，否则不能报销医疗费。零售药店是企业性质，是典型的民事法人主体；我国医疗机构类型众多，公立医院通常属于事业单位，而民办医院大多数是非事业单位，根据我国《地方组织法》的规定，各类医疗机构都不承担公共行政职能，均不具备行政主体资格。

（二）协议双方的权利义务的划分

人社部2016年印发"基本医疗保险定点医疗机构医疗服务协议"范本（以下简称"2016版协议"），用于指导各地加强基本医疗保险医疗服务协议管理工作，规范定点医疗机构服务行为，提高医保基金使用效率。人力资源和社会保障部官网上最新的协议范本即为2016版协议，因此本文选取2016版协议作为研究范本，通过范本条文来分析协议双方的权利和义务。

1. 权利义务的来源

《经办规程》第2条第1款规定：定点医疗机构是指与社会保险经办机构签订服务协议，为基本医疗保险参保人提供医疗服务的医疗机构。从定义上看，定点医药机构的资格来源于服务协议，即通过签订服务协议获得定点医药机构的身份。实践中，在签订协议成为基本医疗保险定点医药机构后，医疗机构对于其提供的医疗服务，在规定范围与标准内产生的医疗费用，可以直接申请社会保险经办机构作出行政给付[②]。

[①] 喻术红、李秀凤：《迷局与反思：社会保险经办机构的主体定位》，《时代法学》2016年第10期。

[②] 赵娴：《基本医疗保险定点医药机构服务协议的性质解析》，《江苏理工大学学报》2019年第2期。

医疗机构和社会保险经办机构签订服务协议的目的是确保医疗机构顺利提供必需的医疗服务，确保社会基本医疗保险保险人给付义务的实现。

2. 社保经办机构的权利与义务

（1）社保经办机构的权利

任何协议的关键要素都在于对协议双方权利义务的规定①。在2016版协议总则规定了社会保险经验机构和定点医疗机构作为协议双方的权利和义务。分别为：社会保险经办机构的应当正确行使职权（第4条），拨付医疗费用（第5条），监督检查权（第9条）；② 概括来说，定点医疗机构提供合理必要的医疗服务，社会保险经办机构拨付医疗费用，并进行监督检查。

A. 监督检查权

社会保险经办机构与定点医疗机构之间存在监督管理关系。例如《城镇职工基本医疗保险定点医疗机构管理暂行办法》第15条规定："社会保险经办机构要加强对定点医疗机构参保人员医疗费用的检查和审核。"2018年11月，人力资源和社会保障部发布《社会保险经办管理服务条例（征求意见稿）》中第44条规定了社会保险经办机构应当通过信息比对、举报投诉专查、年度抽查等方式对履行服务协议、执行费用结算项目和标准情况等事项进行稽核，这对于督促医疗机构履行契约义务，减少纠纷，使协议的执行向预期方向发展具有重大的意义。这些条款是经办机构对定点医疗服务机构进行监督管理的根据。一般的合同法律关系更侧重于事后的救济，通常采取追究违约责任或者解除合同的方式来保护合同的非违约方。相比之下，这种事中的监督很少存在于合同法律关系之中。例如，经办机构可对定点医疗机构相关医务人员进行义务培训以使医务人员全面、及时掌握医保政策及制度要求；完善医保医师库的内容与信息；对医疗机构对被保险人的服务如对身份信息的核查，对知情权的保障以及其他便利性舒适性设施的改进提出建议；对医疗机构诊疗信息系统及其与经办机构的联网进行指导等。

---

① 莫于川：《行政职权的行政法解析与建构》，《重庆社会科学》2004年第1期。
② 夏云娇：《行政契约的界定——公共利益本体论视野下的再思考》，《探索与争鸣》2005年第9期。

B. 违约制裁权

一方面,经办机构可拒绝支付违约的医疗费用。① ①定点医疗机构将不符合住院条件的参保人员收入住院,社会保险经办机构有权拒绝支付医疗费用。②医生为参保人员进行检查治疗的收入与医生所在科室收入直接挂钩,社会保险经办机构有权拒绝支付相关费用。③超出基本医疗保险用药范围所产生的医药费,社会保险经办机构有权拒绝支付。④定点医疗机构违反物价政策,所售药品价格高于国家或省级物价部门定价的,社会保险经办机构有权拒绝支付差额部分。⑤定点医疗机构为参保人员提供的药品中出现假药、劣药时,药品费及因此而发生的相关医疗费用,社会保险经办机构有权拒绝支付。⑥社会保险经办机构有权拒绝医疗事故及后遗症所增加的费用。

另一方面,定点医疗机构可扣除医疗费用(或违约金额)①定点医疗机构或其工作人员非法收取药品回扣的,社会保险经办机构有权扣除该种药品的全部费用。②社会保险经办机构定期对门诊及外购药品处方进行总量5%的随机抽查,对违反规定的费用有权按比例放大后在给付时扣除。③定点医疗机构违反协议规定虚报费用或医护人员串通参保人员骗取医疗保险基金的,社会保险经办机构有权在偿付时扣除违约金额。

(2) 社保经办机构的义务

我们可以将社保经办机构的权利进行简单分类如下:一是征缴保险费的义务。缴收相应的保险费用是进行以后一切活动的基础,是保障以后在接受相应待遇过程中对价落实的前提,在我国,大多数地区的社保费用征收由相应的独立经办部门完成,税务部门也会参与其中。二是给付保险待遇的义务。投保人可以在规定范围内要求救济,但是前提是按时并且提供相当金额的医保,这是社保经办机构按照法律规定必须承担的义务,这种义务具有公法的主观属性。医保待遇和别的社保项目不同的是,它必须是通过医疗机构的辅助来共同履行。如果投保人遇到疾病,

---

① 杨华、沈继宇:《我国基本医疗保险法律关系的权利和义务探讨》,《长春工业大学学报》(社会科学版) 2013 年第 9 期。

可以携带自己的医保卡，到医保定点医院或者药店接受服务，但这种前提是病人必须是投保人本身，且该医院或者药店必须和经办机构是合作关系，这样投保人才能接受相应服务，在享受医疗保险的过程中，病人身份会受到社保经办机构的审核，审核完成后，医保的待遇即需足额支付，当相应的医保待遇被拒绝或无法足额完成，投保人可以向经办机构请求协助，要求相关机构履行义务。三是说明义务。《保险法》中规定了保险人有义务向投保人在确定投保之前说明保险内容中的免责项目。即便性质上有所差异，基本医保的内容中也应存有经办机构应向投保人说明的免责内容。原因就在于，经办机构与投保人之间不可避免地会有信息上的不对称，所以经办机构做好解释和告知是责无旁贷的。社保经办机构的说明性义务应在确立医保的法律关系正式生效之后产生，考虑到优惠的普遍性和规定的强制性，包含的内容主要是和投保人自身利益相关的待遇以及投保人缴费方面的记录。其中，笔者认为：行使职权，给付医疗费用，监督检查权都带有行政执法的色彩。这种行政权的公法义务通过私法形式得以体现，其权利义务的本质还是追求公共利益的实现。

3. 定点医疗机构的权利与义务

（1）定点医疗机构的权利

定点医疗机构作为协议一方当事人，可以与社保经办机构协商签订医疗服务合同。主要权利包括：①获取医疗服务费用，并也应当设置相应的违约金条款。在经办机构迟延支付医疗费用，不当拒付医疗费用时，可要求经办机构承担违约金责任。②主张经办机构承担违约或侵权责任的以损失赔偿为主的其他权利。经办机构因为不当监管等行为导致医疗机构及医务人员损失的，应当承担赔偿等法律责任。③要求经办机构提供培训等服务的权利。④监督与建议权。2016年版范本规定，医疗机构有权监督经办机构执行法律法规和履行职责的情况，投诉或举报经办机构工作人员的违法违规行为，向经办机构提出合理化建议。⑤要求缔约的权利。医疗机构在符合经办机构的一般条件时，有要求经办机构提供缔约机会的权利。自2015年取消两定审核的政策出台以来，目前定点医疗机构的选择采取申请制，只要定点医疗服务机构符合相应的条件，并提交相关的申请材料，社保经办机构就应当与之签订定点医疗服务协议。

（2）定点医疗机构的义务

在2016版协议的总则中，规定了定点医疗机构应当为参保人员提供合理必要的医疗服务（第六条）。通过对协议和相关规定的分析，可以将定点医疗机构进行简单分类：（1）提供合理、恰当的医疗服务。医疗机构的医疗服务应当符合行业职业要求，应当为被保险人提供便利并最大限度满足被保险人的医疗需求，在医疗费方面还应符合医保设定的标准并遵守国家和地方关于医疗服务的特定要求。（2）对被保险人的审查与管理义务。经办机构替被保险人付费，但并不直接介入被保险人治疗过程，医疗机构直接提供医疗服务是医保基金的"守门人"，其有可能也有义务对被保险人的身份和医疗需求给予合理审慎的审查与服务，并将相关情况及时告知经办机构。（3）实施完善的信息管理，接受医保等监管部门的联网审查的义务。经办机构的日常监管越来越依赖信息系统的智能审查，经办机构应当完善该系统并进行实时审查。（4）宣传与告知义务。作为直接接触被保险人的医疗服务机构，医疗机构应承担相应的医保宣传告知义务。关于医疗机构的解除权问题。通常来说，在行政主体违约或违法的前提下，相对人可以单方解除行政合同。本文认为在医疗服务协议中，定点医疗机构原则上不享有单方解约权。医疗服务协议并不单单涉及定点医疗机构与经办机构，而关涉医保患三方当事人，其订立与履行是以被保险人利益为核心的；由于被保险人具有不特定性及分散性，在经办机构单方解除契约的情形下，很难充分保障被保险人利益，因此基于公共利益属性，应限制定点医疗机构的单方解约权。同时，为了保护医疗机构的权益，对医疗机构因无法行使单方解约权所遭受的损失，应给予合理补偿。

四 协议定性的重要性及必要性

准确界定医疗服务协议的内涵及其法律属性，对于维护被保险人权益、合理分配经办机构与定点医疗机构之间的权利义务、准确界定经办机构的行政职责与协议履行职责、更好地构建与完善法律救济制度，促进基本医疗保险事业的良性发展,具有极其重要的意义。明确经办机构自身地位和协议书属性,有利于各方的医疗保险工作①。

(一) 有利于更好地维护被保险人权益

在基本医疗保险中,被保险人的医保权益主要包括两个方面,获得尽可能优质的医疗服务及尽可能少的支付医疗费用。这两个权益在本质上都是由经办机构保障的,但主要均通过定点医疗机构实现。② 因此经办机构与定点医疗机构之间的关系、两者义务或职责的履行状况,将直接体现为被保险人权益的实现程度。例如,定点医疗机构的服务态度、告知等医疗伦理义务的履行状况、自费项目的告知与收费状况等,对被保险人的权益影响很大。而医疗服务协议属性直接决定了经办机构对定点医疗机构的能动地位,医疗服务协议的性质不同权利义务的配置不同,经办机构是否拥有监督等权限也不同,对定点医疗机构的制约及其义务覆行的影响自然也不相同。因此,不同性质的医疗服务协议,对于定点医疗机构服务的供给、协议义务的履行将产生不同的影响,从而影响被保险人权益的实现。

(二) 有利于准确配置经办机构与定点医疗机构之间的权利义务

民事协议双方当事人拥有平等的法律地位,经办机构不能主导协议的订立与履行;经办机构不能对定点医疗机构行使管理、监督等职权,经办机构不能非因协议约定而单方解除或终止协议;既不能适用行政法上的基本原则如依法行政原则对经办机构的权力进行限制,同时基于民事协议自由的原则,也不能对经办机构的缔约权多加干涉。如果赋予行政合同当事人享有与私法合同当事人相同的自由,则使行政服务存在商业化的危险。③④ 如果将本属于行政协议的医疗服务协议错当为民事合

---

① 程苏华等:《基本医疗保险服务协议的调查分析》,《中国医院》2012 年第 1 期。
② 非直接结算医疗费用时,则由经办机构直接履行支付义务。
③ [德] M. P. 赛夫:《德国行政法——普通法的分析》,周伟译,山东人民出版社 2006 年版,第 101 页。
④ [日] 博方:《日本行政法》,杨建顺、周作彩译,中国人民大学出版社 1988 年版,第 64 页。

同，自然就赋予私法合同的协议自由，这就从制度创造了滋生腐败的土壤也极其不利于医保制度的发展。因为在民事协议中，一方当事人是不可能对另一方当事人进行监督检查的，双方产生争议包括事实争议，只能寻求民事司法制度的救济，这显然不利于医保事业的发展。例如，经办机构调查认定定点医疗机构"大处方""多检查"等不当行为，并据此拒付相应费用，如果该查处无法及时解决，定点医疗机构转而要求被保险人承担费用，即便在经过复杂的复议、诉讼程序之后，确定定点医疗机构应当自行承担该费用，也将对被保险人发生实质的损害。因此恰当的做法应当是，基于协议的约定，经办机构的此类具有行政执行力的行为得发生直接效力，定点医疗机构享有寻求司法救济的权利，但在推翻经办机构的处分行为前，该处分行为应当得到履行。

（三）有利于增强定点医疗机构的透明性遏制骗保现象

目前，医保领域的违法违规现象的滋生，与对医疗服务协议属性不明是有密切关系的。只有属性明确、定位准确，才能更为精确地界定协议各方的责、权、利，才能更好地激发经办机构的能动性同时限制其不利倾向。只有明确经办机构的行政主体地位，不仅存在滥用职权输送利益、损害定点医疗机构及被保险人权益的可能，而且存在渎职侵权的可能。因此对经办机构的性质、地位进行准确定位并规制，有助于建立更为透明、公正的医保运行体系。

（四）有利于完善法律救济程序

医疗服务协议的法律属性不同，其适用的法律则不同，法律救济程序也不同。在不同的法律救济程序中，司法理念与具体规则存在显著差别，这对协议当事人及第三人都将产生不同的影响。区分民事合同与行政合同的意义在于，明确两者的各自救济途径，即民事合同纠纷，通过民事诉讼程序或仲裁程序解决；行政合同纠纷通过行政复议或行政诉讼途径解决。明确两者法律适用上不同，确保正确适用法律。[1] 而在定点

---

[1] 叶伟平：《行政合同纠纷几个法律问题探讨》，《行政法学研究》2005年第3期。

医疗保险服务中,如果将定点医疗保险服务协议认定为民事合同,那么除非有法律强制性规定、协议明确约定或符合情势变更原则,任何一方当事人都不能单方提前终止合同;在符合情势变更原则时,当事人可以提前解除合同,另一方当事人不能强制对方当事人履行合同。一方面,社保经办机构无法行使监督管理权,合同争议只能作为民事纠纷来进行救济,而民事救济一般以事后救济为原则,民事合同侧重追究合同违约方的违约责任[①];另一方面,合同争议作为民事纠纷排除了劳动和行政保障部门作为主管部门的行政职权,此时发生纠纷只能向法院起诉,如果当事人不向劳动和社会保障部门申请,劳动和社会保障部门根本无权处理。而在行政合同中,规则则不同。在此基础上,法律救济程序的完善也将面临不同的发展方向,这对包括医疗服务协议制度在内的整个社会保险、社会保障制度的救济与保障都将产生深远的影响。

五 协议管理之协议性质的厘定

(一) 关于医疗服务协议法律属性的三种观点

自国务院《关于建立城镇职工基本医疗保险制度的决定》及劳动和社会保障部、卫生部、中医药管理局制定的《城镇职工基本医疗保险定点医疗机构管理暂行办法》确定实施定点医疗保险服务以来,定点医疗服务协议的性质一直存有争议。目前,学界大致存在以下3种观点。

1. 行政合同说

主要理由是医疗保险经办机构作为法定机构,按相关法规授权履行职责,属于行政主体;医保经办机构代表参保人员的利益,优先考虑对公共利益的保障,具有公益性;协议的内容及违规处罚体现行政管理意志,医院应服从监督,经办机构具有主导权。[②]

"行政合同"是否在我国成立,成为许多学者否定行政合同说的理由。因为我国目前还没有具体的行政合同立法,司法实践中也尚不明

---

① 丁秋龙:《论定点医疗保险服务协议的性质》,《南京中医药大学学报》(社会科学版) 2011年第3期。
② 吴光:《完善协议管理构建和谐医保》,《中国医院》2010年第4期。

晰，在民法学界的学者看来，行政合同不过是民事合同的一种。① 以梁慧星、王利民教授为代表的民法学者认为行政合同不能因为行政主体的存在或是强制签约而否认其中本质属于市场交易的行为，改变不了市场交易行为的性质。② 尽管如此，学者们大多数坚持认为我国是存在行政合同并且不同于民事合同，行政合同在政府进行行政管理中的应用已属事实。③ 于是，学者们提出了各种行政合同不同于民事合同的理由，对于行政合同的界定也是众说纷纭，将分歧归纳后，主要体现在以下三个方面：首先，合同的一方当事人为行政主体；其次，合同具有政府实施管理和实现社会公益的目的；最后，合同中体现了行政优益权。

有学者提出，根据以上学说理论分析可以得出，定点医疗服务协议的性质系行政合同。目前，社保经办机构的性质尚不明确，且各地规定不一，不能做出统一的性质划分。但根据我国《社会保险法》的相关规定，有学者认为，首先，社保经办机构具有管理的行政性职能，即具有法律授权的行政职权，应当属于行政主体。其次，从定点医疗服务协议的目的来看，不只是定点医疗机构与社保经办机构签订协议为参保人提供医疗服务从而获利这一私益目的。更多的是因为医疗资源不均衡，医疗市场秩序混乱，就医困难与就医矛盾等，政府为了保证人们基本的医疗条件与资源，站在管理者的角度干预医疗市场，以达到国民能够享受到基本医疗的社会公益目的同时也达到政府管理医疗市场的目的。最后，定点医疗服务协议体现了行政优益权。④ 学者提出，从《社会保险法》以及各地的医疗保险条例的相关规定可知，经办机构具有统筹确定定点医疗机构的权利，以及合同履行中的监督权和合同单方解除权。定点医疗机构的最终选择是由经办机构做出的，据此认为经办机构在选择

---

① 王想军：《行政合同司法审查》，法律出版社 2013 年版，第 6 页。
② 梁慧星：《民法学说判例与立法研究（二）》，国家行政学院出版社 1999 年版，第 18 页。
③ 江必新：《中国行政合同法律制度—体系、内容及其构建》，《中外法学》2012 年第 6 期。
④ 余军华：《从行政契约角度谈医疗保险社会治理问题——以定点医药机构协议管理为例》，《中国医疗保险》2018 年第 8 期。

定点医疗机构上具有准入权,而其监督权体现在社会保险经办机构有权检查定点医疗机构执行医疗保险规定的情况。定点医疗机构与社保经办机构的结算方式采用后付制,即参保人在医院所结算医疗费用时,只交付了个人需交付的费用,社保基金账户中的费用由年底统一结算支付,社保经办机构在核查结算时发现不符合规定的费用,不予支付。在合同履行过程中,社保经办机构如发现定点医疗机构,严重违反协议的行为且影响到公共利益时,可以行使单方解除权。

2. 民事合同说

1999年《城镇职工基本医疗保险定点医疗机构管理暂行办法》第11条规定,协议明确双方的责任、权利和义务,协议有效期一般为1年。任何一方违反协议的,都有权解除协议,但须提前3个月通知对方和有关参保人,并报统筹地区劳动保障行政部门备案。据此,有学者认为定点医疗机构与社保经办机构是平等的民事主体,双方不仅具有平等的合同解除权,并且在签订协议的过程中,定点医疗机构也可以不同意社保经办机构所提出的条件为由而拒绝签订,从而体现了双方的意志自由和地位平等。因此认为经办机构与服务机构之间是平等的民事关系,① 经办机构是医疗服务购买法律关系中的民事主体。按照社会保险的一般原理,社保基金与公共财政资金不同,经办机构是统筹地区参保人利益的代表,其与医疗服务机构的地位平等,系受参保人的委托向医药机构购买服务,这与代表公共利益的政府部门向社会机构购买公共服务的性质是存在本质差别的。

另外,学者们对于社保经办机构的性质提出了质疑,因经办机构一般属于各地区人社部门的下属单位或者局属机构,其性质是否属于行政单位,又是否具有行政权,成为众多学者否认该协议为行政合同的关键原因,因为社保经办机构不属于行政主体,则应当作为民事主体与定点医疗机构一样,二者的法律地位是平等的。对于有学者提出的,② 协议

---

① 娄宇:《论医疗服务协议对骗保行为的规制方法——惩罚性赔偿的法理与制度设计》,《中国医疗保险》2018年第10期。
② 马晓静、胡翔:《我国定点医疗机构医疗保险相关违规行为及其监管研究》,《中国医院管理》2011年第3期。

中有对定点医疗机构管理监督的条款体现了行政性的说法，支持民事合同说的学者反驳称，对定点医疗机构实施实质性的管理行为、监督行为乃至处罚行为，都是由社保经办机构的上级行政单位即各地区的人社局来进行的，社保经办机构首先不具有行政主体资格，其次并未获得法律法规的授权，不能实施行政行为。①

社保经办机构是社会保险行政部门的下属事业单位，被授权对统筹基金进行筹集和管理，不包括对定点医院的行政管理权，其对定点医院的管理是纯事务性管理，不带有行政管理的性质，双方是平等的交易关系，不存在一方将自己的意志强加给另一方的权利，这是一种民事法律关系，属民事合同范畴。还有学者指出，我国在构建医疗保险制度的最初目的是建立平等的民事主体关系，通过合同明确双方的法律义务责任和权利，②原劳动保障部医疗保险司司长乌日图也认为，社会保险经办机构与定点医疗机构签订合同，涉及提供定点医疗服务、医疗费用结算和审批等方面，建立平等的民事关系，而不是行政管理关系。③ 有学者以《社会保险法》第 7 条关于"国务院社会保险行政部门负责全国的社会保险管理工作，国务院其他有关部门在各自的职责范围内负责有关的社会保险工作"的相关规定，认为经办机构并非行政主体，而仅仅是非营利性的公共机构，同时还认为美国、德国的医保公司确定与其合作的医疗机构，这不是来自行政权力，而是管理的需要。④ 此外，有学者认为将定点医疗服务协议认定为民事合同，更有利于引入竞争机制和谈判机制，⑤有利于解决社保经办机构与定点医疗机构之间的纠纷，更好地规制医保基金欺诈问题。建立民事主

---

① 睢素利：《关于基本医疗保险服务协议相关法律问题的探讨》，《中国卫生法制》2012 年第 1 期。
② 刘继雁：《定点医疗机构骗取医保资金构成合同诈骗罪》，《人民司法》2011 年第 10 期。
③ 乌日图：《〈定点医疗机构管理暂行规定〉答记者问》，http://www.law-lib.com/fzdt/newshtml/21/20050709142329.htm/2014-05-08.
④ 郑雪倩等：《基本医疗保险服务协议的法律问题研究》，《中国医院》2012 年第 1 期。
⑤ 娄宇：《论医疗服务协议对骗保行为的规制方法——惩罚性赔偿的法理与制度设计》，《中国医疗保险》2018 年第 10 期。

体关系相比行政关系而言，有着更加高效快捷的纠纷解决机制，同时在调整医疗服务市场中起到更大的调节作用，政府与市场的角色定位也显得更加合理，有利于医疗服务成本的降低和定点医疗机构的良性竞争与发展。

3. 行政私法合同说

行政私法合同以行政私法行为理论为基础。① 行政私法这一理念由德国学者沃尔夫于1956年在其行政法教科书中首度提出。他认为，行政机关为实现公法任务而成立的私法关系，无论在形式上还是内容上，均与国库行政存在差异，故应适用行政私法理论。行政私法行为的特色在于，行政机关对于其从事之私法行为并非享有完全的私法自治，而是受到若干公法上的限制。② 行政私法这一概念被提出的主要目的是解决行政机关在进行行政私法活动时的法律适用和公民权利保护问题。有学者认为行政私法合同系行政机关或法律、法规授权的组织为了直接实现行政法的目的和任务，基于一般私人的地位，与公民、法人和其他组织等私人主体缔结的兼具民法上权利义务和行政法上权利义务的协议③。从定义来分析可知其是行政主体运用私法合同达致行政公法目的的手段，基本医疗保险服务协议符合行政私法合同的特征和本质属性，且有主体平等性、兼具公益性和私益性、具备公法和私法双重属性④，从实质来看，基本医疗保险服务协议体现了政府对社会医疗保险的管理要求与意志，其确定定点关系及双方的权利、义务、责任等特别是在确定定点关系上充分表达了行政合同的内涵。医疗保险服务协议具有行政合同与经济合同双重特性⑤。因此，其法律性质是行政私法合同。具有行政合同与民事合同双重特性。

---

① 王克稳：《政府合同研究》，苏州大学出版社2007年版，第76页。
② ［德］汉斯·J. 沃尔夫、奥托·巴霍夫、罗尔夫·施掖贝尔：《行政法》，高家伟译，商务印书馆2002年版，第219页。
③ 邹焕聪：《行政私法理论在合同制度中的展开——论行政私法合同的内涵、性质与界分》，《现代法学》2010年第5期。
④ 杨华：《基本医疗保险服务协议的法律性质探讨》，《中国卫生法制》2013年第3期。
⑤ 马朝旭：《关于基本医疗保险服务协议法律定位的探讨》，《河北能源职业技术学院学报》2009年第4期。

（二）医疗服务协议应属行政合同

1. 医疗服务协议非行政私法合同

医疗服务协议与行政私法行为是不同的。有观点认为："行政合同行为在有些国家被称为行政私法行为，亦即行政主体应用私法手段实现公益目的的行为。"① 行政主体运用私法之方式，来达成国家任务时，则可称为国库行政或私经济行政，包括行政辅助行为、行政营利行为、行政私法行为。所谓行政私法行为，是以私法行为来直接达成国家之任务，如公立医院提供医疗服务、治安机构雇员协助治安工作。② 在私法形式之行政给付行为中之给付行政，系针对人民生存条件及改善上，以保障及生存照料为出发点，所为直接之促进或分配之行政，如供给人民水、电、瓦斯，或提供邮递、电信、客货运输之服务，设置学校、医院等。③ 由前可知，兼具公法与私法上的权利义务是行政私法合同的重要因素。医疗服务协议指的是作为行政主体的经办机构与医疗服务机构之间的协议，而与医疗服务协议有关联的行政私法行为指公立医疗服务机构与人民之间的医疗行为，两者指称对象显然不同。

虽然在某些领域，公法与私法存在交叉，但就某一具体行为的性质，其最终应当根据合同特征具体加以分析。给付行政除依法律规定，应藉公法组织形式执行者外，国家可视实际情况，决定应以私法或公法组织形式，去遂行其给付行政任务。以公法组织者，其利用关系上得为公法关系或私法关系；以私法组织，除非受托行使公权力者，其利用关系仅得为私法关系。④ 对医疗服务协议而言，需要具体判断究竟适用行政法还是民事法，例如：在没有约定的情况下，经办机构是否可以基于公共利益的考虑而单方解除协议，如果适用民事法则不能解除；如果适用行政法，则可以解除。在现行诉讼救济程序下，必须回答究竟适用行

---

① 应松年：《行政法与行政诉讼法》，中国政法大学出版社2012年版，第145页。
② 陈新民：《行政法学总论》，台北三民书局2005年版，第36—41页。
③ 李震山：《行政法导论》，台北三民书局2011年版，第232页。
④ 李震山：《行政法导论》，台北三民书局2011年版，第232页。

政救济程序——行政复议和行政诉讼，还是适用民事救济程序——仲裁与民事诉讼，不存在第三道路。因此，行政私法合同无法完全涵盖医疗服务协议的本质，在法律适用和救济方式上亦无法给出统一的解决路径。

2. 行政合同与民事合同的区分标准

（1）两类合同之简单比较

行政合同是指行政主体为了行使行政职能、实现特定的行政管理目标或为了实现公共利益，而与公民、法人和其他组织，经过协商，相互意思表示一致所达成的协议。[①] 而根据《中华人民共和国合同法》第二条第一款的规定，民事合同是指"平等主体的自然人、法人、其他组织之间设立、变更、终止民事权利义务的协议"。行政合同与民事合同最大的相同点在于都具有"合同"的性质，都要贯彻合同的基本原则，即指为法律所确认的，在合同订立、履行变更或解除过程中所应遵循的基本准则。[②] 合同双方的合意是合同成立的基础，如果不能达成合意，则合同不能成立；双方的合意一旦确立，对双方都具有约束力，任何一方违反约定都将承担违约责任。行政合同与民事合同有很多各自不同的特点，本文需要区分民事合同与行政合同，故从目的、形式、责任承担、救济途径等方面对二者相关特点做了简单的对比：

表1　　　　　　　　　行政合同与民事合同之比较

特点	行政合同	民事合同
目的	实现公共利益	实现当事人利益
形式	一般要求书面形式	书面、口头或其他形式均可
适用法律	民事合同法和行政法	民法、合同法等民事法律
特权	为便于行政管理和保护公益，需要有合同履行指挥权、监督制裁权、单方变更或解除合同权等特权	一般双方无特权，特殊的情况下可以要求变更或撤销合同

[①] 罗豪才、湛中乐：《行政法学（第四版）》，北京大学出版社2016年版，第279页。

[②] 刘世彧：《论定点医疗机构医疗保险协议的行政合同性质》，卫生法学与生命伦理国际研讨会论文，2014年，第235—238页。

续表

特点	行政合同	民事合同
信息公开	因涉及公共利益，除涉及国家秘密、商业秘密或个人隐私的，都应向全社会公开，包括合同订立过程和协议内容的公开	一般不公开
合同责任承担方式	行政补偿或补偿，民事合同的违约责任承担方式	违约金、定金、赔偿损失、继续履行、采取补救措施或解除合同
救济途径	双方协商，行政调解，行政复议和行政诉讼	双方协商，调解，仲裁和民事诉讼
证明责任	行政主体就未履行或行使行政特权的合法性进行说明	原则上"谁主张谁举证"，特殊情况下举证责任倒置

（2）两类合同区分标准之确定

合同的定性应当围绕合同要素展开，一般而言，合同包括三个方面即主体、客体及内容。但是行政合同和民事合同的区分一直是理论界的一大难题。费孝通先生早在1938年就在《乡土重建》中提道："任何对于中国问题的讨论总难免流于空泛和偏执；空泛，因为中国具有这样长的历史和这样广的地域，一切归纳出来的结论都有例外；偏执，因为当前的中国正在变迁的过程，部分或片面的观察都不易得到应有的分寸。"[①]正是因为中国有着我们特有的国情，合同的认定标准不能直接采用其他国家的区分标准，而应从我国实际出发，探索行政合同与民事合同的区分标准。目前我国理论界认为，行政合同的行政性表现在：其一，合同的主体必须有一方是行政机关。这里的"行政机关"是以行使行政职权为目而与行政相对人订立合同的主体，如果行政机关为其他目的则不是行政合同。其二，合同的内容是具有公益性的行政管理事务。合同内容是私益还是公益是决定合同是民事合同还是行政合同的重要标准。其三，行政机关在合同中享有行政优益权。行政机关所享有的行政优益权显示出其与相对人在合同中不平等的法律地位。行政机关在行政合同中拥有这种权力的基础是公共利益的优越性。[②]其所主张的主体、目的以及行政

---

① 费孝通：《乡土重建》，岳麓书社2012年版，第57页。
② 姜明安：《行政法与行政诉讼法》，北京大学出版社、高等教育出版社2015年版，第311页。

优益权三项标准,是行政法学界的通说观点。而且,该标准也获得了实务界的赞成。① 稍有差别的是,在主体标准上,有学者更加强调行政合同中当事人之间管理与被管理的不平等关系。② 因此,本文在厘清医疗服务协议的性质时,采取行政法学界的通说标准,即合同主体(一方为行政主体,双方地位不平等)、合同目的(公共利益、行政管理)、合同内容(行政优益权)等方面对民事合同与行政合同分析医疗服务协议的行政性。

3. 医疗服务协议应为行政合同

(1) 从合同主体上看

目前学界对这一问题存在争议,这也直接影响了对医保服务协议性质的判断。在大陆司法实践中,大部分以社保机构为主体的社会保险纠纷案件均是作为行政复议和行政诉讼受理和处理的。如果以民事诉讼起诉社保机构,司法机关只能驳回起诉。因此司法实践很明确,在社会保险争议中,社保机构属于行政主体,此类争议属于行政争议。比如存有法院将社会保险经办机构定性为受委托组织的判决,即江苏省徐州市泉山区人民法院在案例评析中提道:"社会保险经办机构受劳动保障部门委托行使职权,行为的法律后果应由委托人劳动保障部门承担。"③ 但由于因社会保险经办机构的职权问题而涉诉的情况本来就很少,因此这一判决也很难被认定为实务部门的一贯做法和共同态度。如前所述,医疗保险经办机构一般被认定为事业单位,不是行政机关。事业单位行政主体资格的认定一般取决于两点:一是该机构是否承担维护公共利益的职能;二是其功能实现是否有明确法律授权。

A. 该机构承担维护公共利益之职能

行政权的归属者,称为行政主体。④ 中国的社保机构与美国、德国

---

① 孙晓光:《加强调查研究探索解决之道——就民商事审判工作中的若干疑难问题访最高人民法院民二庭庭长宋晓明》,《人民司法》2007年第13期。
② 胡敏洁:《困境与尴尬:行政契约的司法审查》,《全球时代下的行政契约》,清华大学出版社2010年版,第19—121页。
③ 王平:《劳动保险行政主管部门和社会保险经办机构职能如何划分》,2005年5月8日,https://www.chinacourt.org/index.php/article/detail/2005/05/id/161420.shtml。
④ [日]南博方:《日本行政法》(第2版),杨建顺译,中国人民大学出版社2009年版,第11页。

的医保公司是完全不同的。美国医疗保险的运行采取的是商业保险模式其经办主体为商业保险公司,除非有法律规定或委托,其天然地属于市场主体,而不属于行政主体。但由于政府举办的医疗保险具有公共产品属性,商业保险公司在承办此类公共产品时,并不完全属于市场行为,而要受到行政法的制约。美国虽然不存在行政诉讼程序,并不完全属于市场行为,而要受到行政法的制约。美国虽然不存在行政诉讼程序,但其医疗服务协议的争议仍可能受行政法官管辖。[①] 德国社会医疗保险是由同业工会负责经办,其本质上也不属于政府机构,但即便如此,德国也未将医疗服务协议争议界定为民事争议,并非由普通法院管辖。而在中国,经办机构属于政府机构而非公共机构,此点并无疑义。作为政府机构,其业务亦为实施政府职能,经办机构不属于行政机关,并不意味着其不能成为行政主体。

经办机构对定点医疗服务机构行使行政管理权。行政是国家在其法律制度范围内,为实现国家目的而进行的除司法以外的活动。[②] 通论认为,行政指立法和司法之外的国家作用。从社会保险的建立、实施、监督、管理、政府权责等诸方面考察,可以明了在我国社会保险的实施是政府的一项职责和作用,属于政府的行政职能范畴。从整体来看,社会保险经办机构的职能包括:社会保险登记;社会保险费申报与征缴;社会保险个人权益记录管理;社会保险待遇的计发;社会保险稽核;社会保险基金的管理与运营等。这些职能均属于行政职能,且医疗保险经办实属公共利益范畴,因此经办机构行使这些职权,属于行使行政职权。

从经办机构的特有职能看,有学者认为社会医疗保险经办机构一般为社会公益型事业单位,不具备行政主体资格,它不是国家行政机关,也不是经法律、法规授权行使行政处罚权的组织,不具有行政处罚权和处理权。[③] 这一观点误读了行政主体的内涵和外延,首先,从行政主体

---

① 陈定伟等:《美国、德国医疗保险服务协议相关法律问题及对中国的启示》,《中国医院》2012年第1期。
② [德]奥托·迈耶:《德国行政法》,刘飞译,商务印书馆2002年版,第14页。
③ 马朝旭:《关于基本医疗保险服务协议法律定位的探讨》,《河北能源职业技术学院学报》2009年第4期。

的内涵来看，行政主体是指享有国家行政权，能以自己的名义行使行政权，并能独立承担因此而产生的相应法律责任的组织。① 由于行政权的内容广泛，具体的行政机关只能享有和行使专属于其自身的行政职权，行政职权本身就有专属性和具体性这一内在限制，但只要具备相应的行政职权即有条件成为行政主体。具体来说，行政职权并不只有行政处罚权，社会保险经办机构依据国务院的行政法规和相关部委的规章并没有取得行政处罚的职权，但这并不否认它被授予了其他的行政职权，在定点医疗保险服务中就是对协议实施过程的监督检查、管理的权力，而这一权力是一般民事合同所无法赋予的，具有鲜明的行政权力色彩。社会保险经办机构享有这一行政职权，并同时符合其他构成要件即合法的享有行政主体资格。可见以其不具有行政处罚权为由否认其行政主体资格的观点是站不住脚的；其次，从行政主体的外延上来看，行政主体还包括被授权组织这一类型，而被授权组织包括社会团体、行业组织、行政机关的内设机构和派出机构以及企业、事业组织等类型，其中法律法规授权事业单位行使特定行政职能的情况是较多的。② 不能仅仅以社会保险经办机构属于社会公益型事业单位为由来否认其行政主体资格，恰恰相反，许多社会公益型事业单位在实践中充当了行政主体的角色。

B. 其功能实现具有明确法律授权

学界主流观点认为行政授权和行政委托的区别主要有三点区别：首先是依据上的差别，行政授权的依据是法律、法规或者规章的明文授权规定，而行政委托虽也要依据法律进行，但除税收、行政许可外只要不违背法律精神和法律目的即可实施委托。其次是方式上的差别，行政授权必须符合法定的方式，而行政委托的方式都是行政主体在行政管理活动中以较具体的委托决定来进行的，有关委托事项都在委托决定中予以明确。最后是法律后果上的差别，即能否取得行政职权以及能否独立承担法律责任的差别。③

一个必须注意的基本事实是，经办机构并不完全是一个独立机构，

---

① 王克稳：《论行政合同与民事合同的分离》，《行政法学研究》1997 年第 4 期。
② 姜明安：《行政法与行政诉讼法》，北京大学出版社 2006 年版，第 138—142 页。
③ 罗豪才、湛中乐：《行政法学》（第四版），北京大学出版社 2016 年版，第 78—80 页。

在不少地方，经办机构即是社保机构，由一个独立的社保机构负责经办养老、医疗、工伤等各项社会保险，甚至负责征收社会保险费。在经办机构统一的地方，社保机构的性质就是经办机构的性质。即便在经办机构分立的地方，基于我国社会保险的统一立法与整体架构，经办机构的主体地位应当与其他经办机构的主体地位相同。而《城镇职工基本医疗保险定点医疗机构管理暂行办法》第15条规定："定点医疗机构应配备专兼职管理人员，与社会保险经办机构共同做好定点医疗服务管理工作。"第15条规定："社会保险经办机构要加强对定点医疗机构参保人员医疗费用的检查和审核。"这些规定明确了社会保险经办机构行使对定点医疗保险服务进行监督管理的职权，从法律依据上来看，社会保险经办机构所行使的职权是明确依据行政法规、部门规章的具体条款规定取得的，而不是根据法律法规的精神目的来取得的；从实施方式来看，社会保险经办机构的职权不是通过劳动和社会保障部门签订具体的委托管理协议而取得的，它们之间不存在这样一种委托管理权的协议，其职权是根据行政法规、部门规章对这一机构的设置组成的相关规定而确立的。从依据和方式两个角度来看，这一机构都应当属于被授权组织的范畴。

综上所述，笔者认为依据《国务院关于建立城镇职工基本医疗保险制度的决定》《城镇职工基本医疗保险定点医疗机构管理暂行办法》的相关规定和学界关于行政授权与行政委托划分的理论，社会保险经办机构应当属于被授权组织的范畴，享有行政职权，具备行政主体资格。

（2）从合同目的上看

医疗服务协议，不只是定点医疗机构与社保经办机构之间签订的为参保人提供医疗服务从而获利这一私益目的。更多的是因为医疗资源不均衡，医疗市场秩序混乱，就医困难与就医矛盾等，政府为了保证人们基本的医疗条件与资源，站在管理者的角度干预医疗市场，以达到国民能够享受到基本医疗的社会公益目的，同时也达到政府管理医疗市场的目的。因此，协议签订的目的是维护社会公共利益，履行行政职责，由于劳动和社会保障部门本身不具备提供医疗卫生服务的能力，因此由社会保险经办机构通过合同将一定的医疗资源给付行政相对方——定点医疗机构，医疗机构则通过协助实现其行政管理目标而从社会保险经办机构处获得一定的报酬。这种方式既间接地维护了社会公共利益，也符合等价有偿的原则。现有观点对协议的目的没有太大的争议。

（3）从合同内容方面看

A. 定点医疗机构事先需经评估管理

定点医疗机构是指与经办机构签订服务协议，为基本医疗保险参保人提供医疗服务的医院和药店等医疗机构。凡是持有《药品经营企业许可证》《药品经营企业合格证》和《营业执照》的零售药店均可自愿申请承担医保定点服务。国家对规范定点医疗服务机构管理制定了一系列文件。1999年，原劳动保障部下发的《关于印发城镇职工基本医疗保险定点零售药店管理暂行办法的通知》，明确了审查和确定定点医疗机构的原则、资格和条件。社会保险经办机构要与定点医疗机构签订包括服务范围、服务内容、服务质量、费用结算办法以及医疗费用审核与控制等内容的协议，明确双方的责任、权利和义务。由此可知，在此之前经办机构对于定点医疗机构的选择具有审核的职能，经办机构拥有选择权。

2015年，国务院发布《关于第一批取消62项中央指定地方实施行政审批事项的决定》，人力资源和社会保障部印发《关于完善基本医疗保险定点医药机构协议管理的指导意见》，决定取消社会保险行政部门实施的"两定资格审查"，转变行政管理方式，努力营造公开透明的市场环境，鼓励和引导各种所有制性质、级别和类别的医药机构公平参与竞争。从重准入转向重管理，着重加强事中、事后监管，通过服务协议明确经办机构和定点医疗机构双方的权利义务，规范医药机构服务行为，完善退出机制，提高管理效率。虽然"两定资格审查"已经被取消，人社部亦未出台相关规章规定定点医疗机构需符合哪些条件才能成为适格的医疗服务协议一方主体，但从目前的各省市的具体做法来看，各省市对于定点医疗服务机构的选择均有相关规定。以北京市为例，2017年1月16日北京市人力资源和社会保障局关于印发《北京市基本医疗保险定点医药机构协议管理办法（试行）》的通知中第二章申请受理第十二条规定："依法经主管部门批准取得执业许可的医疗机构、依法经主管部门批准取得经营许可的零售药店，在开展新增定点医药机构工作时，可按规定申请签订服务协议。"第13条则详细规定了申请签订服务协议的医药机构应具备的基本条件，主要包括：1. 本市行政区域内，符合本市医疗机构、零售药店设置规划；2. 经主管部门批准，取得有关执业（经营）许可；3. 符合国家和本市的医疗机构、零售药店设置标准；4. 遵守国家和本市医疗服务管理、药品管理、价格管理等方面的法律、法规及其他规范性文件；5. 建立医疗服务管理、药品管理、医疗器械管理、费用管理、内部管理、财务管理等制度；6. 有稳定的执业（经营）场所，且已连续执业（经营）达到一定时限；7. 配备必要的信息系统，并有相应的管理人员；8. 工作人员具备相应的从业资质，人员配置符合有关规定；9. 按规定参加社会保险，机构及其法定代表人无社会保险不良记录；10. 符合国家和本市有关规定的其他条件。不仅规定了定点医疗机构应当符合的条件，该管理办法第三章还规定了评估管理的相关条款[①]，涉及第17条到第31条，比如第17条规定："区医疗保险经办机构对接收材料的医药机构开展考察评估工作，包括社会保险诚信信息核查、资料查验、现场检查、函询区级相关行政部门、区级专家评估和公示。"该章其他条款详细规定了这六个方面的评估细则。此外，第29条还规定："市医保中心与评估审定合格医药机构就服务协议内容进行协商。"根据《北京市基本医疗保险定点医药机构协议管理办法（试行）》中的规定，我们可以看出虽然两定机构的审核已经被取消，但经办机构在签订医疗服务协议之前仍然对定点医疗机构具有评估管理的职能，从这个方面来说，双方并不是完全平等的主体之间签订的协议，医疗机构如果想要成为定点医疗机构，事先必须符合法律规定的各项条件并通过经办机构对其的各方面评估管理，因此双方并非平等的民事主体。

B. 经办机构具有事中监督权

社会保险经办机构与定点医疗机构之间的监督管理关系。如《城镇

---

① 参见北京市人力资源和社会保障局官网，http://rsj.beijing.gov.cn/xxgk/zcfg/201702/t20170209_63497.html.，最近访问时间［2020-09-21］。

职工基本医疗保险定点医疗机构管理暂行办法》第 14 条规定:"定点医疗机构应配备专兼职管理人员,与社会保险经办机构共同做好定点医疗服务管理工作。"第 15 条规定:"社会保险经办机构要加强对定点医疗机构参保人员医疗费用的检查和审核。"2018 年 11 月,人力资源和社会保障部发布《社会保险经办管理服务条例(征求意见稿)》中第四十四条规定了社会保险经办机构应当通过信息比对、举报投诉专查、年度抽查等方式对第三项工伤医疗(康复)机构、工伤保险辅助器具配置机构等社会保险服务机构履行服务协议、执行费用结算项目和标准情况等事项进行稽核,这对于督促医疗机构履行契约义务,减少纠纷,使协议的执行向预期方向发展具有重大的意义。第 48 条更是明确规定了社会保险经办机构开展稽核,有权采取下列措施:(一)进入被稽核单位的有关场所进行实地调查、检查;(二)询问与调查事项有关的单位和个人,要求其对与调查事项有关的问题作出说明、提供有关证明材料;(三)采取记录、录音、录像、照相或者复制等方式收集有关情况和资料,对可能被转移、隐匿或者灭失的资料予以登记保存。这些条款可认为是社会保险经办机构对定点医疗服务进行监督管理的依据。民事合同法律关系更侧重于事后的救济,通常采取追究违约责任或者解除合同的方式来保护合同的非违约方。相比之下,这种事中的监督很少存在于民事合同法律关系之中。例如,经办机构可对定点医疗机构相关医务人员进行义务培训以使医务人员全面、及时掌握医保政策及制度要求;完善医保医师库的内容与信息;对医疗机构对被保险人的服务如对身份信息的核查,对知情权的保障以及其他便利性舒适性设施的改进提出建议,对医疗机构诊疗信息系统及其与经办机构的联网进行指导等。由此可以看出经办机构对定点医疗服务机构具有事中的监督检查权。

C. 经办机构具有行政优益权

行政优益权是指"国家为行政主体行使职权提供的行为优先条件和物质保障条件"[①]。这即是说,行政优益权是与行政职权如影随形的。在具体法律关系中,只有在行使行政职权的时候才享有行政优益权。它

---

① 胡建森:《行政法学》,复旦大学出版社 2003 年版,第 85 页。

具体包括职务上的优先条件（行政优先权）和物质上的优惠条件（行政受益权）两个方面。前者包括获得社会帮助权、公务受特别保护权、职权行为受有效推定权等；后者系指由国家提供行政经费、设备及工具等条件等。① 这是一般意义上的行政优益权，而行政协议中的行政优益权有其特殊性。它是行政机关在行政协议领域对行政相对人所享有的各项具有强制力的特权，具体表现为，在行政协议的订立和履行过程中，行政机关对行政协议享有监督权、指挥权、单方变更权以及解除权。② 在行政协议履行过程当中，既有行政主体的参与，也有私主体（行政相对人）的参与。行政机关所追求的公益难免会与私主体追求的私益产生一定的冲突。为了更好地调和这种冲突，防止公共利益受到侵害，有必要赋予行政机关对协议活动的指导权与监督权。此外，在行政协议的目的无法实现，或者继续履行行政协议将会导致公共利益受损的情况下，行政机关可以单方做出变更、解除行政协议的决定，而不必经双方的意思合意。可以说，在我国的行政法理论和司法实践中都承认行政协议中行政机关的行政优益权，即行政机关可以对行政协议进行处置，以实现行政协议的目的，或者避免行政协议被违反之后的后果。

对于医药机构服务协议的履行，《经办规程》第29条规定了相关的违约情形，经办机构可根据定点医药机构违约情况，依据协议采取约谈、限期整改、暂停拨付、拒付费用、暂停协议、终止协议等措施进行处理。对医疗机构违反医疗保险法律法规的，在追究违约责任的同时，应提请社会保险行政部门按规定做出行政处理，或者移送卫生、计生、食品、药品监管、物价、公安等相关部门处理。同时，第五章规定了协议暂停和终止。2017年出台的《北京市基本医疗保险定点医药机构协议管理办法（试行）》第43条规定：定点医药机构出现违反服务协议约定的行为，医疗保险经办机构视违约情形采取通报批评、黄牌警示、中断执行协议、解除协议等措施进行处理并向社会公布，记入社会保险

---

① 张海鹏：《民事合同与行政合同的区分与关联》，中国政法大学出版社2018年版，第154页。
② 李于兰、何慧敏：《行政协议中行政优益权的法律规制——以55篇行政裁判文书为例》，《新西部》2019年第8期。

信用系统。此外，2018年人力资源和社会保障部最新发布的《社会保险经办管理服务条例（征求意见稿）》中第49条规定：社会保险经办机构在稽核中发现被检查对象存在违法行为的，应当责令其改正，并报同级人力资源社会保障行政部门依法予以查处。2016版协议明确规定了双方违约情形及违约责任，其中：对经办机构的违约事项，由定点医疗机构提请纠正和提请社会保险行政部门督促其整改；而对于定点医疗机构的违约事项，可由经办机构对其约谈、限期整改、通报批评、暂停结算、暂停协议、解除协议、提请行政部门做出处罚、暂停或终止购买其提供的医疗服务等。也就是说，社会保险经办机构出现违约的情形，处置方式是纠正和整改；而定点医疗机构出现违约的情形，社会保险经办机构对其的处置方式由轻到重，最终可以终止协议，甚至提请有职权的行政机关进行处理。医疗服务协议规定的违约情形和违约责任完全体现出了行政优益权。

六　结语

综上，以行政法学界的通说作为判定标准，从合同主体（一方为行政主体，双方地位不平等）、合同目的（公共利益、行政管理）、合同内容（行政优益权）等方面来看，笔者认为：服务协议是社会保险经办机构为切实保障社会基本医疗保险参保人的合法权益，在法定职责范围内，与医疗机构协商订立的具有行政法上权利义务内容，享有行政优益权的协议。因此，定点医疗服务协议在性质上属于行政合同的范畴。

大病医疗保险制度模式分析

范 围* 姚欣乐**

摘 要 大病医疗保险作为一项创新性医疗保障制度于2015年在全国范围内实施,作为二次补偿机制的大病医疗保险既减轻了参保人就医负担,也有效杜绝了"因病致贫和因病返贫"现象的发生。但是,大病医保在制度目标和定位、运行方式、筹资机制等方面仍然存在一些问题。因此,本文选取了三个具有代表性先行试点(太仓、湛江、襄阳)的大病医疗保险模式作为研究对象,分别从保障范围、运行和监管模式、基金筹集等方面进行对比分析,总结了现阶段大病医疗保险存在的问题,并提出针对性建议和模式构想。

关键词 大病医疗保险 模式分析 制度建设

一 大病医疗保险概况

(一)大病医疗保险的特点

大病基本医疗保险是由国家为城乡居民建立的,委托给商业保险机构运行的一项补充医疗保险制度,但是大病医疗保险不同于基本医疗保险,并且是继基本医疗保险之后的二次补偿保险。一般来说,大病医疗保险具有以下几个特点。

---

* 作者系首都经济贸易大学劳动经济学院副院长、教授。
** 作者系首都经济贸易大学劳动经济学院2017级社会保障硕士研究生。

1. 保障水平较高

大病医疗保险是为了避免参加基本医保的居民因为大病风险而陷入家庭贫困之中,是拖住居民滑入"贫困深渊"的最后一道保障网。笔者整理了各地大病医保的报销比例发现,大病医保的报销比例基本都在50%以上,根据不同费用报销比例不同,最高报销比例可高达82%,参保者在遭遇大病风险时只需要支付其中一小部分医药费即可,极大地减轻了居民患大病时的就医负担。保障水平相较于基本医疗保险的三项险种较高。

2. 具有二次补偿功能

大病医疗保险是一个比较独特的存在,既可以属于基本医疗保险的范畴又可以归类为补充医疗保险,它的补偿性功能需要排在基本医疗保险之后,大病医保的补偿功能不可单独生效,需要结合基本医疗保险报销同步进行,在基本医疗保险报销完毕之后,达到大病医疗保险的报销标准,才能进行二次报销,因此大病医疗保险具有二次补偿功能。

3. 带有半营利性质

大病医疗保险制度具有准公共用品的性质,大病医保是由政府组织,通过招标方式选出最合适的商业保险运营机构进行运营,由于是商业保险机构运营,所以需要保证商业保险机构从中能够获取利润,这样才有持续运营的可能性。但是由于大病医保属于社会保障项目,是非营利性公共产品,首要任务是帮助参保居民遭遇大病风险时顺利渡过难关。综合来看,大病医疗保险具有半营利性质。

(二) 大病医疗保险在社会保险中的体系定位——与其他医疗保险的关系

大病医疗保险作为新出现的一项准公共产品,是由政府主导,商业保险机构进行全权运作的基本医保,其特点和其他基本医疗保险还是有所不同。由本文的上一个章节可知,大病医疗保险具有二次保障和补偿的功能,相对于基本医疗保险来说,大病医保是一种补充,但是又和传统的补充保险有所区别,大病医保并非完全自愿性的,仍然是强制性医疗保险,在大部分地区凡是参加城乡居民基本医疗保险和新型农村合作医疗保险的群体都享有大病医疗保险，还有许多地区只要参加了基本医疗保险的群体都享有大病医疗保险。但是，大病医保不是所有参保的人在就医时即可结算，而是需要达到一定的报销标准才能进行结算，大病医保是基本医疗保险的补充性制度。

与商业保险相比，大病医疗保险不追求经济利益，并且商业保险是由参保人自愿购买，而大病医疗保险是强制性的，二者有着本质区别，但是在基金运营管理方面，大病医保和商业保险都是由专业的商业保险机构进行运营，在基金运营和管理方面可以借鉴商业保险的运作，二者具有相似性。

目前，我国的医疗保障体系分为三个层次，第一层次是基本医疗保险制度，再达到一定的报销标准之后进入第二层次大病医疗保险，当大病医疗保险还不能兜疾病风险时，进入最后一道"托底"医疗救助。具体如图1所示。

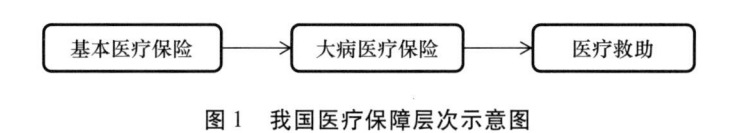

基本医疗保险 → 大病医疗保险 → 医疗救助

图1　我国医疗保障层次示意图

为了更好地了解大病医疗保险制度运作模式，本文分别从基金筹集、运行机制、保障水平等方面分析我国大病医疗保险制度。

1. 保障水平

大病医疗保险的保障对象为参加城乡居民基本医保和新型农村合作医疗保险的所有居民，旨在保障低收入家庭避免"因病致贫、因病返贫"。现阶段，大病医疗保险主要有两种保障模式，分别是按病种付费和按医疗费用补偿模式付费，病种付费模式是只报销参保人患有在疾病范围内发生的费用。这种模式首先要考虑保障病种的范围，兵种直接决定了支出多少。该模式的优点是具有一定的针对性，能够将有限的基金运用于特定疾病上，较为高效，基金的筹集压力也比较小；弊端是保障的范围和人数都较少，只针对特定病种。按医疗费用补偿模式是参保人不用考虑患病的病种，只要就医发生大额医疗费用达到一定标准就可以进行大病医疗保险的报销，还会对符合要求的就医费用进行二次报销和二次补偿。这种报销模式的优点是保障范围广，能让参保者多方受益，报销操作也较为方便，弊端是大病医保基金需求量大，收支平衡压力大，还会导致医疗道德风险产生。

2. 基金来源

2015年的《意见》明确规定了基金来源："从城乡居民基本医保基金中划出一定比例或额度作为大病保险资金。城乡居民基本医保基金有结余的地区，利用结余筹集大病保险资金；结余不足或没有结余的地区，在年度筹集的基金中予以安排。完善城乡居民基本医保的多渠道筹资机制，保证制度的可持续发展。"[①] 大病医疗保险基金是建立在城乡居民医保基金之上的，当城乡居民医疗保险基金存在结余时，那么从城居医保中划拨一定比例份额进入大病医疗保险基金中。当城乡居民医保基金没有结余时，会通过国家财政补贴、增加个人缴费等多种渠道筹集大病医疗保险基金，但大病医保在使用中不对参保者单独收费。而基本医疗保险基金有专门的基金账户，并且向参保居民收取具体的小额保费。

3. 运行和监管方式

大病医疗保险作为一项新医疗保险制度运行方式和其他基本医疗保险有些许不同，大病保险是由政府主导，交由商业保险机构进行运营的准公共产品，商业保险机构在运行过程中遵循"收支平衡，保本微利"原则，由于大病医疗保险属于民生社会保障项目，因此具有非营利性的特点，但是商业保险机构却是自负盈亏的长期性金融机构，因此在运行大病医保的过程中只能给予商业保险机构"微利"，一般来说，商业保险机构的运行合约不少于3年，由政府部门进行招标选择合适的商业保险机构运行大病医疗保险，同时国家对运行大病医保的商业保险机构进行扶持，免除该机构的监管税和营业费、保险保障金等。

在对大病医保的监管方式上，主要分为政府监管和社会监管。政府

---

① 2015年《国务院办公厅关于全面实施城乡居民大病保险的意见》完善大病保险筹资机制第（二）条。

监管主要体现为政府对大病医保运营机构的管理、医保基金财政的审核,确保大病医保基金收支平衡,使用恰当,确保大病保险的顺利运行。社会监督主要体现在对大病医疗保险运行信息的披露公开上,媒体大众对大病医疗保险运行进行法律、社会舆论等透明公开的监督。

二 我国大病医疗保险制度的立法演进及其模式比较

不同地区在大病医疗保险探索阶段根据当地经济状况和实际社保现状摸索出了较为先进的大病医疗保险模式,较为经典的模式有广东"湛江"模式、江苏"太仓"模式、湖北"襄阳"模式、浙江"杭州"模式等,接下来本文就将对"湛江"模式、"太仓"模式、"襄阳"模式进行对比,分别从保障水平和范围、运行和监管方式、基金来源等方面总结分析较为成功的经验。

(一)立法演进

1. 大病医保产生的背景

大病医疗保险从试点到全国范围内试行的两三年间正逢基本医疗保险制度蓬勃发展之际,大病医疗保险制度的诞生是为了给我国的基本医疗保障网络"加固",我国 2003 年开始实施新型农村合作医疗保险制度,2007 年实行城镇居民基本医疗保险制度,但是由于这两项基本医疗保险保障水平较低,尤其是新农合,只能保障参保群体较小疾病,比如感冒等常规疾病,对于具有较大生命危险的疾病,新农合的保障力度仍然有限,农民个人的自费比例还是较高,无法减轻就医负担。2007年,中国医师学会与中国医生协会联合发布了《重大疾病保险的疾病定义使用规范》,首次界定了"大病"的含义,大病风险是指影响到人生命安全的,并且需要花费长时间和较多的经济投入才能解决的疾病风险,这种风险会严重影响到患者家庭经济生活,甚至带来不可逆的贫困现象。

因此,2012 年大病医疗保险制度在全国少部分地区展开试点,目的是杜绝居民因疾病风险而陷入贫困的现象发生。2012年国家发改委、卫生部、财政部等六大部委共同颁布了《关于开展城乡居民大病保险工作的指导意见》，全国范围内有条件地区陆续开始大病医疗保险制度试点，2015年国务院办公厅颁布《国务院办公厅关于全面实施城乡居民大病保险的意见》。至此，大病医疗保险正式作为一项医疗保险制度在全国范围内实施。大病医疗保险作为新出现的一项准公共产品，是由政府主导，商业保险机构进行全权运作的医疗保险制度。

2. 立法差异及其可能的原因

我国大病医疗保险国家层面的法规目前为止有2部，分别是2012年《关于开展城乡居民大病保险工作的指导意见》和2015年颁布的《国务院办公厅关于全面实施城乡居民大病保险的意见》，2012年的《意见》标志着大病医保在全国范围内开始进行地区试点，因此在基金管理、工作模式、待遇比例方面的规定较为笼统，中央将大病医疗保险的运行权更多地交给地方，让地方有更大的自主性探索建立适应当地经济制度发展的大病医保。2015年国务院办公厅颁布的《意见》已经明确全国范围内建立大病医疗保险制度，并且在2017年完成大病医疗保险的建设。2015年的《意见》详细规定了大病医疗保险的参保对象是城乡居民医保和新型农村合作医疗保险的参保居民，但是笔者整理了许多地方大病医疗保险的法规后发现，现阶段许多地区大病医保的参保群体扩大为凡是参加基本医保的所有参保者，即职工医保、城乡居民、新农合的所有参保对象都可享受大病医疗保险。另外，不同地区的大病医保法规在报销比例、基金盈亏率、筹资金额等方面有些许差异，这主要是各地区的实际经济状况和基本医保基金收支结余情况决定的，具体事例在本章第二节会进行对比。

（二）大病医疗保险典型模式

1. 太仓模式

太仓位于江苏，是经济较为发达的地区，并且该地城乡差距较小，居民人均收入较高，从2011年开始，太仓市基本医疗保险基金保值增值压力增大，城镇职工医保基金结余连年增加，但是由于基本医疗保对减轻居民就医经济负担作用有限,因此建立医疗保险的二次补偿机制尤为重要,于是在这种状况之下太仓市建立了大病医疗保险制度。[①]

(1) 保障范围

太仓大病医疗保险制度的保障范围是全体基本医疗保险的参保人群,覆盖范围要比2015年《意见》规定的更为广泛,除了参加城乡居民医保的人群之外,还包括参保城镇职工医保的群体。保障的内容包括参保居民就医所产生的所有费用(门诊+住院),参保居民先在基本医疗保险中进行报销,符合报销标准的再进行大病医疗保险二次报销补偿,即住院费用中基本医疗保险报销意外超过1万元的部分,实行阶梯比例报销制,不设封顶线,医疗费用越高,补偿比越高,具体报销比例如表1所示。

表1 太仓模式报销比例

费用(万元)	补偿比例(%)	费用(万元)	补偿比例(%)
1—2	53	8—9	70.5
2—3	55.5	9—10	73
3—4	58	10—15	75
4—5	60.5	15—20	78
5—6	63	20—50	81
6—7	65.5	50以上	82
7—8	68	起付线10000	无封顶线

(2) 运行和监管模式

太仓大病医疗保险的制度主体有政府、商业医疗保险机构和各基本医保参保人,太仓市政府通过招标的方式,选中了中国人民健康保险公司进行运营,同时太仓市政府医保部门和该商业机构进行联合办公,未参保居民提供一体化基本医疗保险服务模式,大大方便了参保居民医保

---

① 郑秉文、张兴文:《一个具有生命力的制度创新:大病保险"太仓模式"分析》,《行政管理改革》2013年第6期。

的报销工作，还能将基本医保和大病医保进行整合，提高了大病医保的总体水平。在监管模式方面，大病医疗保险需要对医疗服务机构和商业保险机构进行监管，在对商业保险机构监管方面，政府对商业保险机构实施财务监管、定价管理、审计等监督，确保大病医保基金使用到需要的地方，并且实现保值增值，为大病保险的运行提供经济基础。在对医疗服务机构监管方面，主要体现为对医院定期和不定期检查，防止出现过度治疗、过度用药等道德风险问题和联合骗保事件。

（3）基金筹集

由于商业保险机构是运行大病医保基金的主体，商保机构是盈利性机构，但是大病保险本身是属于准公共产品，因此所有大病医保基金都遵循"收支平衡、保本微利"原则，太仓对于大病医疗保险基金设定基础盈亏率为4.5%，在4.5%以内的部分由保险公司自主收取和支付；超过4.5%的部分，商业保险机构和政府各自承担一半的费用。同时，医保监管机构还会对商业保险机构进行综合评定，并决定是否将每年度5%的再保险基金返还给商保机构。太仓市大病医保基金筹集来源于市财政、医保统筹基金、参保人员个人、社会资助等，列入财政专户管理，专款专用，截至2016年度最新规定，职工基本医保每人每年60元，城乡居民医保每人每年30元。①

2. 湛江模式

湛江地处广东省，尽管也是经济发达省份，但是相较于太仓市来说还是略有差异，因此大病医疗保险的待遇和支付标准还是有所不同，湛江市的大病医疗保险制度也是值得学习和借鉴的，目前已经在广东全省内推广。②

（1）保障范围

湛江市从2009年开始试行该制度，该市将城乡居民基本医疗个人缴费部分的15%用于购买大病医疗保险。基本医疗保险报销的上限是1.5万元，同时大病医疗保险的限额是3.5万元和6.5万元，年度累计

---

① 参见《太仓市大病门诊医疗保险办法（试行）》第2条。
② 原彰、黎东生、李雅诗：《大病保险的典型模式分析》，《当代经济》2019年第2期。

报销限额是 5 万元、8 万元（两个档次分开）以此为基础逐年往上调，直到 2016 年取消档次划分之后，年度累计报销限额为 50 万元。为了提供更有针对性的医疗服务，湛江市建立了"社区首治，分级转诊"制度，不同等级医院报销比例不同，基本医疗保险住院费用报销标准如表 2 所示。在基本医疗保险报销完的部分进行大病医疗保险报销，不同费用报销比例不同，基本医疗保险和大病医疗保险年度合计报销限额为 60 万元，具体报销比例如表 3 所示。

表 2　　　　　　湛江市基本医疗保险住院报销比例

医院类别	起付标准（元）	支付比例（%）
乡镇卫生院	100	85
一级医院	100	80
二级医院	300	70
三级医院	500	50

最高支付限额：18 万元

表 3　　　　　　湛江市大病医疗保险分段费用报销比例

医保范围内自付费段（万元）	支付比例（%）
2—5	50
5—8	60
8—10	70
10 以上	80

资料来源：湛江市人力资源和社会保障局网站。

（2）运行和监管模式

湛江市人民政府医保部门通过招投标的方式最终确定了中国人民健康保险公司对大病医疗保险进行运营，并且当地政府和商业保险机构实现基本医保的一体化工作，主要体现在以下几个方面：第一，中国人保湛江分公司与医院共同建立一体化预付和结算平台，湛江市医保结算方式是先付费再结算模式，大病医保基金先按月支付给中国人保公司，每个社保年度结束后再进行统一结算，其中预留一些费用作为审核资金，将这部分资金对社保年度内的大病保险报销案件进行核查，根据审核情况对大病医疗保险报销费用进行多退少补。在监管模式上，湛江市对大病医疗保险的审查放在了杜绝过度医疗和商业保险机构的监督两方面。第二，湛江市成立专门巡查队进驻医院，监督医疗合规问题，避免挂床、过度治疗等道德风险问题，规范医疗服务机构，引导居民正确医疗消费。第三，对商业保险机构进行定期评估和审核，对不合法和不规范行为责令改正，接到警告尚未改正的商业保险机构将会被强行退出。2013年之后，湛江市政府引入第三方医疗保险评审服务中心，政府出资购买服务，对商业保险公司的监督由第三方专业部门进行，确保审核独立公正，这也是湛江市大病医疗保险的一项制度创新点。

（3）基金筹集

湛江市大病医疗保险的盈利模式是由商业保险机构"自主经营、自负盈亏"，即由人保健康公司在盈亏3%的范围内自我平衡；当保费盈余额超过本年度总额的3%时，从超出的盈余额中提取50%划入城乡居民医保基金；如果保费亏损超过本年度总额的3%时，超出部分由医保基金分担50%。

3. 襄阳模式

襄阳地处湖北省长江经济带上，经济实力在湖北省内较强，在大病医疗保险的试点中也算是较为成功的，尽管襄阳模式和江苏太仓模式、广东湛江模式略有不同，但是仍然有许多值得借鉴经验的地方。

（1）保障范围

襄阳大病医疗保险的保障对象是参加基本医疗保险的所有居民，保障模式为按照医疗费用补偿模式进行报销，参保人在规定的情形之内，即可享受大病医疗保险，具体情形有慢性肾功能衰竭及透析、列入医保支付范围的器官移植后门诊用抗排斥药、恶性肿瘤化疗、介入治疗、放疗或核素治疗、血友病、地中海贫血症等规定的疾病。襄阳市城居大病医疗保险的起付标准是8000元，在一个大病医疗保险年度内，参保居民符合大病保险保障范围的个人自付医疗费用累计计算、分段报销、按次结算。① 报销比例分为三个费用段，具体比例如表4所示。大病医疗保险和基本医保实行一站式同步结算，参保居民只需结算个人自付部分，同时城镇居民医保和大病医保部分由商业保险机构和定点医疗机构按月结算。

表4　　　　襄阳市大病医疗保险保险分段费用报销比例

个人自付费用累计（万元）	报销比例（%）
0.8—3	50
3—5	60
5万以上	70
起付线：8000元	
城镇居民大病保险最高支付限额通过招标确定	

资料来源：根据《襄阳市城镇居民大病保险实施办法（试行）》整理。

（2）运行和监管模式

襄阳市大病医疗保险运行机构也是由政府部门进行招标产生的，最终确定了阳光保险公司作为襄阳市大病医疗保险运行机构，商保机构和襄阳市医保部门进行"合署办公"，在管理过程中坚持将"六个统一"作为风险管控的核心，既统一征缴、统一政策、统一人员调配、统一系统管理、统一医疗管理、统一支付标准，最终使得风险完全在控制范围之内。襄阳市人社局负责制定本市居民大病医疗保险的政策、同时组织开展、监督大病医疗保险制度的运行，同时襄阳市及下辖各区县医保经办机构组织执行和检查实施大病保险业务。在监管方面，襄阳市建立与城镇居民大病保险合同履行结果相挂钩的考核机制。襄阳市人社局按照预拨与决算相结合的原则，在预留20%左右的城镇居民大病保险年度保费作为年度服务质量考核保证金的基础上，及时拨付大病保险保费，并会同市财政部门组织对商业保险机构履行保险合同等情况进行年度考核，根据年度考核结果，支付服务质量考核保证金。商业保险机构承办

---

① 《襄阳市城镇居民大病保险实施办法（试行）》第12条。

城镇居民大病保险业务的综合费率（包括盈利和经营成本）通过招标确定，但应控制在实际保费收入的5%以内。超过综合费率部分的结余资金返还市财政社保专户并入医保基金，或抵作下一年保费；非政策性亏损全部由承保的保险公司承担，若当年政策性亏损大于综合费率，保险公司根据招标确定的比例分担，其余部分由医保经办机构按政策规定补给①。除此之外，襄阳市人社局还会定期对医疗服务机构进行规范和检查，杜绝医疗浪费现象。

（3）基金筹集

襄阳市大病医疗保险的筹资标准为25元每人每年，城镇居民无须另外缴纳保险费，从城镇居民基本医疗保险基金中进行筹集。襄阳市大病医保有专门的大病医保基金，根据"单独列账、独立核算、专款专用"原则进行管理，每个社保年度的第一个月，襄阳市依照本地实际参保人数和筹资标准对大病医保资金进行核算，在人社局和财政局审批之后，大病医保基金会在一个月内从城镇基本医保基金划入社保基金专户。

（三）地方模式的比较

湛江、襄阳、太仓三个地区的大病医疗保险制度既有共同之处，也存在差异。因此，本文应用表格对比的方式直观地展现了三者的共同点和不同点，具体内见表5。

表5　　　　　太仓、湛江、襄阳大病医疗保险模式对比②

项目	太仓模式	湛江模式	襄阳模式
经办主体	中国人民健康保险公司	中国人民健康保险公司	阳光保险公司
保障对象	基本医保所有参保对象	基本医保所有参保对象	基本医保所有参保对象
筹资标准	职工每人每年60元，城镇居民每人每年30元，统一从基本医保基金中提取	统一从基本医保基金中提取15%	职工每人每年7元，城镇居民每人每年25元，统一从基本医保基金中提取

---

① 《襄阳市城镇居民大病保险实施办法（试行）》第21条。
② 吴仁广：《大病保险制度定位与政策完善》，硕士学位论文，山东大学，2017年，第19—29页。

续表

项目	太仓模式	湛江模式	襄阳模式
起付线	自付部分1万元以上	自付部分2万元以上	自付部分8000元以上
报销比例（三者都是分段递增）	53%—82%	50%—80%	50%—70%
封顶线	无	50万元	职工医保限额30万元，城镇居民部分通过每年招标确定
结算方式	商业保险机构结算	商业保险、医疗服务机构共同结算	商业保险、医疗服务机构共同结算
盈利机制（"收支平衡，保本微利"原则）	4.5%盈亏率，4.5%之内商保机构自负盈亏，超过4.5%政府和商保机构共同承担50%	3%盈亏率，3%之内商保机构自负盈亏，超过3%政府和商保机构共同承担50%	盈亏率控制在5%以内，具体通过每年招标确定

三　现行大病医保制度存在的问题

大病医疗保险作为一种创新性制度，已经在全国各地开展，它为居民提供的二次报销减轻了居民医疗经济负担，有效解除了参保人"因病致贫、因病返贫"的后顾之忧。但是大病医疗保险在制度定位和目标、资金筹集、运行主体等方面仍然存在许多引人质疑和争议的地方，本文根据第二节的三个地区典型模式进行对比总结分析得出了以下具体问题。

（一）缺乏明确的制度定位和目标

根据2015年国务院办公厅颁布的《意见》可知，大病医疗保险的制度目标是作为城乡居民基本医疗保险（包括城镇居民医保和新型农村合作医疗保险）的延伸和补充，和医疗救助共同作为基本医疗保障的"最后一层保障网"，减轻居民高额的医疗费用支出，防止家庭"因病致贫、因病返贫"。但是2003年设立的新型农村合作医疗保险和2007年建立的城乡居民基本医疗保险的目标就是减轻居民看病和就医经济负担，防止居民灾难性医疗支出，同时医疗救助的设立目标和宗旨是让贫困人口能够看得起病、看得好病、看得上病、防得住病，确保贫困群众健康有人管，患病有人治，治病能报销，大病有救助，并且医疗救助和基本医疗保险已经实现了"一站式服务"，那么大病医疗保险在这层已经织好的医疗保障网中处于何种位置和作用呢？正确认识大病医疗保险制度的作用和定位是现阶段较为争议的问题之一。[①]

另外，大病医疗保险制度建立的目标是"有效防止发生家庭灾难性医疗支出"[②]，保证居民能看得起病，不至于"因病返贫、因病致贫"，而城乡居民基本医疗保险和新型农村合作医疗保险的建立初衷也是为了减轻居民的就医负担，与大病医疗保险的建立目标基本一致，看似大病医疗保险是基本医疗保险的补充，但实际上大病医疗保险的建立恰恰反映了城乡居民医保保障待遇和水平较低的现实情况，只要将城乡居民医保（包括城镇职工基本医疗保险和新型农村合作医疗保险制度，现阶段两者已经并轨，统称"城乡居民基本医疗保险"）保障待遇和水平提高，那么大病医疗保险制度是否还有存在的必要性是一个值得商榷的问题。并且在大病医保的现实报销中，是以个人为单位进行报销结算的，这与2015年《意见》规定的家庭有些制度相背离的地方。再者，大病医疗保险作为一个由政府主导建立并由商业保险机构进行运作的医疗保险，其定位是属于基本医疗保险还是补充医疗保险尚未有明确规定。

（二）制度运行问题

1. 运行主体较为复杂

2015年的《意见》明确规定："原则上通过政府招标选定商业保险机构承办大病保险业务，在正常招投标不能确定承办机构的情况下，由地方政府明确承办机构的产生办法。"根据《意见》可知，商业保险机构是负责运行大病医疗保险制度的主体，但实际上，负责运行大病医疗保险的机构还有各地区医疗服务机构（各级医院等）、医疗保险经办机构、社保局等单位。多地的大病医保工作都暴露了一个问题：商业保险机构在运作大病医疗保险的过程中地位尴尬，犹如一个保险代理，商业

[①] 何文炯：《大病保险制度定位与政策完善》，《山东社会科学》2017年第4期。
[②] 2015年《国务院办公厅关于全面实施城乡居民大病保险的意见》基本原则和目标第（二）条。

保险机构作为专业保险操作机构，本应该负责大病医疗保险基金的运作，但是由于缺乏相应的政策明确规定，商业保险机构无论是进驻医疗服务机构展开日常调查还是到医疗保险经办机构进行基金结算都没有相应的政策支持其展开手脚工作，甚至很多情况下商业保险机构进驻医疗保险经办机构或者医疗服务机构的工作人员仅仅只充当其劳动力而不能独立开展工作，缺乏独立的决策权和办事自由。除此之外，频繁更换商业保险机构也会导致大病医疗保险制度运行不稳定。通常来讲，保险作为一项盈利性金融工作，通常需要较长的周期才能收回成本，况且大病医疗保险属性是长期存在的基础性医保，运行周期势必会较普通商业保险更为漫长。但是，当前大病医疗保险的大部分商业机构合约为3年，周期短暂会造成商业保险机构尚未收回成本从而失去运行大病医疗保险的耐心和信心，同时若更换商业保险机构还会造成不必要的工作成本和负担，同时还会降低大病医疗保险基金运行效率。

2. 资金来源规定不清

大病医疗保险基金来源于城乡居民基本医保基金中一定比例的份额。城乡居民基本医保基金有结余的地区，利用结余筹集大病保险资金；结余不足或没有结余的地区，在年度筹集的基金中予以安排。完善城乡居民基本医保的多渠道筹资机制，保证制度的可持续发展。[①] 大病医疗保险并没有设立独立专项的基金，而是从城乡居民医保基金划拨一些金额，但是具体比例怎么划？如何划？谁负责划？却没有明确规定，这在实际操作中会因规定不清晰而带来困难。从法理角度来说，大病保险使用来自城乡居民医保的专项基金有些许不妥之处，每项基金的使用都需要遵循"收支平衡"原则，那么大病医疗保险基金是否需要使用城乡居民医保基金"略有结余"的部分？这样还会影响到城乡居民基本医疗保险基金的使用效率，同时也给大病医保基金的管理带来不便。从全国现实来看，我国城乡居民医保（新农合与城镇居民医保）基金收支平衡压力都较大，要再想从中划拨一定份额作为大病医疗保险基金

---

① 2015年《国务院办公厅关于全面实施城乡居民大病保险的意见》"完善大病保险筹资机制"第（二）条。

恐怕更有难度。

3. 统筹层次较低

大病医疗保险的统筹层次较低，我国大部分地区仅仅只实现市级统筹，省级统筹的地区较少，据现有资料统计，实现市级统筹的省份有9个，分别是福建、广东、山西、湖南、内蒙古、河南、贵州、浙江、四川；实现省级统筹的身份仅有6个，分别是山东、北京、青海、吉林、甘肃、西藏。[①] 医疗保险统筹层次过低直接影响到了大病医疗保险的保障效率，容易造成大病医疗保障基金使用率低下，缺乏应有的灵活性。有些地方大病医疗保险基金入不敷出，而有的地方大病医疗保险基金还有大量结余，但是因为统筹层次较低，二者无法实现统筹使用，不符合保险的"大数法则"原则，也拉低了大病医疗保险的保障水平。[②]

(三) 制度效果问题

1. 减轻居民大病费用负担作用较小

尽管大病医疗保险的报销比例都在50%以上，甚至最高报销比例可以高达90%，但是由于大病医疗保险的报销目录有限，覆盖的报销范围较少。例如，癌症患者需要使用大量的靶向药物或者进口药物进行治疗，但是列入报销名单的进口药物却往往极为有限。参保居民在患大病时往往还是需要自付金额较大的医疗费用。另外，虽然有了大病医疗保险居民只需要自费不到50%的医疗费用，但是这部分小额费用对于贫困家庭仍然不菲，医疗费用负担重的呼声仍然较高。

2. 各地报销比例差异大

结合本文第二章节三种模式对比可以发现，我国大病医疗保险各地报销比例存在差异，不同地区报销比例不同，减轻医疗费用的负担也不一样。例如：北京地区大病医疗保险的报销比例可达90%，太仓地区可达82%，湛江地区可达80%，而襄阳地区的最高报销比例只能达到70%，我们可以发现大病医保报销的最高比例和当地的经济发展水平有

[①] 吴仁广：《大病保险制度定位与政策完善》，硕士学位论文，山东大学，2017年，第19—29页。

[②] 仇雨临、冉晓醒：《大病保险：为城乡居民筑牢"安全网"》，《群言》2019年第9期。

关，但是大病医疗保险的作用本身就是减轻参保居民医疗负担的，对于抵抗疾病风险应当具有同程度的作用力，不统一的报销比例会加剧不同地区间的贫困现象。

四 大病医疗保险制度完善建议

（一）对策建议

1. 明确大病医疗保险的定位和目标

目前，大病医疗保险究竟是归类于基本医疗保险险种还是属于补充性医疗保险制度尚不明确，一个制度的定位直接影响到该制度实现的目标，基本医疗保险属于公共产品，需要由政府财政进行兜底保障，具有强制性；而补充性医疗保险属于准公共产品，居民可以进行自由选择，由参保单位或者商业保险机构自主运行，自负盈亏。所以大病医疗保险需要明确定位，究竟属于基本医疗保险范畴还是补充性医疗保险范畴，大病医保的定位关系到资金筹集、运营和监管等一系列运作方式，只有明确保险定位之后才能实现其目标和功效。另外，大病医疗保险的目标是在防止家庭灾难性医疗支出，以家庭为单位，但是在实际报销中，无论是按病种付费还是按医疗费用补偿模式付费都是以个人为单位，并没有涉及家庭。因此，大病医疗保险应当进一步让目标更具有针对性。

2. 建立大病医保专项基金，多渠道和高层次地筹集和统筹资金

现阶段大病医保基金还是来源于城乡居民医保基金，并没有自己独立的专款专项，筹资渠道也较为单一，除了来源于城乡医保基金之外还有来自国家财政补贴以及少部分个人缴费，这样会影响大病医保的运行效率。因此，我国应当尽快设立大病医疗保险专项基金，并尽可能拓宽筹资渠道，根据大病医保的制度定位建立相应的财务盈利模式，确立长期稳定的筹资机制，只有足够的医保基金才能不断提高大病医保保障水平、惠及更多人[1]。另外，正如本文上一章节所描述，大病医保统筹层

---

[1] 仇雨临、冉晓醒：《大病保险创新发展研究：实践总结与理论思考》，《江淮论坛》2019年第6期。

次还较低，大部分地区还处于市级统筹，实现省级统筹的地区少之又少，提高大病医保基金统筹层次能够盘活医保基金，提高基金使用效率，实现省级统筹能够让均衡该省份的整体大病医保运行水准，更高效更具针对性地帮助真正需要大病医保的居民，实现大病医保最初的设立目标，既避免了医保基金结余过多地区的浪费，也减轻了大病医保基金不足地区的经济负担。

3. 确立和扶持商业保险机构作为大病医保运行机构

大病医疗保险的运行机构现阶段出现了"多头"现象，政府部门多机构和商业保险机构共同运行大病医保，作为大病医保的主要运行主体却经常无法独立开展工作，必然会造成大病医保运行效率低下、增加额外管理成本等问题。所以，应当尽早确立商业保险机构作为大病医保的主要运行机构，政府机构作为监管部门对商业保险机构进行监督，商业保险机构在"收支平衡，保本微利，自负盈亏"的原则和政策扶持之下也许还能激励商业保险机构尽可能让大病医保基金盈利。

4. 构建有层次的基本医疗保险制度

基本医疗保险制度是居民进行疾病风险转移和分担的重要机制，即解除居民患病就医的后顾之忧和负担，多层次覆盖广的医疗保障网络是接下来健全基本医疗保险制度的目标。目前，我国已经迈入了"全民医保"时代，覆盖人口高达13亿多，庞大的人群注定就有不同的医疗需求，构建具有针对性的不同医保险种满足不同群体的就医需求。大病医疗保险作为其中的一项重要险种对于构建多层次的基本医疗保险制度具有举足轻重的作用，并且两者具有相辅相成的促进作用，多层次的基本医疗保险制度自然会带动大病医疗保险的发展，同时大病医疗保险作为基本医保的重要环节也能促进基本医保的健全和完善。

（二）模式构想

文章的最后，笔者结合各地区大病医保模式的经验以及2015年《意见》对未来大病医疗保险制度的理想模式作了构想。第一，确定大病医保的体系定位，明确大病医疗保险作为基本医疗保险的补充性医疗保险，是基本医疗保障体系的第二层防护网，对城乡居民基本医疗保险和城镇职工医疗保险起到托底作用,属于公共产品,与商业保险和企业为员工缴纳的补充性医保具有本质区别。建立大病医保的目标是为了构建有层次的基本医疗保障体系,充分发挥二次"安全网"功能,筑牢医疗保障网络。第二,确定经办主体,明确政府组织监管大病医疗保险的职责,确立商业保险机构发挥专业优势运行大病医疗保险基金,政府监督其行为,但留给商业保险机构充分的自主经营权,并对商保机构实行一定的奖惩机制,激发运行效率。第三,将保障对象扩大为所有参加基本医疗保险的参保群体,包括职工、城乡居民等。第四,设立专项大病医疗保险基金,独立于其他任何险种,根据当地实际情况设置调整筹资标准、起付线、盈亏率,政府和商业保险机构共同承担盈亏风险。第五,报销比例不低于50%,根据实际情况尽量拉高报销比例的上限,不设封顶线。

生育保险纳入医疗保险的制度流变及其未来走向

武宜萱*

摘　要　医疗保险与生育保险于2019年开始全面合并实施。合并前的生育保险存在覆盖率不高，保险基金利用率相对较低，行政管制性强等不足。基于两险的共性，也基于提升生育保险效率，发挥医保监管优势等原因，两险合并是必然趋势，为生育保险带来新的面貌。然而，医保与生育保险全面合并的推行，并非意味着生育保险已经消除，也不意味着相应保障待遇的减损。相反，因生育保险本身具有重要价值，为稳定就业提供重要保障，在社会经济发展各个领域发挥重要作用；同时，它与医疗保险有存在着性质上的区别，生育险不应当仅仅认为是医疗事故的特殊种类，不应止步于简单叠加、合并收支。是故，树立社会法治国家理念，构建多元互助的保障体系，不仅有助于使生育保险发挥其应有的均衡功能，而且是迈向正义的社会治理之路。

关键词　生育保险　制度价值　两险合并

一　引言：新时代下的生育保险制度

21世纪的第三个十年遭遇到了"百年未有之大变局"。从国家层面来看，在这个"新""变"为主题的时代，一方面，经济发展要求政府为企业降费减负，保障企业生存生产；在劳动关系的另一端，保障劳

---

* 作者系英国华威大学法学博士。

力充足,保障就业,也是政府主要的任务之一。而生育承载了劳动力再生产以及人类发展的重大使命。保障劳动者不因生育影响其职业、同时保障一个家庭能够承担生育的成本,对于生产就业和经济发展而言至关重要;另一方面,2015年12月,十二届全国人大常委会第十八次会议审议通过了《关于修改〈中华人民共和国人口与计划生育法〉的决定修正》,于2016年1月1日开始实施全面二孩政策。所以,从社会层面以及家庭而言,生育保险能够保障女性在生育期间的经济收入并提供保健服务,是一项重要的全社会福利政策。[1]

《中共中央关于全面深化改革若干重大问题的决定》(以下简称"改革决定")专门论及:"建立更加公平可持续的社会保障制度……建立健全合理兼顾各类人员的社会保障待遇确定和正常调整机制……扩大参保缴费覆盖面,适时适当降低社会保险费率……健全农村留守儿童、妇女、老年人关爱服务体系……坚持计划生育的基本国策,启动实施一方是独生子女的夫妇可生育两个孩子的政策,逐步调整完善生育政策,促进人口长期均衡发展。"生育保险制度作为横跨社会保障、医疗体系及人口政策等改革基本面的重要制度,开始进入规制机关的视野,成为社会保险法治建设的重要环节,对于整个社会法的发展具有重要意义。为了扩大保险覆盖率,提高保险基金利用效率,2019年我国开始全面推进医疗保险与生育保险合并的实施。然而合并并非意味着"五险变四险",生育保险乃是以新的形式,合并到了医疗保险之下。但是,目前的生育保险仍然存在与医疗保险合而未融的问题。生育保险本身的价值作用应当予以重视并充分发挥。因此,本文的研究基于对生育保险存在的现实问题的观察,以生育保险特殊性质和价值为依托,重点希望研究以下几个问题:合并前的生育保险存在哪些问题?合并后有哪些改变?目前看有没有达到预期目标?还有哪些问题仍需解决?

事实上,就此问题而言,学界早有关注,研究文献可谓汗牛充栋。但是,现阶段的研究更多是从管理学、经济学及社会学视角进行考量。

---

[1] 任艾琳:《浅析我国生育保险制度的发展——以Gilbert福利分析框架为依据》,《农家参谋》2018年第2期。

而在医保和生育保险合并之后,对于两项制度合并实施从制度角度的观察和思考,也成为重要的课题。但是,在法治视野下和法理逻辑下审视生育保险的价值体现却颇为鲜见。另外,将生育保险放在社会福利的全局下思考更是寥若晨星。是故,本文将从生育保险制度的价值及逻辑方面进行某些尝试,分析两险合并前后的生育保险制度局面,以期在弥补相关领域空白的基础上,力图证明生育保险制度价值,两险合并后进一步改革现存生育保险制度,不仅有助于充分发挥其应有的保障功能,而且有利于在法治框架下实现正义的社会治理与全民全社会福利保障。

二 旧貌:中国法上的制度拨梳

"从历史经验看……中国法治之路,必须注重利用中国的本土资源,注重中国法律文化的传统与实际"[①]。尽管生育保险起源于1883年德国颁布的《疾病保险法》,但是,在中国,生育保险因其主要涉及"生老病死"的首要环节,已经得到了多层级、多维度的规制,其不仅在历史演化中沉淀了基础性的规范结构,而且也在各个地方的具体实施中呈现出各种丰富的样态。

(一)流变:历史演化的"结构沉淀"

中国生育保险制度最早可以追溯到1951年政务院颁布、1953年修订的《劳动保险条例》,该法规第16条对生育保险做出了比较详细的规定:一是生育保险金,具体包括在劳动保险金之内,实行全国统筹与企业留存相结合的基金管理制度;二是生育假期及津贴,生育休假包括产前产后一共56天,产假期间,工资照发;三是生育补助,生育补助费为四万元(系指旧人民币,折合新人民币四元),由劳动保险基金支付;四是医疗服务,孕产期间发生的检查费和接生费由企业行政或财政(机关事业单位)支付。可见,此时的生育保险有一定的国家统筹性。

此后,随着企业公有制改革,劳动者用工形式也从依靠"市场"转

---

① 苏力:《法治及其本土资源》,中国政法大学出版社2003年版,第23页。

变成了"计划统筹",劳动者的"单位所有"逐步形成,而社会保险制度也由"劳动保险基金"的统筹调剂转变为单位的"统包统销"。1953年,劳动部《劳动保险条例实施细则修正草案》规定,女性临时工、季节工或试用人员孕产期间的检查费、接生费、生育补助费和生育假期与一般正式女员工相同,产假期间的工资由企业行政方面或资方发放,为本人工资的60%。1969年财政部颁发《关于国营企业财务工作几项制度的改革意见(草稿)》规定:"国营企业一律停止提取工会经费和劳动保险金","企业的退休职工、长期病号工资和其他劳保开支,改在企业营业外列支"。1988年,国务院颁布《女职工劳动保护规定》,女性生育保险的待遇有所变化,废止了以往法令中有关生育待遇的规定,正式明确生育保险由企业保障。可见,生育保险制度的国家统筹逐渐消失,各企业只是本单位女工生育保险的唯一责任人。

改革开放以来,伴随着经济的转轨,企业成为自负盈亏的实体。出于摆脱企业社会性负担的需要,社会统筹的生育保险制度改革也逐步开展。1994年劳动部发布《企业职工生育保险试行办法》,规定企业按不超过工资总额1%的资金向劳动部门所属的社会保险经办机构缴纳生育保险费,职工个人不缴费;产假工资改为生育津贴,按照本企业上年度月平均基本工资计发,由生育保险基金支付;与生育有关的医护费用和管理费也由生育保险基金支付。2010年10月28日,通过的《社会保险法》第六章专门规定了"生育保险",规定职工应当参加生育保险,由用人单位按照国家规定缴纳生育保险费,职工不缴纳生育保险费;生育保险待遇由生育医疗费用和生育津贴构成,用人单位已经缴纳生育保险费的,其职工享受生育保险待遇,职工未就业配偶按照国家规定享受生育医疗费用待遇,所需资金从生育保险基金中支付;生育津贴按照职工所在用人单位上年度职工月平均工资计发。《社会保险法》的实施,意味着在生育保险语境下,以生育保险基金为基础的社会统筹模式已然建立[1]。

---

[1] 覃成菊、张一名:《我国生育保险制度的演变与政府责任》,《中国软科学》2011年第8期。

总之，中国生育保险制度，历经国家统筹与企业保障两大模式，最终确立了以生育保险基金为基础的社会统筹模式。在这些过程中，尽管存在多种形式的嬗变，但是，中国生育保险制度一直延续着固有路径，沉淀着特有的规范结构，集中体现在责任主体与给付形式两个方面。在责任主体上，体现为以用人单位为中心的制度设计，强化以企业为代表的用人单位作为负担主体的唯一性；在给付形式上，体现为以财产给付为核心的法律构造，强化生育医疗费用和生育补贴两大财产权的主导性。这种特有的"路径依赖"，在生育保险于各个地方的具体实施中，得到了不同程度的强化。

（二）数说：数据层面的评估测度

"法律规则的价值只能由其所产生的效果来判断，也就是说，在其尽可能的范围内，确定它是否促进或阻碍了所追求目标的实现。要完成这些，我们必须清楚一段特定时期内所追求的目标是什么，以及所选择的手段是否真正保障了这些目标的实现"[①]。因此，通过对生育保险实施绩效从全国和地区两个层面进行量化分析，不失为一个理想的方法，来观察与评估生育保险的实施中具体实施效果。

1. 全国：时间维度的统计评估

在此，本文将2001—2018年的《中国劳动和社会保障年鉴》"劳动和社会保障统计资料的社会保障部分"的相关统计数据，并结合2018年《人力资源和社会保障事业发展统计公报》[②] 制成2008—2017年全国生育保险基本情况表（见表1），以此对全国生育保险宏观绩效进行评估。

一方面，从2008—2017年中国生育保险基本情况表现，中国生育

---

① Walter Wheeler Cook, "Scientific Method and Law", *American Bar Association Journal*, 1927 (13), pp. 303-308.
② 具体参见历年《中国劳动统计年鉴》，《2017年度人力资源和社会保障事业发展统计公报》，http://www.mohrss.gov.cn/SYrlzyhshbzb/zwgk/szrs/tjgb/，最近访问时间［2020-04-27］；《2018年全国基本医疗保障事业发展统计公报》，http://www.nhsa.gov.cn/art/2019/6/30/art_7_1477.html.

保险受益率偏低。尽管从总体上看，我国生育保险受益率是呈上升趋势的。但是，我国生育保险的受益率（受益人数占参保人数的百分比）不足6%。到2017年合并实施以前，全国仅有1113万人次享受了生育保险待遇，与当年全国参加生育保险的1.9300亿参保人数相比，受益率仅为5.77%。从表1受益率一栏中的数据可算出，2008—2017年，我国生育保险平均受益率是3.01%。

表1　　　　　　2008—2017年全国生育保险基本情况

年份	参保人数（万人）	受益人次（万人）	受益率
2008	9254	140	1.51%
2009	10876	174	1.60%
2010	12335	211	1.71%
2011	13892	265	1.91%
2012	15428	353	2.29%
2013	16392	522	3.18%
2014	17038	613	3.60%
2015	17771	642	3.61%
2016	18451	914	4.95%
2017	19300	1113	5.77%

另一方面，相对于其他社保险种而言，合并前的生育保险支出偏低（见表2）。2018年，我国生育保险参保人数为20434万人，比上年增长了5.9%，基金收入781.1亿元，基金支出762.4亿元，参保人均支出为373.10元。① 而同期全国基本养老保险参保人数为94293万人，支出47550亿元，参保人均支出为5042.79元；全国基本医疗保险参保人数为134459万人，支出17822亿元，参保人均支出为1325.46元；失业保险参保人数为19643万人，支出914亿元，参保人均支出为465.81元；工伤保险参保人数为23874万人，支出742亿元，参保人均支出为

---

① 《2018年全国基本医疗保障事业发展统计公报》，http://www.nhsa.gov.cn/art/2019/6/30/art_7_1477.html.

310.80元。① 可见，在五大险种中，生育保险参保人均支出最低。

表2　　　　　　　　2018年全国各项社保险种基本情况

社保险种	参保人数（万人）	基金支出（亿元）	参保人均支出（元）
养老保险	94293	47550	5042.79
医疗保险	134459	17822	1325.46
工伤保险	23874	742	310.80
失业保险	19643	914	465.81
生育保险	20434	762.4	373.10

因此，从整体来看，2018年偏低的生育保险受益率以及最低的生育保险参保人均支出，折射出生育保险受益者待遇较低的格局。这不仅意味着公民无法充分享受生育保险待遇的合法权益，而且从宏观层面反映出之前的生育保险实施效果欠佳的事实。

2. 地区：空间视角的观测量度

伴随着宏观侧面生育保险实施绩效欠佳，微观层面生育保险的实际效果也不甚理想，这在2018年全国各地生育保险基本情况表可以看出。相关统计数据来源于《2019中国社会统计年鉴》中的"7—9分地区生育保险情况（2018年）"部分。②

质言之，一方面，合并前全国各地区生育保险参保人数差异大（见表3）。2018年全国参加生育保险社会统筹的职工人数为20434.1万人，参保人数最多的省市是广东（3495.3万人）、江苏（1694.5万人）、浙江（1477.3万人）和山东（1235.4万人），最少的省市是西藏（32.4万人）、青海（58.1万人）、宁夏（88.1万人）；另一方面，全国各地区生育保险受益率差异大。2018年全国生育保险受益率最高为上海（9.84%）、北京（7.57%）、甘肃（6.88%），最低为新疆（2.79%）、

---

① 《2018年全国基本医疗保障事业发展统计公报》，http://www.nhsa.gov.cn/art/2019/6/30/art_7_1477.html；以及《2018年度人力资源和社会保障事业发展统计公报》，http://www.mohrss.gov.cn/SYrlzyhshbzb/zwgk/szrs/tjgb/201906/W020190611539807339450.pdf.

② 具体参见《2019中国社会统计年鉴》。

吉林（2.40%）、河北（2.95%）。可见，合并前就生育保险制度实施效果而言，各地相差悬殊，[①] 也是从微观层面反映出中国生育保险在合并前就绩效不高的证据。另外值得注意的是，虽然整体来看经济较发达地区相对受益率较好，这个结果显示出一些地区的生育保险绩效与经济发展情况和人口比率并非当然相同。因此各地生育保险的实施效果有赖于各地自身政策的设定，因此应根据当地特定情况作出相应及时的调整。

表3　　　　　　　　　2018年全国各地区生育保险参保情况

	年末参加生育保险人数（万人）	享受生育保险待遇人次（万人次）	生育保险受益率		年末参加生育保险人数（万人）	享受生育保险待遇人次（万人次）	生育保险受益率
全国	20434.1	1088.6	5.56%	广东	3495.3	189.3	5.22%
北京	1104	61.4	7.57%	广西	366.2	19.1	4.59%
天津	330.4	25	4.06%	海南	152.6	7	6.12%
河北	774.2	31.4	2.95%	重庆	439.5	26.9	3.88%
山西	481.9	14.2	3.44%	四川	878.2	34.1	7.21%
内蒙古	319.5	11	5.21%	贵州	325.9	23.5	5.10%
辽宁	777.8	40.5	4.13%	云南	339.5	17.3	6.17%
吉林	370.3	15.3	2.40%	西藏	32.4	2	3.56%
黑龙江	350.2	8.4	3.27%	陕西	401.9	14.3	6.65%
上海	984.9	32.2	9.84%	甘肃	202.9	13.5	6.88%
江苏	1694.5	166.8	4.89%	青海	58.1	4	6.47%
浙江	1477.3	72.3	4.40%	宁夏	88.1	5.7	4.32%
安徽	586.3	25.8	3.68%	新疆	289.4	12.5	2.79%
福建	651.9	24	3.76%	河南	755.4	29.3	6.69%
江西	290.1	10.9	6.61%	湖北	540	36.1	5.46%
山东	1235.4	81.6	3.88%	湖南	571.8	31.2	5.42%

[①] 冯祥武：《生育保险受益者待遇及其优化策略》，《重庆社会科学》2011年第10期。

总之，宏观层面较低的生育保险受益者待遇，意味着公民无法充分享受生育保障待遇；微观层面各地社保均衡程度不足，意味着生育保险所蕴含的基本社会福利理念，不足以满足全社会福利需要。两个层面的证据，共同反映出生育保险应有的功能受到较大抑制，这不仅违背其制度初衷，而且对此项制度本身存在的正当性造成不利影响。

（三）截面：具体实施的"区域之维"

在生育保险制度领域，伴随着一系列法律法规的出台，各个地方也相继确立了各自的生育保险具体实施办法，在延续着固有"路径依赖"的基础上，形成了各类颇具特色的生育保险规则。与医保合并后，各地基本仍沿用之前的办法、条例，用人单位在职职工基本医疗保险费率基本为合并实施前两项保险费费率之合，或遵循各地区内自行规定，在职职工个人不缴纳生育保险费。

质言之，各个省级地方政府在不断强化以用人单位和财产给付内容规制基础上，进一步地细化这些标准，主要体现为以下几个方面：在规范类型上，在遵循上级法律要求基础上，各个地方分别采用省级地方性法规、省级地方政府规章、市级规范性文件和厅级规范性文件等法规进行规制；在提取比例上，在遵循1%上限的基础上，不仅存在从0.4%到1%区间内的不同缴费比例，而且存在企业单位与政府机关、事业单位差异化的缴费比例；在生育保险待遇上，在确立了按法定范围报销、按照目录报销、定额报销及协议保费负担等多种形式生育医疗费用的同时，也确立了按照用人单位月平均工资、缴费基数等多种生育补贴计算办法。可见，在遵循中央统一健康保险立法基础上，各个地方采用了不同标准制度各自的具体实施办法，体现地方政府运用调控手段构建符合自身经济发展需要的生育保险，以追求绩效合法性的努力。

在中国生育保险制度改革进程中，以用人单位与财产给付为中心的法律结构，以及调控色彩浓厚的地方实施机制。诚然，这反映出国家运用公法干预保护女性劳动者生育权的努力。但是，包括以生育保险为核心的社会保险，是由"契约形成的法律关系"，而且"论及负担之个别调整以符合较为精致的公平概念,则显然保险方式略胜一筹"①,这与行政事业性收费有着本质区别。因此,这个"特别公课"的规制路径,与社会保险的契约本质相背离,为其在实践中功能失灵埋下了制度伏笔。

三 新颜:与医保合并之后的生育保险

2017年9月,国务院办公厅印发了《生育保险和职工基本医疗保险合并实施试点方案》②,于同年6月底前按照"保留险种、保障待遇、统一管理、降低成本"的思路,在12个城市率先展开两险合并试点工作。2018年12月的十三届全国人大常委会第七次会议上,国务院对本次试点工作进行了总结报告,对试点工作的总体评估结论认为,合并后"生育保险覆盖面扩大,基金共济能力增强,监管水平提高,经办服务水平提高,享受待遇更加便利,达到了预期目标"③。基于这次试点工作的成效,2019年3月国务院办公厅印发了《关于全面推进生育保险和职工基本医疗保险合并实施的意见》(以下简称《意见》)④,在"保留险种、保障待遇、统一管理、降低成本"的总体指导思路下,全面推进生育保险和职工基本医疗保险合并实施的制度构建。

两险合并,本质上解决了经费统筹的问题,既简化了参保手续,又从一定程度上扩大了参保率。然而,生育保险与职工医保合并实施,并非"取消生育保险",而是和职工医保本着"统一参保登记、统一基金征缴和管理、统一医疗服务管理、统一经办和信息服务"的思路,以不增加单位和个人缴费负担为原则,保证参保人待遇不变,使得生育保险参保手续更加简化。以"倒逼"及"打捆"的方式,将原本医保覆盖

---

① 蔡茂寅:《社会保障的财政问题》,载刘剑文主编《财税法论丛》,法律出版社2013年版,第382页。
② 见《国务院办公厅关于印发生育保险和职工基本医疗保险合并实施试点方案的通知》。
③ 见《国务院关于生育保险和职工基本医疗保险合并实施试点情况的总结报告——2018年12月23日在第十三届全国人民代表大会常务委员会第七次会议上》,http://www.npc.gov.cn/npc/c12491/201812/3e0d9327768d444796ae78f6b82ca814.shtml。
④ 见《国务院办公厅关于全面推进生育保险和职工基本医疗保险合并实施的意见》。

而未上生育保险的人群纳入社保范围当中。① 从试点结果来看，12 个试点城市参保人数增长了 12.6%，明显高于同期全国 5.5% 的增长水平。② 同时，两险合并之后实施统一定点医疗服务，医疗经办机构与定点医疗机构签订相关医疗服务协议时，要将生育医疗服务的有关要求和指标增加到协议内容中，并充分利用协议管理，强化对生育医疗服务的监控。生育医疗费用纳入医保支付方式改革范围当中，原则上实行医疗经办机构与定点医疗机构直接结算的方式。同时，两险合并之后，劳动者生育保险待遇不但不会也不应降低，而是越来越好。两险合并后，实际上职工生育保险的待遇和支付范围不发生改变，只是在行政服务管理上，通过医保的智能监控系统、资金运行方式和相关报销手续来便利生育保险的资金管理效率。总的来说，两险合并之后，可以将更多的城镇女职工纳入生育保险范围，一定程度上减轻用人单位的用工成本。然而，因生育保险与医疗保险相比，有其特殊的价值需求和意义，所以并不能止步于简单叠加与合并。

四 晶核：生育保险的本体价值

"高度分化的社会里，社会世界是由大量具有相对自主性的社会小世界构成的，这些社会小世界就是具有自身逻辑和必然性的客观关系的空间，这些小世界自身特有的逻辑和必然性也不可化约成支配其他场域运作的那些逻辑和必然性"。同时，"一个场域可以被定义为在各种位置间存在的客观关系的一个网络（network），或一个构型（configuration）"③。因此，在研究生育保险法治化之前，有必要明晰问题涉及的场域，这可以从本体和价值两个维度展开。

---

① 王东进：《读懂生育保险与基本医疗保险合并实施》，《中国医疗保险》2017 年第 4 期。

② 见《国务院关于生育保险和职工基本医疗保险合并实施试点情况的总结报告——2018 年 12 月 23 日在第十三届全国人民代表大会常务委员会第七次会议上》，http://www.npc.gov.cn/npc/c12491/201812/3e0d9327768d444796ae78f6b82ca814.shtml。

③ ［法］布迪厄、［美］华康德：《实践与反思》，李猛、李康译，中国编译出版社 1998 年版，第 134 页。

(一) 本体：生育保险的概念界定

生育保险，是指妇女劳动者因怀孕、分娩而暂时中断劳动时，获得生活保障和物质帮助的一种社会保险制度。① 诚然，生育保险属于并入医疗保险之后，不需单独参保，不再单列生育保险基金收入，但因其担负着维护职工生育保障权益、促进妇女公平就业、均衡单位用人需求的职能，所以其与其他社保险种仍存在本质区别。由于生育保险与养老保险、失业保险、工伤保险这四类制度区别显著，故在此重点阐述生育保险与医疗保险的区别。

在实践中，两险合并具有现实的合理性以及基础。② 同时，参考国际经验来看，生育保险和医疗保险合并实施管理也是目前国际的主流做法。③ 因实践当中，生育保险与医疗保险在管理服务手段上具有一致性；在覆盖规模上，医疗保险可以覆盖生育保险的支付规模。因此，两险合并以后，有助于生育保险参保人数和覆盖面的提高。前述合并前参保及收益率低问题可以通过与医保合并的手段得到部分缓解。但是由于合并刚刚开始实施，实际上各地区的缴费比率并未做出大幅度调整，原来企业的负担实际上未能得到显著缓解。且由于医疗保险本身存在异地参保报销困难、未就业人员未参保等问题，生育保险同样也将面临这些问题。

但是，对于被保险人，生育保险具有明显的性别性，其保障对象主要是女职工（尽管也存在保障男配偶的现象），医疗保险具有广泛的普遍性，其保障对象是所有人（因为生病是每个个体的必经之事）；在所保风险上看，生育保险的所保风险是因生育而暂时不能工作承受的收入损失，是正常的生理活动导致的收入损失，然而，医疗保险的所保风险是因疾病而导致的经济损失，是非正常的生理活动所导致的收入损失；在享受时间上，生育保险享受时间是女性生育前后一段时间，在医疗保

---

① 贾俊玲、叶静漪：《劳动法学》，北京大学出版社 2012 年版，第 104 页。
② 罗丽媛、张帆：《生育保险与基本医疗保险合并实施研究》，《广西质量监督导报》2019 年第 5 期。
③ 邹艳晖：《国外生育保险制度对我国的启示》，《济南大学学报》（社会科学版）2012 年第 6 期。

险中，符合条件的被保险人无论何时患病都可以享受医疗保险待遇，在享受次数上也没有限制；在保护内容上，生育保险着重生育期间的健康保护及计划生育手术，其中生育期间的医疗服务基本上以保健和监测为主。医疗保险则着重对疾病的治疗，保健和监测只是治疗过程中的组成部分，并非主要方面；在待遇上，生育保险往往高于医疗保险。即使在合并之后，新的实施办法只是在经办上改变了享受的渠道，但没有改变原有生育保险参保范围、设定的保障项目和支付水平。具体区别在于，即生育的医疗费用，在一定范围内实报实销；而医疗保险待遇是按比例支付。生育保险个人不缴费，由单位来缴费；医疗保险则由用人单位和职工个人共同缴纳。同时，合并后还保留了产假期间的生育津贴。因此，原有的生育保险规定的生育保险待遇不变，不管是否合并，仍与医疗保险在待遇上有所不同。[①] 生育保险待遇涉及产假、女职工特别保护、生育医疗费用以及生育补贴，但是，医疗保险仅仅包括医疗费用。而且，生育保险支付的医疗费用限于与生育和计划生育相关的费用。与医疗保险中的医疗费用相比，属于特别的医疗费用。可见，生育保险与医疗保险有着本质的不同[②]。

（二）价值：三方主体的利益考量

在现代社会里，生育保险以女性职工的生育为连接点，将女性劳动者利益、企业利益以及社会整体利益有机融合起来，既保障了妇女在生育期间的生活维持与健康养护，也降低企业的经济负担和就业歧视，对人类社会的繁衍生息起着重要作用。

其一，生育保险保障女工生育期间的经济安全与人身安全，确保劳动力的恢复，从而保障劳动力市场的正常运行。女职工作为劳动力市场的重要组成部分，如果在生育期间健康受损，必然不利于其劳动力恢复，也不利于劳动力市场的可持续性。在生育保险制度中，涉及产假、生育医疗费用和生育津贴的生育保险待遇，有助于实现妇女生育期间的

---

① 《生育保障只会越来越好　不会降低》，中国政府网，http://www.gov.cn/xinwen/2019-03/25/content_5376658.htm.
② 郭捷：《劳动法与社会保障法》，中国政法大学出版社2012年版，第374—375页。

生活维持与健康养护，能确保女职工劳动力能力的恢复，维持劳动力市场的稳定。

其二，生育保险能够减少企业的经济负担和就业歧视，营造和谐的劳动关系。生育保险制度，一方面，通过社会统筹，由生育保险基金承担相应的医疗费用和生育津贴，能够极大减轻企业的负担，缓解企业的竞争压力；另一方面，通过生育期间特殊劳动保护、收入追偿等措施，保留女职工的劳动岗位，确保女职工生育休假期间的经济收入水平，化解女职工承担生育职责的性别风险。实现男女平等就业。

其三，生育保险有利于促进优生优育，进而提高人口素质。人类社会的发展，不仅是物质财富的增加，而且是人类数量和质量的增长。在后工业时代，随着科技的发展，人类社会已经基本摆脱了"马尔萨斯陷阱"，人口素质的提高成为各国需要关注的问题。因此，"为了保证出生婴儿的健康，妇女在生育子女时应得到救济，并且允许他们在最佳育龄期放弃工作，而且在产后不会被迫过早返回劳动市场"[①]。

可见，生育保险制度，有效提高了女性劳动者生育期间的生活标准，在通过正向激励方式减轻企业负担的同时，又以反向限制来减少就业歧视，提高胎儿的身体素质，促进人类社会的后代延续。因此，"生育保险制度的建立不仅是工业社会的产物，而且是现代社会文明进步的一个标志"[②]。

总之，就生育保险制度而言，分别通过本体和价值两方面充分回答"是什么"和"为什么"的问题，有利于清晰界定生育保险所涉及的客观存在的场域，这为法治视野下生育保险的审视厘清了基本框架。在生育保险实施发展的历史过程当中，这一项制度起到了维护女性就业、生育等方面的合法权益，保障身体健康，均衡企业负担，促进经济持续发展和社会和谐稳定的重要作用。[③] 正如前文所言，2020年的第一个季度

---

① ［英］内维尔·哈里斯：《社会保障法》，李西霞、李凌译，北京大学出版社2003年版，第165页。

② 郑功成：《生育保险改革：现代社会文明进步的标志——生育保险研讨会综述》，《中国社会保障》1999年12月17日。

③ 王东进：《读懂生育保险与基本医疗保险合并实施》，《中国医疗保险》2017年第4期。

无疑使全球将目光聚焦向公共卫生领域。在此前,已有趋势表明一些经济和政治因素对普遍性福利政策正在产生挑战。① 生育保险制度所体现的全民福利政策的构建,在新的经济形势下更显得尤为重要。合并实施并不意味着制度的消亡,而是以新面貌继续发挥作用。虽然生育保险与医保合并,但为了确保制度的可持续,人口和社会发展的可持续,生育保险本身的价值应当被充分发挥。医疗保险中的生育保障作用仍然值得重视。

五 锻造:多元互助的保障体系

"人们有共同的需要,这种需要只能通过共同的生活来满足……这就是构成社会生活的第一要素,形成涂尔干所称的同求的连带关系或机械的连带关系"②。而且,"推动社会成员的全面合作,动员各种社会力量投入社会建设,全面增进社会福利,是社会法的重要目标"③。因此,要发挥生育保障仅仅树立社会法治国家理念是不够的,尤为需要多元互助保障体系的构建。

(一)"责任共担"的机制构建

社会法治国家,"不仅证明了共同体对于其成员具有一种'社会义务'……而且它们同时也证立了这些成员对于共同体所属成员之间的,以及这些成员对于共同体所负有的社会义务"④。因此,在生育保险制度中,不仅需要强调国家给付以保障个人的社会基本权,而且要求个人向国家和其他社会成员之间承担相应的社会义务。因此,在生育保险领域,要提升其"可适用性",必须在实体上确立各方主体的义务。所以,有必要构建"责任共担"的机制,以实现利益相关者的分工合作。

---

① [瑞典]博·罗斯坦:《正义的制度:全民福利国家的道德和政治逻辑》,靳继东、丁浩译,中国人民大学出版社2017年版,第18页。
② [法]莱昂·狄骥:《宪法论》(第1卷),钱克新译,商务印书馆1959年版,第64页。
③ 张守文:《社会法的调整范围及其理论扩展》,《中国高校社会科学》2013年第1期。
④ [德]康拉德·黑塞:《联邦德国宪法纲要》,商务印书馆2007年版,第168页。

一方面，在缴费比例上，适当降低用人单位生育保险缴费比例，同时，确立个人缴费比例以及国家财政补充责任。现行的制度是以用人单位为中心的缴费主体设计，这不但加重了用人单位负担，使生育保险在不成为用人单位负担的同时，也不会因为基金不足而出现"收支失衡"的危险。此外，必须确保个人缴费比例基数，防止劳动者个人负担的加重。

另一方面，在生育保险待遇中，逐步增加以"育儿假"为核心的项目设计。所谓育儿假，就是因生育婴儿而进行的父母产假。参考一些北欧国家的做法。瑞典法律规定，所有有工作的父母每生育一个子女都享有16个月的带薪产假，期间收入由国家和雇主分担，数额大致相当于休假前的实际收入的80%。同时，《生育保险公约》（第183号）也规定了男性休育儿假的权利。① 而当前，中国生育保险待遇带有明显的财产属性，生育保险人身性未能体现，因此，确立以"育儿假"为核心的项目设计，强化生育保险人身性，对于彰显社会法之共同正义观，是大有裨益的。

（二）相关主体的利益协调

在生育保险制度中，往往涉及女职工、用人单位以及国家三方利益。但是，在中国现行立法中，往往过度保护员工利益与国家利益，对企业利益关注不够，因此，需要对三者进行有力的平衡与协调②。

一方面，需要平衡用人单位与职工利益。生育保险中不光包含生育医疗费用的报销，也包括生育津贴的发放。而后者更是生育保险制度价值乃至社会保险制度价值的重要体现。生育津贴制度是反性别歧视的重要工具，是我国反歧视制度的重要组成部分。将"育人"的成本纳入社保当中，使得用人单位不能再以生育成本为理由对女职工进行性别歧视。用人单位有为女性职工休产假承担保留职位、免于解雇等法定义务，但女性职工享受产假也应以减少用人单位经济损失和生产经营秩序

---

① 邹艳晖：《国外生育保险制度对我国的启示》，《济南大学学报》（社会科学版）2012年第6期。
② 吕慧琴：《生育保险法调整与减少女性就业歧视》，《社会保障》2015年第5期。

干扰义务为前提。英国《社会保险支付与福利法》规定，雇员必须连续为雇主工作26周，且在离开工作岗位前至少28天通知雇主，才有权享受产假及获得法定产假工资，法定产假工资可由雇主支付，但雇主可从国民保险系统中得到相应的偿还。

另一方面，需要协调用人单位与国家利益。美国《家庭和医疗假期法》规定，雇主规模在50人以上才要求雇主承担女工生育负担义务。瑞典、英国、法国、澳大利亚等一些国家对于生育期间产生的生育成本规定主要是由国家予以负担。对雇佣人数及注册资本未达到法定标准的小微企业，则免除其负担职工主要生育成本的义务，而是通过国家财政补贴保障女性员工生育津贴。

总之，在生育保险领域，通过"责任共担"的机制设计，及相关主体的利益协调，构建出多元互助的保障体系。这个保障体系的构建，不仅贯彻了社会法治国家的理念，而且彰显了以基本人权观念为基础的社会合作之精神。

（三）将保险辅助人纳入法律关系当中

与医疗保险融合之后，生育保险本身成为医疗保险项下的一部分，其各方主体的法律关系应当与医保法律关系类似。现代健康保险制度为了防止医疗机构过度追求利益或者提供不当服务，同时为了提高保险基金使用效率、确保基金安全，通常采取提供医疗服务的方式作为主要给付内容。[1] 但其特殊性在于，生育不仅仅是生病，也不仅仅是医疗事故类型中的一种。生育过程中包括"生"和"育"两个部分，而生育保险目前呈现重"生"轻"育"的趋势。[2] 生育保险不仅仅是生育风险的防范，也不仅仅只是医疗事故的一个特殊种类。如前文所述，生育是一个过程，需要提供财务支持以及特定且较长期的照护服务。典型例子即生育过程中需要到医疗机构建卡，定期产检等。因此，笔者认为生育保险中的法律关系更应比照长期照护险中的相关法律问题，将生和育的过

---

[1] 郑尚元主编：《社会保障法》，高等教育出版社2019年版，第155页。
[2] 范世明：《两险合并实施后生育保险制度未来走向研究》，《湖南行政学院学报》2020年第2期。

程中相应的特殊定点医疗机构提供的服务,纳入社会保险制度设计当中,才能真正减轻家庭负担,解放劳动力回到职场当中。其中三方法律关系——定点医疗机构、医保经办机构与被保险人的法律关系,应该与医保中的主体法律关系相比照。德国社会法中给付提供,将非由承担者自身而是通过第三人提供时,在双方主体之间的给付关系之外出现了法律关系的第三极,形成了一种三角法律关系。① 在生育保险中,这三者分别是保险人(保险经办机构)——被保险人(职工)——定点医疗机构(保险辅助人)。所涉及争议纠纷解决机制,也应比照长期照护险一并改革实施。

最后,"这个社会存在着某些共同的必须解决的核心问题,这些问题很大程度上涉及科学与公共政策的关系"②。生育影响了社会经济可持续发展的全方面,作为社会存在的需要共同解决的核心问题,肩负着重大使命。因此,《中共中央关于全面推进依法治国若干问题的重大决定》指出,"加快保障和改善民生、推进社会治理体制创新法律制度建设"。诚然,相对其他社会保险项目而言,生育保险具有极其重要的价值。但是,在中国往往弱化生育保险的功能价值以及社会保险中互助共济的重要作用,使得其实施绩效欠佳。尤其是在医疗保险与生育保险已经开始合并实施,然其本身的价值应当被保留,使用效率应当进一步提高,而非说明其重要性降低。是故,树立社会法治国家理念,构建多元互助的保障体系。这不仅有助于使生育保险发挥其应有的均衡功能,而且是迈向正义的社会治理之路。

---

① 郑尚元主编:《社会保障法》,高等教育出版社2019年版,第98页。
② [美]丹尼尔·贝尔:《后工业社会》,彭强译,科学普及出版社1985年版,第29—33页。

养老保险

弱者难以共济：城乡居民养老保险制度之检讨与改革[*]

王天玉[**]

摘　要　现行城乡居民养老保险的基础养老金给付标准低，参保人员缴费低，个人账户积累低，政府财政负担重，无法切实保障老年生活。对此问题的分析应从比较法的角度建立"国民皆年金—非职业国民年金"的分析框架，国民皆年金模式的代表是日本，覆盖包括职业群体在内的全体国民；非职业"国民"年金模式的代表是我国台湾地区，保障对象是不参加军公教及劳工保险的非职业群体。排除职业群体的国民年金是社会低收入的弱者专项保险，必然发生"弱者难以共济"的结果，必须通过建立统一的国民年金体系，实现"强者扶助弱者"，发挥社会共同体的共济性。城乡居民养老保险应在城镇化进程中，以"国民皆保险"模式逐步实现"全民参保"，构建国民性养老保险与职业性养老保险为一体的社会养老保险体系。

关键词　城乡居民养老保险　社会保险　国民年金　全民参保

引　言

我国的社会养老保险体系根据保障对象划分为城镇职工基本养老保险、城乡居民养老保险和机关事业单位养老保险，三者在结构上处

---

[*]　本文系国家社科基金重点项目"养老保险立法研究"（项目批准号：18AFX024）的阶段性成果。

[**]　作者系中国社会科学院法学研究所社会法室副主任，副研究员，法学博士。

于并行状态,这也就是通常所说的制度"条块分割"。其中,城乡居民养老保险是城镇居民养老保险与新型农村社会养老保险合并而成。国务院于2009年发布《关于开展新型农村社会养老保险试点的指导意见》,针对"年满16周岁(不含在校学生)、未参加城镇职工基本养老保险的农村居民"建立养老保险制度,解决农村居民的养老问题。2011年,国务院发布《关于开展城镇居民社会养老保险试点的指导意见》,针对"年满16周岁(不含在校学生)、不符合职工基本养老保险参保条件的城镇非从业居民"建立养老保险制度,解决城镇非职工的养老问题。对于这两类居民养老保险,国务院于2014年发布《关于建立统一的城乡居民基本养老保险制度的意见》,将新农保和城居保两项制度合并实施,在全国范围内建立统一的城乡居民基本养老保险,保障对象是"年满16周岁(不含在校学生),非国家机关和事业单位工作人员及不属于职工基本养老保险制度覆盖范围的城乡居民"。《社会保险法》对这一改革的规定是第二十至二十二条,规定"国家建立和完善新型农村社会养老保险制度、国家建立和完善城镇居民社会养老保险制度。省、自治区、直辖市人民政府根据实际情况,可以将城镇居民社会养老保险和新型农村社会养老保险合并实施"。城乡居民养老保险制度的建立填补了占人口大多数的非就业群体的养老保障空白,成为社会保障体系的重要一环,"城乡居民养老保险同城镇职工基本养老保险一起,共同构成了我国养老保险两个基本制度平台"[①]。

城乡居民养老保险在学理上属于国民年金保险范畴。年金并非是一种保险类型,不特指某种社会风险,而是"一种定期性的持续性给付,一般来讲,这种定期性、持续性与工业化、城市化背景下职业人群的收入规律性相一致,即与工资、薪金等发放的规律性相一致,准确地讲,应为'月金',即月度发放的生活保障金"[②]。德国、日本等立法例采取了年金保险的概念表述,在年金保险下再根据社会风险划分保险类型。

[①] 董克用、施文凯:《从个人账户到个人养老金:城乡居民基本养老保险结构性改革再思考》,《社会保障研究》2019年第1期。

[②] 郑尚元、扈春海:《社会保险法总论》,清华大学出版社2018年版,第84页。

例如德国年金保险分为"工作能力减损、老年、遗属保障"①，日本年金保险与之基本一致，亦分为"老年给付、障碍给付、遗族给付"②。我国立法模式将社会风险类型置于保险制度之上，即"以风险定保险"，养老保险就是专门针对老年风险。

就我国现行城乡居民养老保险而言，虽然实现了按月给付养老金的年金式管理，但养老金标准过低，已成为最为突出的问题。在城镇与农村居民养老保险合并时，有统计数据显示全国城乡居民月人均领取养老金为90元。③ 由于城乡居民养老保险起点过低，且融资能力不足，至今养老金待遇水平仍非常低。在全国各地养老金标准差异很大的情况下，发达城市的待遇也不足以发挥保障老年生活的作用，例如广州市自2019年1月1日起将城乡居民基本养老保险的基础养老金调整为每人每月221元；④ 杭州市自2019年1月1日起将城乡居民基本养老保险的基础养老金调整为每人每月240元。⑤ 而个人账户缴费亦严重不足，"2014年全国有80.9%的参保人员选择了100元的最低缴费档次，选择200元至500元的有15.7%，选择500元以上的仅为3.4%"⑥。这一情况到2016年更为恶化，"2016年有95%以上缴费参保人员选择最低档缴费"⑦。由此导致政府对基础养老金的财政补助负担越来越重，"个人账户制度成为一项福利性养老保障制度，使得城乡居民养老保险越来越背离社会养老保险制度模式的设计

---

① ［德］艾伯哈特·艾亨霍夫：《德国社会法》，李玉君等译，新学林出版股份有限公司2019年版，第230—233页。
② ［日］菊池馨夫：《社会保障法》（第二版），有斐阁2018年版，第157—165页。
③ 参见邓大松、仙蜜花《新的城乡居民基本养老保险制度实施面临的问题及对策》，《经济纵横》2015年第9期。
④ 参见《广州市人力资源和社会保障局 广州市财政局关于调整我市城乡居民基本养老保险基础养老金标准的通知》，http：//rsj.gz.gov.cn/gkmlpt/content/5/5567/post_5567099.html#505.
⑤ 参见《关于调整市区城乡居民基本养老保险基础养老金标准的通知》，http：//hrss.hangzhou.gov.cn/art/2019/12/25/art_1632077_18894.html.
⑥ 李红岚：《完善城乡居保筹资机制的设想》，《中国人力资源社会保障》2015年第12期。
⑦ 乌日图：《社会保障顶层设计亟待明确的三大问题》，《社会保障研究》2018年第3期。

初衷"①。在此背景下，城乡居民养老保险未来将如何改革，既维持制度应有的可持续性，又能实际发挥养老保障的功能，是关系到亿万人的社会保障制度建设难题。本文从比较法的角度，选取建立国民年金保险的两个典型立法模式，进而分析国民年金的法律构造，提出现行制度的改革方案。

一 国民皆保险模式

日本在"二战"后重建了社会保障制度，并提出了"国民皆年金"的制度建设目标。在职业群体的厚生年金和共济组合制度不断完善的背景下，日本于1959年制定了《国民年金法》，标志着"国民皆年金"体制的建成。② 国民年金作为整个公共年金体系的基石，涵盖全部20岁以上、60岁以下在日本有住所的人，不论国籍均可加入。日本《国民年金法》第1条即规定，国民养老金制度遵循日本宪法第25条第2款规定的原则，并以人民的共同团结为基础，防止人民因年老、残疾或死亡而失去稳定的生活，从而为维持和改善人民的健康生活做出贡献。根据法律规定，国民年金的保险人为政府，但部分年金实务可由地方政府办理。在国民年金的基础上，厚生年金和共济组合与之共同构成了日本公共年金的双层结构。

（一）国民年金制度的权利义务主体

1. 权利主体

国民年金的权利主体为被保险人，按照《国民年金法》第7条的规定，国民年金的被保险人分为三类。第一类被保险人主要是自营业者、农林渔业者以及学生和失业者。第二类被保险人是指应当参加厚生年金的雇佣劳动者和应当参加共济组合的公务员。日本在此亦不强调国籍，而是在日本有住所并取得收入者，均可归为此职业群体年金。第三类被

---

① 董克用、施文凯：《从个人账户到个人养老金：城乡居民基本养老保险结构性改革再思考》，《社会保障研究》2019年第1期。

② ［日］菊池馨夫：《社会保障法》（第二版），有斐阁2018年版，第137页。

保险人是指第二类被保险人的配偶,要求20—60岁之间并且年收入不满130万日元。此类被保险人作为第二类被保险人的家属无须缴纳保险费。

2. 义务主体

第一,政府。国家依法有实施年金保险的义务。国家作为天然的社会保障主体负有实施公共年金制度,分散民众经济风险,保障基本生活水平的义务。日本宪法的第25条规定的生存权,是日本社会保障法律体系的依据。[1] 政府为保障人民的生存权,一方面须建立社会保障制度;另一方面须保证制度的运行,尤其是通过财政支持维系制度的可持续性。就国民基础年金而言,政府财政对其支付的负担比例已达到1/2的上限,未来不再增加。[2]

第二,被保险人。由于国民年金也属于社会保险体系,因此按照保险原理设计,参保人亦即被保险人负有缴纳保险费的义务,也就是说,社会养老保险法律关系具有双务性,参保职工亦负有缴纳保险费的义务。从社会整体来看,社会养老保险通过强制参保的制度设计建立起退休世代与工作世代之间的契约关系,亦即"代际契约",以工作世代缴纳的保险费总额作为退休世代获取的养老金总额,形成对价关系,由此形成制度层面的现收现付制,实现老年风险在社会共同体范围内的分散,体现社会养老保险的共济性。

(二) 国民年金中的老年年金

日本国民年金的给付类型包括老年基础年金、身心障碍者的老年年金以及遗属年金,还包括对第一类保险人的附加年金、寡妇年金、死亡慰问金和退出补助。鉴于本文主要讨论老年风险的保险类型,在此仅介绍国民年金给付中的老年年金。

领取老年基础年金的要件为被保险人年满65岁并且依照法律规定缴纳全部保险费。所谓法定的保险费缴纳期间,是指《国民年金法》第26条即《附则》第7、9条规定的,由保险费缴纳完毕期间、保险费

---

[1] [日]岩村正彦:《社会保障法》,弘文堂2001年版,第34页。
[2] [日]掘腾洋:《社会保险法总论》,东京大学出版社2004年版,第148页。

免除期间以及特殊情况下任意加入期间合并计算在 25 年以上。被保险人年满 20—60 岁如果缴纳保险费累积达到 40 年（480 个月），那么 65 岁以后可以领取满额基础年金，缴费不满 40 个月相应扣减年金数额。如果被保险人在缴费期间存在法律规定的免除保险费情形，保险费全额免除期间以 1/3，半额免除期间以 2/3 计算。① 由于国民年金的被保险人缴纳保险费期间原则上为 60 岁为止，而开始给付年金的时间是 65 岁，两者之间的 5 年间隙既包含提高退休年龄的空间，也在于减轻财政压力。同时，被保险人利用这 5 年的空档期可以自愿加入国民年金保险以便不足未及时缴纳的社会保险费。

对于已经符合领取养老金的老人而言，基于不同家庭的经济状况，有人希望 65 岁前就能领取到养老金，有人则愿意延迟领取基础养老金。所以，基础年金也就此设计了提前减额给付与延迟增额给付的制度选项。在提前减额给付方面，60 岁以上不满 65 岁的老人在申请前一天达到老年年金领受资格即可向社会保险厅提出给付的申请，此提出申请日为基础年金领受权发生之日，自此以 65 岁时应当给付的满额养老金渐趋提前给付的法定扣减比例作为此时给付的数额。被保险人虽然享有请求提前给付，但应当承担因提前给付而产生的利益减损，在此后年满 65 岁后老年基础年金的数额均不会发生变动，被保险人将领取该数额直至死亡。相对于提前给付制度，年满 65 岁的被保险人在成为老年基础年金的领受权人后可能经济条件较为宽裕，不急于增加收入，因此存在延迟领取养老金的情况。对此，在被保险人年满 66 岁时就须提出延迟增额给付申请，并于提出申请之日的次月开始给付。② 此时给付的基础年金数额应当是被保险人 65 岁时应给付数额加上依法计算增加的比例。

（三）国民年金的财务来源

1. 保险费

日本《国民年金法》第 87 条规定，政府根据国民年金事业所必需

---

① ［日］村上清：《年金的知识》，吴崇权译，保险事业发展中心出版 2002 年版，第 58 页。
② ［日］西村健一郎：《社会保障法》，有斐阁 2006 年版，第 125 页。

的费用征收保险费。但是，国民年金法中负有缴纳保险费义务的人仅为第一类被保险人，而第二类和第三类被保险人则不负有缴纳保险费义务，其原因在于按照日本公共年金整体设计，第二类和第三类被保险人的基础年金保险费已包含在其所属的厚生年金保险或共济年金组合对国民年金保险所缴纳的分担金中，因而无须这两类被保险人亲自履行缴纳保险费义务。国民年金的保险费为固定金额，每5年精算一次，按照年金给付所预先计算的必要支出、年金准备金以及政府财政负担比例来统筹。被保险人须预缴未来一定时期内的保险费，

在被保险人滞纳保险费时，《国民年金法》第95条规定社会保障厅有权依据国税相关规定征收。据此，社会保障厅首先将督促被保险人在指定期间内缴纳保险费，期间过后被保险人仍未缴纳保险费，则社会保险厅将进行强制征收。但实务中社会保险厅很少采取强制征收的行动，主要原因是征收的行政成本相对于收取的保险费差额过大。据统计，日本滞纳保险费的被保险人、拒绝加入国民年金者、免除缴纳保险费义务者共计有全体国民的40%未缴费，致使日本国民年金空洞化问题十分严重。①

2. 政府财政

日本政府财政在2004年修法之后对国民年金的负担比例提升至1/2，但随着国民年金制度财务压力的加剧，关于改革税制以支持基础年金的观点不断提出。如果将社会保险费改为税收，那么将顺利地解决被保险人滞纳、拒绝缴纳保险费的情况，由此将解决国民年金空洞化问题，年金由此得以充实后就能够提高保障水平。并且费改税之后，社会保险费可纳入税收征收渠道一并收取，节约了因征收社会保险费付出的财政成本。②但有学者批评这种认识背离了国民年金作为社会保险之本旨，原因在于社会保险与国民生活息息相关，养老、医疗、照护等保险给付应以国民合意为前提。在此保险体系下，保险费与保险给付仍有对价关系，但不是完全对价，只有保险费的方式符合这种对价关系，而税

---

① ［日］小岛晴洋：《基础年金的制度设计》，载日本社会保障法学会编《社会保障法讲座》，法律文化社2010年版，第51页。

② ［日］高山宪之：《年金教室》，PHP研究所2007年版，第90页。

收本身具有强制征收的性质，不再体现合意与对价的契约性质。再者，社会保险费是公共年金制度的直接财务来源，适用专款专用，而税收则须在公共财政体系下统和使用，不体现直接支持国民年金的财务功能。

二 非职业国民保险模式

我国台湾地区构建的国民保险制度以"公教、军人、农民以及劳工保险以外的国民人口"为保险对象，"只要是一定年级以上至国民，不论是否有工作或者固定的收入，都应强制加入保险，故保险对象有别于传统的职业团体保险"①。该制度在立意之初设定的目标是参照日本建立国民基础年金制度，1995年"年金制度专案小组"提出的《国民年金保险制度整合规划报告》，保障对象涵盖25—64岁的全体社会成员。但该方案引发了较大争议，焦点是国民年金保险对象是全体国民还是既有制度下无保险的社会成员，也可以说是要进行社会保险体制的彻底改革还是在既有制度基础上填补空白。此后，为减少改革阻力，国民年金的涉及范围一减再减，先是维持军人、公务员和教职员的既有社会保险制度不变，而后是维持劳工保险的既有制度不变，②实际上无法推进社会养老保险制度的整体改革，只能退步于既有制度的"打补丁"。

（一）确定保险对象的基本规定

依据台湾地区有关年金的规定③，年龄在25—65岁，在台湾岛内设有户籍且非应参加军人保险、公教人员保险、劳工保险、农民健康保险等职业保险者，均应当参加"国民"年金保险。台湾地区行政部门的解释是为配合劳工保险年金化后劳工保险年资须达到15年的缴费年限才有权领取年金之规定，并参照其他地区的社会养老保险制度中关于过

---

① 台湾社会法与社会政策学会主编：《社会法》，（台北）元照出版公司2016年版，第249页。
② 参见萧丽卿《由国民年金制度之争议谈我国老年经济保障制度之建立》，《台湾本土法学》2006年第10期。
③ 特指"'国民'年金法"。

渡期的安排，所以才规定了本法实施前已领取劳工保险养老金及实施后15年内领取劳工保险养老金的劳动者应当参加年金保险。①

（二）排除式划定保险范围

1. 排除公务员、教职工及军人

按照既有保险体系，军公教保险的养老金是有条件的一次性支付，在老年经济安全保障方面存在漏洞，养老金可能随通货膨胀而贬值，同时也存在储蓄及支出的隐忧，为此存在年金化的必要，按月给付更为适宜。此外，有关年金的规定公务员和教职员保险包含私立学校教职员保险，但是私立学校教职员退休金为一次性给付，不能选择公务员的按月给付制。对于排除军公教人员的规定，有人提出修正意见，主张为了确保所有社会成员免于老年风险，政府除了积极保障所有未就业者的老年经济安全之外，也应该鼓励其他已经就业的社会成员加入国民年金保险，扩大"国民"年金保险的被保险人范围，摆脱"国民"年金沦为弱势者相互取暖的窘境。② 客观而言，军公教人员仍然存在保障老年经济安全的需要，现有制度虽然已经提供了退休抚恤制度、优惠存款、福利互助金以及多种保险，但是一次性给付方式无法确保老年长期生活的经济来源。

2. 排除本法实施后劳工保险年限达到15年以上者

台湾地区"劳工保险条例"第58条规定，被保险人年满60岁，不分男女，其保险年资须合计满15年，方得请领老年年金。年资未满15年者，仅得请领老年一次金。据此，对于虽然参见劳工保险单缴费未满15年的劳动者，其无法获得劳工保险的年金给付，只能获得其缴费积累形成的一定金额，不足以保障其未来老年生活。其所领取的一次性给付相当于劳工保险退回了其未满15年的缴费，也使之处于社会保险网络之外。为防止此类个人独自面对老年风险，因此"国民"年金将其纳入保障范围，换言之，参加劳工保险并缴费满15年的劳动者已经能

---

① 钟秉正：《浅析国民年金法》，《台湾本土法学》2009年第98期。
② 钟秉正：《浅析国民年金法》，《台湾本土法学》2009年第98期。

够获得劳工保险的年金给付,实现收入替代,因此被"国民"年金所排除。

(三)"国民"年金中的老年给付

依据有关年金的规定,被保险人于年满 65 岁时开始请领老年年金给付,年金额度有两种计算方式:第一,月投保金额×保险年资×0.65%+3000,这种方式包含了"基本保证年金"的理念,为了防止当事人因年资不足而导致年金额度过低,失去保障意义。① 第二,月投保金额×保险年限×1.3%。被保险人退休时按两种计算方式中较高的标准获得年金给付,按月发放至其死亡当月为止。

三 城乡居民养老保险之检讨

现代社会以产业雇佣为基础,庞大之职业群体是社会财富的主要创造者,当然也是社会财富的主要获益者,在社会经济生活中也必然享有主流的话语权。任一国家的社会保险体系都是从职业群体的保障开始的,最典型的是劳动者的养老保险,公务员和军人的社会保险一般是从恩给制逐步演变而来的,由此使得社会养老保险具有典型的"团体保险"色彩。② 而非职业群体的居民因在社会财富的创造和分配上的相对弱势,导致其能够得以构建自身养老保险体系的资源也随之减少,使得居民养老保险的给付一般很低,甚至须与福利性或救济性社会给付相结合,以便使老年居民群体获得最低生活保障。③

就现行城乡居民养老保险而言,以其养老金给付标准不可能实现老年保障。究其根本,在制度结构上,城乡居民养老保险的参保者为低收入之弱势群体,无论是城市居民还是农民,年收入大幅度低于本地职工群体。并且,职工群体的养老保险有很大比例的用人单位缴费,即《社

---

① 钟秉正:《社会保险法论》(第三版),台北三民书局 2017 年版,第 277 页。
② Vlg. Kokemoor, Sozialrecht, 5. Aufl., Vahlen, 2013, Rn. 128 ff.
③ 有关最低生活保障的内容请参见汤闳淼《我国社会救助制度下城乡最低生活保障标准设立再思考》,《中国社会科学院研究生院学报》2016 年第 3 期。

会保险法》第12条规定的,"用人单位应当按照国家规定的本单位职工工资总额的比例缴纳基本养老保险费,记入基本养老保险统筹基金"。从缴费比例上看,"目前社会统筹部分筹资标准为职工缴费工资的20%,实行现收现付,个人账户部分为职工缴费工资的8%,实行完全积累"①。由此决定了职业群体不仅依靠自身的收入,还能通过用人单位缴费参与到社会财富再分配。而对于城乡居民养老保险,按照《关于建立统一的城乡居民基本养老保险制度的意见》的规定,财务来源为"个人账户、集体补助、政府补贴",其中的个人账户因城镇居民本身的低收入事实,不可能发挥主要作用,而集体补助则难以落实,规定条文是"有条件的村集体经济组织应当对参保人缴费给予补助……鼓励其他社会经济组织、公益慈善组织、个人为参保人缴费提供资助",如此不稳定的财务来源不可能形成稳定财务结构,最后只能成为政府财政负担,甚至演变为一种福利性社会养老保障。

在这一点上,城乡居民养老保险与我国台湾地区"非职业'国民'年金"如出一辙,均以弱者为保障对象,又坚持建立社会保险制度,结果均是"弱者难以共济"。以更为宏观的视角观察,无论是居民养老保险还是国民年金,都是在社会养老保险"条块分割"的体系下发生的,劳动者、公务员及事业单位人员为代表的职业群体均有各自的社会养老保险制度,形成了职业群体内部的共济互助,已形成利益分配格局难以改变。从社会保险原理来看,依据大数法则,老年风险在越大的群体内分散,就越能减低个人的损失。而"条块分割"的社会养老保险体系实质上是将社会成员划分为"职业群体"和"非职业群体",前者又在各小群体中分散老年风险,由此导致并非形成一个真正的社会共同体,未能遵循大数法则打通各个制度之间的藩篱。那么,居民作为社会保险体系下的弱者,当然就承接了最多的老年风险,无法将其风险分散至职业群体。

与之相反,"国民皆保险"模式最大的优势就在于形成了真正意义

---

① 郑秉文、周晓波、谭洪荣:《坚持统账结合与扩大个人账户:养老保险改革的十字路口》,《财政研究》2018年第10期。

上的社会共同体，无论是低收入的农林渔业者，还是没有收入的学生、失业者以及家庭主妇，都可以参与到社会保险体系中，与职业群体共同分散老年风险，这是社会连带的应有之义。这其中会涉及一个利益分配平衡的问题，也就是在不过度增加职业群体社会保险缴费的情况下，使其分担居民的养老负担，这既需要政府财政予以积极的支持，又需要将居民的老年年金控制在一个合理的水平。但从社会保险的制度结构上看，"国民皆保险"模式已实现职业群体与居民群体在国民年金制度下的融合，以"强者扶助弱者"的方式解决了"弱者难以共济"的症结。

四 城乡居民养老保险之改革

党的十九大报告提出，加强社会保障体系建设。按照兜底线、织密网、建机制的要求，全面建成覆盖全民、城乡统筹、权责清晰、保障适度、可持续的多层次社会保障体系。全面实施全民参保计划。完善城镇职工基本养老保险和城乡居民基本养老保险制度，尽快实现养老保险全国统筹。按照这一要求，城乡居民养老保险的改革应作为整个社会保险体系建设的一环，对"全民参保"的目标作系统性解读，指引改革思路。

笔者认为，"全民参保"不应止步于"人人有保险"，若按照这一理解，"条块分割"的社会保险体系也可以实现此目标，而对现行城乡居民养老保险实施情况的观察，该保险制度只是实现了居民这一群体的保险制度覆盖，但给付金额过低，并不能实现真正意义上的保障。因此，"全民参保"乃是中国语境下的"国民皆保险"，学理阐释应为建立分散老年风险的"社会共同体"，将职业群体与居民群体纳入统一的社会保险体系之下，只有打破不同群体社会保险制度的藩篱才能实现养老保险的全国统筹。

在此学理基础上，城乡居民养老保险的切实改革方向是超越"弱者难以共济"，通过住所及收入的要素组合构建"国民性"，形成以国民性为基础的第一层次社会养老保险，覆盖全民；以职业性为基础的第二层次社会养老保险，覆盖劳动者、公务员和事业单位人员。两个层次纳入统一的社会保险管理体制下，在财务上实现集中管理。依据两个层次社会保险制度的划分，被保险人亦相应归为不同类型，居民养老保险应参照当地生活水平确定合理的给付标准，以"保基本"为目标，以防止过度加重用人单位和职业群体的社会保险缴费负担，亦防止严重降低职业群体的养老保险给付水平，并将政府财政支持控制在一个合理水平。当然，此改革设想需要大量精算工作的支撑，并且需随着中国社会城镇化进程而缓慢推进。就实施城乡居民养老保险改革的最大难题而言，应是农村人口在总人口中所占的比例。农村人口所占比例越大，意味着职业群体所负担的支出就越大，制度整体的财务平衡难度也就越大。这一问题只有随着中国城镇化进行，农村人口逐步的市民化，一部分转变为职业群体，一部分转变为城镇居民，从而扩大社会养老保险整体的财务来源，并减轻保险给付压力，才能使中国的"国民皆保险"成为可行的改革方案。在这一历史过程中，鉴于目前社会养老保险仍处于省级统筹阶段，应城镇化率较高的东部发达地区建立试点，为整体改革积累经验。

争议处理

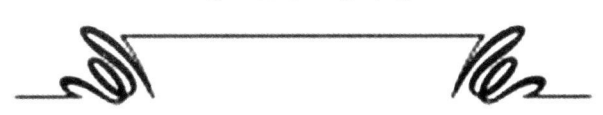

社会保险争议处理的司法适用
——实证考察与法理阐释[*]

杨复卫[**]

摘 要 基于司法系统对社会保险争议处理的意见,以及2014—2020年616份案例中仲裁机构与法院对社会保险争议的态度分析,表明我国司法机关处理社会保险争议呈现去私法化的趋势。也即社会保险争议的司法处理民事救济程序向行政救济程序转化。为证成这种司法适用的正当性,需从理论上对社会保险法律关系的各方主体及其性质进行剖析,得出社会保险基础法律关系是一种法定之债。社会保险争议处理司法适用改进目标分两步走,近期目标将社会保险争议从劳动争议司法程序中分离,放弃现有的二元救济路径。远期目标则是以行政救济程序为起点,构建独立的社会保险争议司法处理机制。

关键词 社会保险争议 司法适用 实证分析 去私法化

一 问题提出:被误读为劳动争议的社会保险争议

我国社会保险肇始于1951年施行的劳动保险制度。改革开放后,国家对劳动保险制度进行了变革,努力将劳动保险改造为社会保险,

---

[*] 基金项目:国家社会科学基金青年项目"公民养老权的国家义务研究"(编号:19CFX050);中央高校基本科研业务费人文社科项目"促进重庆市养老事业和产业发展的立法创新研究"(编号:SWU1909312)。

[**] 作者系西南大学法学院副教授,三峡库区经济发展研究中心研究人员,法学博士。

争议处理

在企业职工中强制实施。1991年,国务院颁布了《关于职工基本养老保险制度改革的决定》,规范和完善企业职工社会保险制度。因此,我国社会保险制度一开始便是建立在劳动者群体基础之上的。1995年施行的《劳动法》第9章将"社会保险和福利"作为其一部分便是明证。按此推理,社会保险权利显然亦被劳动权范围所涵盖,二者权利属性具有相似性,社会保险争议亦可遵循劳动争议处理规则。加之2008年实施的《劳动争议调解仲裁法》第2条明确将用人单位与劳动者发生的社会保险争议规定为劳动争议,并适用该法第5条"劳动争议处理的基本程序",即通过协商、调解、仲裁和诉讼解决。2008年实施的《劳动合同法》第74、77条承认社会保险争议属于劳动争议范畴。甚至2011年实施的《社会保险法》第83条也提到,个人与所在用人单位发生社会保险争议的,可以依法申请调解、仲裁,提起诉讼。虽说前述法律仅解决用人单位与劳动者之间发生的社会保险争议,但实践中所发生的社会保险争议通常与劳动争议混合,二者相互掺杂极难区分,均可通过劳动争议处理程序解决。进一步强化了社会保险争议与劳动争议的趋同性,导致部分劳动争议处理机构认为社会保险争议即属于劳动争议范畴。①

司法机关发现混淆社会保险争议与劳动争议的性质将阻碍审判程序的展开,特别是产生了诸多司法理论上不能自洽的问题,故尝试着区分社会保险争议与劳动争议。如2010年《最高人民法院关于审理劳动争议案件适用法律若干问题的解释(三)》(以下简称《解释三》)第1条便明确规定了,人民法院只受理用人单位未为劳动者办理社会保险手续,且社会保险经办机构不能补办导致其不能享受社会保险待遇为由,要求用人单位赔偿损失的争议。即人民法院只受理社会保险民事侵权所导致的损失赔偿纠纷,而不受理用人单位与劳动者基于社会保险缴费、待遇给付等所发生的争议。其认为社会保险争议具有公法的性质,不属于人民法院民事诉讼的受案范围。故,受案范

---

① 有实务界人士认为,用人单位与劳动者个人之间发生的基于社会保险的法律纠纷则属于社会保险领域的劳动争议。参见曹后军《解析用人单位与劳动者之间社会保险争议的法律适用》,《中国人力资源社会保障》2017年第8期。

围被限定在不能补办所导致的损失上,并非通常所认定的所有涉及社会保险权利的纠纷。任何司法解释的做出都是对当前司法活动的反映,并非无的放矢,而是有其正当性的,《解释三》亦不例外。探究立法者本意还应当还原到立法内容上看,《解释三》所肯定的受案范围是受民事法律所约束的侵权类型而非其他。然而,由于缺乏可信服的理论支撑,司法机关对于社会保险争议性质的态度是暧昧的。2007年通过,2011年修正的《民事案件案由规定》在"十七、劳动争议"明确将"169.劳动合同纠纷""170.社会保险纠纷"并列,二者均属劳动争议范畴。2019年的审判实践表明,基层审判人员仍未能有效区分社会保险争议的性质,《解释三》范围外的社会保险纠纷亦可能被当作劳动纠纷处理。如因用人单位降低社保缴费基数致劳动者未足额享受工伤保险待遇的,用人单位应就差额部分承担赔偿责任。[①]

目前,法律意义上的"社会保险争议"被区分为社会保险行政争议与社会保险劳动争议。前者是在劳动者、用人单位、社会保险辅助人与社会保险经办机构、社会保险费征收机构之间发生的参保、缴费、待遇支付等方面的争议;后者是在劳动者与用人单位之间发生的参保、缴费和待遇支付等方面的纠纷。对于前者而言,学界和法律实务界并无疑义,认可社会保险争议带有公法属性。绝大多数学者认为社会保险劳动争议缺乏理论上的自洽性,[②] 甚至有学者认为作为劳动争议的社会保险争议本身就是一个伪命题。[③] 加之现行立法规范的模糊性,以及劳动仲裁机构、司法机关对该问题的不同观点,实则又使得厘清该问题变得越发复杂。因此,实有必要通过司法机关实证数据来论证该问题,以期顺利解决社会保险争议。

[①] 孙坚:《社会保险争议纳入受案范围的审查标准》,《人民法院报》2019年8月8日第7版。
[②] 郭捷:《论社会保险权的司法救济》,《法治论坛》2009年第4期;林嘉:《社会保险权利救济研究》,《中山大学法律评论》2014年第3期。
[③] 王显勇:《一个伪命题:作为劳动争议的社会保险争议》,《法学》2019年第11期。

二 社会保险争议处理的实证考察：来自司法机关的观点

基于历史和法律传承的因素，社会保险法律制度逐渐从劳动法律制度中分离出来，形成独具自身特色的社会保险法律体系。如，1995年的《劳动法》将社会保险作为劳动法律制度的一部分，并在2008年的《劳动争议调解仲裁法》中作为社会保险劳动争议出现，直至2010年《社会保险法》出台才将二者从法律层面进行区分。然而，社会保险法律理论研究的缺位又使得这种区分只能是简单式的，加之法律制度的惯性使然，司法机关在执行法律时势必存在二者"统一"与"分离"的反复现象，这在社会保险争议处理中有较为具体明显的体现。

（一）最高院及地方法院社会保险争议处理意见

目前，社会保险争议处理机制呈现民事和行政"二元救济路径"。其中，民事路径包括和解、劳动仲裁、民事诉讼；行政路径则包含劳动监察、行政复议和行政诉讼。这与我国现行社会保险争议处理制度建立在传统公、私法分立的理念之上有关。现行社会保险争议处理制度将统一的社会保险争议强行拆分为两半，一半是模仿劳动争议调解和民事诉讼，以求在过往的民事程序法中汲取营养；另一半是借用行政复议和行政诉讼，以适应当下行政主体的特殊身份。夹在两难之间，纷扰着实难免。由制度衔接与制度协调给操作实践带来的麻烦与尴尬，更是层出不穷。这种模式在以前社会保险争议并不复杂、社会化程度不高的情况下，大致可以起到权利救济和保护的作用，也基本能够满足当时处理社会保险争议的需要，并不会因为"分流"而产生太多问题。[①] 法律法规为社会保险争议的处理方式勾勒出了轮廓，但由于社会保险不断发展，社会保险争议类型众多、内容复杂，落实到具体案件的解决，则需要司法解释来对相关的法律法规做出统一的阐明。为此，将最高人民法院和

---

① 肖京：《社会变迁中的社会保险争议处理机制》，《北方法学》2013年第1期。

北京、上海、广东地区法院关于处理社会保险争议的意见进行分类整理（表1），以探明司法机关对于社会保险争议性质的观点。

表1　　　　　　司法系统对社会保险争议处理的意见

最高人民法院	
受理类型	不受理类型
劳动者以用人单位未为其办理社会保险手续，且社会保险经办机构不能补办导致其无法享受社会保险待遇为由，要求用人单位赔偿损失发生争议的	劳动者请求社会保险经办机构发放社会保险金的纠纷
劳动者退休后，与尚未参加社会保险统筹的原用人单位因追索养老金、医疗费、工伤保险待遇和其他社会保险费而发生的纠纷	社会保险基金经办机构与用人单位因拖欠社会保险费而发生的纠纷
	征缴社会保险费属于社会保险费征缴部门的法定职责，不属于人民法院受理民事案件的范围

地方法院（以北京、上海、广东为例）		
	受理类型	不受理类型
北京	用人单位未按规定为农民工缴纳养老保险费，农民工在用人单位终止或解除劳动合同后要求用人单位赔偿损失的	用人单位未按规定为农民工缴纳养老保险费，农民工主张予以补缴的
北京	超过法定退休年龄的农民工在工作期间发生工伤要求认定劳动关系的，应当驳回其请求，可在裁判文书中确认属于劳务关系	
上海	劳动者以用人单位存在过错导致本人社会保险待遇减少、丧失为由，要求用人单位赔偿损失的	劳动者对本人是否符合提前退休条件与用人单位发生争议的
上海	因"协议保留社会保险关系"引起的纠纷	用人单位不服"一裁终局"裁决，向中院申请撤销裁决
上海		劳动者已申请仲裁要求用人单位为其缴纳社会保险费，仲裁机构或法院以超过仲裁时效为由驳回其请求，现又以无法补办社保手续为由，要求赔偿社保待遇损失的
广东	用人单位为劳动者建立了社会保险关系，劳动者垫付用人单位未依法缴纳的社会保险费后，请求用人单位返还的	劳动者以基本养老保险费的缴费年限、缴纳数额不足为由，请求用人单位赔偿基本养老保险待遇损失的

争议处理

最高人民法院《关于审理劳动争议案件适用法律若干问题的解释（一）》第1条规定劳动者退休后，与尚未参加社会保险统筹的原用人单位因追索养老金、医疗费、工伤保险待遇和其他社会保险费而发生的纠纷，人民法院应当受理。《解释三》第1条规定："劳动者以用人单位未为其办理社会保险手续，且社会保险经办机构不能补办导致其无法享受社会保险待遇为由，要求用人单位赔偿损失发生争议的，人民法院应予受理。"从上述司法解释可以看出，最高人民法院对于社会保险争议是否属于劳动争议持谨慎态度，司法解释中明确将社会保险争议纳入劳动争议的情形甚少。此外，就算被纳入劳动争议的社会保险争议，也存在诸多限制条件。如前文所述的第一种情形，必须同时符合"劳动者退休"和"原用人单位尚未参加社会保险统筹"两个条件；上述第二种情形更为严苛，须满足"用人单位未为劳动者办理社会保险""社会保险机构不能补办""因此导致劳动者不能享受社会保险待遇"这三个条件，才能被纳入法院受理劳动争议的范围。

最高人民法院《关于审理劳动争议案件适用法律若干问题的解释（二）》第7条规定，劳动者请求社会保险经办机构发放社会保险金的纠纷不属于劳动争议。该条规定回应了一种类型的社会保险争议处理方式，但其辐射作用有限，最高人民法院对其他类型的社会保险争议处理方式尚未做出明晰的规定。由于涉及基本的社会保险纠纷，地方法院对于社会保险争议的处理意见则更显具体。[①] 北京市高级人民法院关于印发《劳动争议案件审理中涉及的社会保险问题研讨会会议纪要》的通知："用人单位未按规定为农民工缴纳养老保险费，农民工主张予以补缴的，一般不予受理。"广东高院、劳动人事仲裁委《关于审理劳动人事争议案件若干问题的座谈会纪要》适用《社会保险法》的若干意见："劳动者请求用人单位为其建立社会保险关系或缴纳社会保险费的，不作为劳动争议处理。"可以得出，对于补缴社会保险费这一类型的社会保险争议，各地均认为这是行政机关的职责范围，法院不予受理。并且，上海和广东认为，用人单位为劳动者缴纳社会保险费系行政法上的

---

① 下文论述仍以北京、上海、广东为例。

强制义务。如果用人单位不按规定缴纳社会保险费，行政机关有权责令其限期缴纳，甚至依法强制征缴，且无时效或期限限制。① 另外，由于用人单位的原因，导致劳动者未能正常享受保险待遇，产生损失（损害）赔偿的问题，北京和上海予以受理，不过在"由于用人单位的原因"这一前提条件的设定下有所差异：北京为"用人单位未按规定为农民工缴纳养老保险费，农民工在与用人单位终止或解除劳动合同后要求用人单位赔偿损失"②；上海为"用人单位存在过错导致本人社会保险待遇减少、丧失"③。相反，广东则明确表示，劳动者以基本养老保险费的缴纳年限、缴纳数额不足为由，请求用人单位赔偿基本养老保险待遇损失的，不作为劳动争议处理。④ 在"社会保险待遇损失（损害）赔偿"这一问题上三地的处理态度并不一致。

整理北京、上海、广东三地的社保争议处理意见时，发现广东的相关规定更为丰富和细致。广东高院、劳动人事仲裁委《关于审理劳动人事争议案件若干问题的座谈会纪要》中写明："用人单位为劳动者建立了社会保险关系，劳动者垫付用人单位未依法缴纳的社会保险费用后，请求用人单位返还的，作为劳动争议处理。"因此，广东认为，劳动者自行缴纳社会保险费后要求返还，已然超出了行政管理的范围，应被纳入人民法院受理的"不当得利"性质的民事债务纠纷。对于最高法院发布的《关于审理劳动争议案件适用法律若干问题的解释（三）》第1条："劳动者以用人单位未为其办理基本养老保险手续，且社会保险经办机构不能补办导致其无法享受基本养老保险待遇为由，请求用人单位赔偿损失的，人民法院应予受理"，广东对此条司法解释中的3项受理条件进行了细化，具体表述为：（一）用人单位未为劳动者参加基本养老保险；（二）社会保险经办机构明确答复不能补办；（三）劳动者达

---

① 上海高院《民事法律适用问答》2004年第4期，问题5。
② 北京市高级人民法院关于印发《劳动争议案件审理中涉及的社会保险问题研讨会会议纪要》的通知一、关于用人单位未按规定为农民工缴纳养老保险费的问题第1条。
③ 广东高院、劳动人事仲裁委《关于审理劳动人事争议案件若干问题的座谈会纪要》（2012年8月2日）一、适用《社会保险法》的若干意见第1条。
④ 广东高院、劳动人事仲裁委《关于审理劳动人事争议案件若干问题的座谈会纪要》（2012年8月2日）一、适用《社会保险法》的若干意见第2条。

到法定退休年龄。此外,《广东省高级人民法院、广东省劳动争议仲裁委员会关于适用〈劳动争议调解仲裁法〉、〈劳动合同法〉若干问题的指导意见》,将"劳动者与用人单位因养老保险缴费年限发生的争议;劳动者以用人单位未为其缴纳社会保险费导致其损失为由,要求用人单位支付工伤、失业、生育、医疗待遇和赔偿金的;劳动者以用人单位降低其缴纳社会保险费的工资标准导致其损失为由,要求用人单位承担工伤待遇损失的"都明确纳入了法院的受理范围。

(二) 基于劳动仲裁与民事诉讼的案例统计分析

为切实考察司法实践中社保争议的处理方式,特从"中国裁判文书网"上随机选取 2014—2020 年的 616 份相关案例,并运用统计学方法和案例分析法对其进行归纳整理,以期准确呈现人民法院和劳动仲裁委员会对不同类型社保争议的受理情况及受理结果,找出共性和规律,探讨当前"二元救济路径"的痛点与难点,为完善社保争议处理模式提供数据和改革对策。统计数据如表 2。

表 2　2014—2020 年 616 份案例中仲裁机构与法院对社会保险争议的态度

社保争议类型		劳动仲裁委受理情况		法院民事案件受理范围		法院裁判对劳动者社保诉求	
		受理	不受理	属于	不属于	支持	不支持
补缴社保	数量	273	85	41	411	33	364
	比例	76.26%	23.74%	9.07%	90.93%	8.31%	91.69%
补办社保手续	数量	8	6	1	17	1	13
	比例	57.14%	42.86%	5.56%	94.44%	7.14%	92.86%
办理社保登记并补缴社保	数量	13	13	1	29	1	22
	比例	50.00%	50.00%	3.33%	96.67%	4.35%	95.65%
因用人单位没缴、少缴、迟缴社保导致的损害(损失)赔偿	数量	16	25	10	51	6	36
	比例	39.02%	60.98%	16.39%	83.61%	14.29%	85.71%
社保险种、缴费基数、缴费年限、参保地等发生争议	数量	3	5	0	24	0	22
	比例	37.50%	62.50%	0	100%	0	100%

续表

社保争议类型		劳动仲裁委受理情况		法院民事案件受理范围		法院裁判对劳动者社保诉求	
		受理	不受理	属于	不属于	支持	不支持
劳动者代缴社保的返还	数量	4	8	8	9	6	2
	比例	33.33%	66.67%	47.06%	52.94%	75.00%	25.00%
劳动者要求用人单位支付其未交社保的"工资性补偿款"	数量	7	4	3	9	2	1
	比例	63.64%	36.36%	25.00%	75.00%	66.67%	33.33%
总比例		52.60%	23.70%	10.39%	89.29%	7.95%	74.68%

资料来源：作者整理。

在整理案件的过程中，发现实务中社会保险争议可大致归为七类：补缴社保，补办社保手续，办理社保登记并补缴社保，因用人单位没缴、少缴、迟缴社保导致的损害（损失）赔偿，社保险种、缴费基数、缴费年限、参保地等发生争议，劳动者代缴社保的返还，劳动者要求用人单位支付其未交社保的"工资性补偿款"。劳动仲裁委对这七类社保争议的受理比例分比为76.26%、57.14%、50.00%、39.02%、37.50%、33.33%、63.64%，平均受理比例也达到了52.60%。[①] 可见，劳动仲裁委对社保争议的受理范围较宽，大多数的有关社保争议的诉求在劳动仲裁委能得到回应。再来看人民法院，依照上文列举社保争议的顺序，分别是9.07%、5.56%、3.33%、16.39%、0、47.06%、25.00%，平均受理比例为10.39%。除"劳动者代缴社保的返还"这一类型受理比例高于劳动仲裁委以外，其他类型的社保争议受理比例都明显低于劳动仲裁委。因此基于对案例的实证考察，也可以得出法院对于受理社保争议持谨慎态度的结论。

法院对"补办社保手续""补缴社保"和"社保险种、缴费基数、缴费年限、参保地等发生争议"此类的社保争议处理方式高度统一，即不受理。从此类案件的判决书来看，多数裁判文书能体现出一种基本共

---

① 此数据中还包括因超过劳动争议仲裁时效而不予受理的案例。

识，即我国社会保险从办理登记、缴费、发放社会保险费到监督检查等过程由社会保险行政部门负责管理。这一规定适用于我国当前社会，司法权的强行介入和干预，不仅不利于日益完善的社会保险功能的正常运行，而且不利于合理划分司法权和行政权的职责，导致二者权限交叉重叠混乱，最终不利于对劳动者合法权益的切实保护。但对于"劳动者代缴社保的返还"这一类型则分歧较大。对于这类社保争议的处理，关键在于劳动者自行缴纳社会保险费后要求返还，是否超出了行政管理的范围。进一步来讲，即是否应被纳入人民法院受理的"不当得利"性质的民事债务纠纷。

三 司法机关处理社会保险争议趋势：去私法化

（一）司法机关去私法化表征及缘由

从前述表1中最高人民法院的司法解释以及三地的高级人民法院意见可见，司法机关倾向于限缩《劳动法》《劳动争议调解仲裁法》等的适用空间，并不认可社会保险劳动争议。具体处理时，存在将社会保险争议去私法化的趋势，如通过"不当得利""侵权行为"等纠纷解决渠道代替社会保险劳动争议处理机制。抑或是将社会保险劳动争议转化为行政争议，如表2中对"补办社保手续""补缴社保""社保险种、缴费基数、缴费年限、参保地等发生争议"均不受理，认为劳动者可通过社会保险行政争议处理机制解决。对表1和表2的分析，可得出目前司法机关处理社会保险劳动争议的基本逻辑是限缩该处理机制的运用。虽说立法承认了社会保险劳动争议，但是司法机关尽量将社会保险劳动争议定位为一种民事纠纷行为，也即司法机关所受理的案件仅是社会保险争议中属于民事纠纷的那一类，并不受理不属于民事纠纷的社会保险争议。社会保险劳动争议并不属于司法机关民事审判的案件范围，即社会保险劳动争议是一个停留在纸面上的伪命题。从我国司法机关的设立上分析，社会保险争议去私法化趋势源于我国采用一元的司法体系。即由单一的法院负责所有的法律争议案件，其优点在于当事人不必分辨该案件是公法案件还是私法案件，杜绝了不知该向何种法院起诉事件的发生。其缺点在于就法律争议为公法关系或私法关系来决定当事人应寻何种诉讼救济制度以谋求救济的方式，如果在公法关系与私法关系模糊难辨时，尤其是社会保险法领域中，经常就会发生民事解决机制与行政解决机制相互推诿的情况，当事人权益难获得救济。其中，以社会保险费的补缴问题最为突出。

问题的根源在于社会保险争议的法律关系以及性质未能厘清，加之严格恪守公、私法的界分，司法机关只能用去私法化来对当前法律发出无声抗议。具体而言，《劳动争议调解仲裁法》第1条认为社会保险争议属于其受案范围，并与劳动合同的订立、履行、变更等争议条款并列，可见该法是将社会保险争议比照劳动争议的处理模式，即先仲裁后诉讼。《社会保险法》第83条也提到，个人与所在用人单位发生社会保险争议的，可以依法申请调解、仲裁，提起诉讼，甚至《劳动合同法》第74、77条也承认社会保险争议属于劳动争议范畴。按照上述规定，劳动者与用人单位发生社会保险争议应首先申请劳动仲裁，并在不服仲裁裁决时再行向人民法院提起民事诉讼。至少这样看起来不管是劳动者还是用人单位在寻求权利救济的途径上应该是畅通的，所借用的劳动争议处理程序在处理社会保险纠纷时看似并无不妥。然而，司法机关在实践操作时发现事实可能并非如此，而是存在不可调和的矛盾。如法院在审理社会保险劳动争议时可运用调解、和解等程序，这与社会保险所具有的强制性矛盾。[①] 以民事诉讼的调解制度为例，劳动争议中因劳资双方针对劳动合同、工资制度和安全保障制度等发生的纠纷，当事人可以通过协商解决，审判庭也可以当庭调解。因为不管是协商机制还是调解机制都是当事人对自己权利的一种处置，只要这种处置在法律的范围之内就不应当受到干预，国家也鼓励当事人之间达成某种调解协议，这也是法院的主要工作之一。然而，社会保险的强制性决定了其争议的裁量标准一般具有非可裁量性特征，体现在社会保险的核心内容上，如参保项目、参保范围、缴费基准等方面。这些特征系国家法律的强制性规

[①] 胡大武、罗恒：《中国社会保险争议处理程序法律制度实证研究》，《学术交流》2016年第5期。

定，没有赋予当事人对该项规定进行意思自治的权利。因为社会保险本身具有大数法则，而趋利避害的思维决定了当事人自由处置的权利带有目的倾向性，这种利益的纠葛对整个社会保险制度却是有害的。因此，通过劳动争议程序来解决社会保险纠纷，法院所强调的调解与社会保险争议的非可裁量性必然产生某种冲突，这种冲突基于制度本身并非通过法官努力可以调和。

（二）《解释三》对社会保险争议处理私法化的排斥

《解释三》第1条规定了人民法院只受理民事侵权所导致的损失赔偿争议，而不受理关涉用人单位为劳动者缴纳社会保险、缴费基数、补缴社会保险费等纠纷。劳动者与用人单位发生的社会保险争议，实则被转化为普通的民事纠纷。而《劳动争议调解仲裁法》第二条明确将用人单位与劳动者发生的社会保险争议纳入劳动争议处理程序，也即当事人可申请劳动仲裁，不服仲裁裁决时再提起民事诉讼。然而《解释三》却将受案范围亦限定在不能补办所导致的损失上，仅能就特定的案件提起民事诉讼，并非通常所认定的所有涉及社会保险权利的纠纷。这中断了劳动者提起民事诉讼的程序，实则有通过司法解释缩小《劳动争议调解仲裁法》适用范围之嫌。而这间接导致社会保险劳动争议中劳动仲裁与民事诉讼的脱节，使部分劳动者的社会保险权利在劳动仲裁阶段获得救济，却无法获得法院的支持。据此，也可看出司法机关对社会保险争议处理私法化的排斥态度。

任何司法解释的做出都是对当前司法活动的反映，并非无的放矢，而是有其正当性的，《解释三》亦不例外。探究立法者本意还应当还原到立法内容上看，《解释三》所肯定的受案范围是受民事法律所约束的侵权类型而非其他。而反观社会保险争议性质，不难发现这种带有国家强制性的社会保险并不能适用民事审判机制，因为从审判机制所设立的目的来看，民事审判和行政审判具有天然的分立情绪。当还原社会保险的历史发展时，对整个社会保险争议拒绝民事审判机制就会有更清晰的了解。社会保险制度的建立最早是与职业相关的，即社会保险最初只覆盖产业工人，直到近代以来社会保险才从职业保险变成全民保险，社保险法也从劳动法中脱离出来成为独立的法律部门。社会保险制度建立的基础在于参保人的缴费，为此国家通过强制性的规定要求参保人履行缴费义务，在参保人不能按时足额缴费时，保险人有强制征缴的权力。另外，保险人也在参保人符合保险待遇给付条件时向被保险人提供物质或金钱的给付，受益人获得该给付的依据是国家的法律而非双方的契约。① 劳动报酬的获得显然是基于劳动合同的约定，只是这种约定应当符合国家的最低工资制度安排等，具有一定的意思自治性，如果将劳动争议处理制度完全适用于社会保险争议，则纠纷解决机制混合了公法争议与私法争议，打破了民事诉讼与行政诉讼的严格界限，该做法并不可取。

（三）司法机关处理社会保险争议去私法化路径

从表1的文本和表2的数据中可分析出，目前司法机关对于如何破解社会保险劳动争议难题并无成体系的机制，而是将社会保险争议纳入公法争议范畴而非劳动争议处理程序。也即劳动者与用人单位因未办理社会保险手续或缴纳社会保险费的争议，不属于劳动争议的审理范围，人民法院不予受理。对于用人单位整体参加社会保险统筹的，无论劳动者起诉用人单位还是社保经办机构，人民法院均不应作为劳动争议案件受理。司法机关意识到仅凭自身能力和角度定位无法改变社会保险劳动争议规范，需要通过司法解释和实践操作尽量避免矛盾发生，探索社会保险争议处理的去私法化路径。从《劳动合同法》第17条劳动合同书的必备条款来看，社会保险条款是用人单位与劳动者签订的法定契约。因履行劳动合同社会保险条款发生争议时，劳动者既可向社保行政部门投诉，又可以通过司法途径解决自身权益问题。从行政执法的实践来看，劳动行政监察的执法手段大多为责令用人单位改正，或更为严厉的处以欠缴数额的一倍以上三倍以下罚款。该处罚对于用人单位而言，较为严厉，但问题在于尖锐的劳资关系下用人单位以接受罚款来拒绝履行缴费，劳动者社会保险权利仍得不到实现。通过解读《解释三》的规

---

① 林嘉：《社会保险的权利救济》，《社会科学战线》2012年第7期。

定，貌似给劳动者提供了其他的救济途径，但仔细分析，其实不然，其受理条件过于严苛，仅针对用人单位未办且经办机构不能补办的情形。实际上，参加养老保险的个人，达到法定退休年龄时累计缴费不足 15 年的，可以缴费至满 15 年，也可以转入新农保或城居保而领取相应待遇。即养老保险缴费并不受年龄的限制，如此则并不存在社会保险经办机构不能补办的情形，该私法争议人民法院也不应受理。如此一来，劳动者与用人单位的养老保险争议则被完全排除在外。仅剩下养老保险制度规定的在实行社会保险统筹之前就已退休的劳动者，仍有部分未纳入统筹，由用人单位供养。这类人群较少，基本无争议发生。

此外，工伤、医疗、生育和失业保险在经办机构不能补办导致劳动者无法享受社会保险待遇而受损失，可参考国家对于社会保险待遇支付标准和条件的规定裁决。如失业保险领取条件是劳动者非本人意愿失业且有求职意愿，按时参加就业培训等，这些附加条件无疑给仲裁和民事诉讼增加了难度，仅凭法官经验很难对损失补偿标准和额度进行判断。医疗保险的难度则更大，因为地方统筹和标准不同的个人账户，其损失额度更无法测算。对于社会保险争议，关键是区分哪些属于劳动争议案件范围，哪些属于行政争议范畴，哪些是劳动者多途径选择机制救济的范围。对此，不管从规范上还是实践中，这种私法化的救济机制并不适用于社会保险争议。对于争议处理机制而言，各国理论与实践一致认同这是一种公法的处理机制，与行政争议处理机制类似。但"社会法与传统行政法很容易区分，与现代行政法却很难区分开来。随着现代行政法理念的更新，把社会法与行政法交叉的部分视作特别行政法，并非坏事，反而可以让社会法汲取营养"①。即社会法的基本理念可以实现行政法的功效，行政争议的处理机制亦可适用于社会保险争议纠纷解决领域。"作为行政法律关系的前提，是从行政与人民立于法的同等地位出发。在现代法治国家不应再有所谓的权力关系，所有国家与人民间的关系都应该是法律关系。"② 社会保险法律关系亦不例外，其争议的双方

---

① 李海明：《论社会法之所指》，《社会法学研究》2013 年第 1 期。
② 张锟：《行政法学另一典范之期待——法律关系理论》，《月旦法学杂志》2005 年第 6 期。

正是代表国家的经办机构与劳动者，与行政法律关系亦有相似之处，争议解决适用部分行政争议处理机制在社会性上并无不可。以德国法为例，向社会法院提出法律救济途径仅限于公法上的、非宪法性质的法律争议案件。相对于一般行政法院审判权，社会法院审判权可以说是一个特别的行政法院审判权，这一点从德国《社会法院法》第 51 条和《行政法院法》第四十条关于管辖的规定可窥一二。

四　社会保险法律关系的各方主体及其性质

（一）社会保险法律关系的各方主体

首先，作为保险人的社会保险经办机构。社会保险之保险人作为社会保险的经办者及风险管理者，通过向参保人收取保费的形式将具有同质风险的群体集中于一个保险团体内，当该保险团体成员发生法律规定的保险事故时，保险人以向其支付保险金的形式来达到分散个人及团体风险的目的。为了维持保险团体的可持续性，社会保险人必须保证社会保险基金的运营实现财务的平衡。要求社会保险人在保费的征缴与保险给付的支付方面实现因果关系，是因为风险团体内部的财务具有自给自足的封闭性，这与国家财政迥然不同。[①] 保险人不但作为社会保险基金运营的财物承担者，而且具有社会保险给付义务人的地位。依循《社会保险费征缴暂行条例》《社会保险行政争议处理办法》，将征缴社会保险费用和发放社会保险待遇的职责赋予社会保险经办机构，使其具备了作为保险人的部分能力。社会保险经办机构也是作为社会保障部门的直属机构而存在，相对于内设机构，具有一定的独立性，也就具有了经办社会保险事务的正当性。且除此之外，中国并无其他机构被赋予经办社会保险事宜职能。社会保险经办机构目前充当保险人的角色。

各国均通过立法明确规定其保险人的身份、地位、职能，与政府关系等。目前，社会保险人的立法模式有三种：第一，中央政府的下属部分或依法成立的特殊公共机构、独立于国家的公法人。第二，独立于政

[①] 孙迺翊：《论社会保险制度之财务运作原则》，《政大法学评论》2008 年第 101 期。

争议处理

府的自治管理的公法人。① 德国社会保险业务的承担机构具有法律上的自主权，独立于政府、议会和公共权力机构，政府承担对法律的遵守及保险人业务、财务的监督。② 这种社团法人对内与其社员之间存在公法上的社员关系，并且社员基于团体内部的民主要求通过一定的方式对团体事务发挥决定性影响；对外，社团法人作为具有独立权利能力的行政主体为其成员的利益依法履行义务、主张权利，并成为各类法律关系权利义务的归属者。第三，依照私法运营的公司法人。依照私法运营的公司法人担任社会保险人的模式源于20世纪80年代初的智利，由养老基金管理公司按照民事法则运营，管理公司在缴费中提取佣金支付公司的运营成本并获得利润。③ 管理公司获得了社会保险人的职权，按照法人治理模式，在政府干预下独立承担保险给付义务。

其次，作为被保险人的劳动者。虽然我国社会保险法并未有"被保险人"这样的称谓，但境外社会保险制度发达的国家均使用该移植于保险法上的术语，如日本社会保险的保障对象也称为"被保险人"，为保证研究平台的统一，故本文也使用该称谓。④ 正如有学者所言："社会保险法就其性质而言，并不是社会保险管理法或社会保险行政法，而是社会保险权利保障法。这一法律直接的社会目的是保障劳动者的社会保险权利。"⑤ 既然从社会保险权利义务的角度出发，社会保险所对应的

---

① 自治管理，则是指利益相关方的充分参与及其对管理事务的自我负责，是在内部组织结构方面关于自治权的实质标准。而公法人主体，意味着社会保险机构并非公共部门的分支机构，而是独立于行政机关之外、接受法律监督但政府并不直接或间接管理的机构，涉及组织结构的形式标准。如以德国的疾病保险基金为例，其性质上属于公法上的社团法人。李志明：《德国社会保险自治管理机制：历史嬗变、改革及其启示》，《欧洲研究》2012年第4期。

② 德国社会保险人的自治管理，并非仅仅出于历史偶然性考量，而是俾斯麦时期对于社会保险制度的规划而刻意为之，1881年德皇发表社会保险诏书中即已特别提到：社会保险乃是一个与人民生活中的真实力量（以基督为道德基础的人民生活）相连接，并透过国家保护并促进之合作组织，而达成之福利措施；在此情形下，国家之权利即不应相对扩展⋯⋯基于此等合作社之理念，社会保险机构自不会是由国家执行的单一机构，也不会是有国家官僚所执掌之机构。郭明政：《社会安全制度与社会法》，翰芦图书出版有限公司1997年版，第73—74页。

③ 李曜、史丹丹：《智利社会保障制度》，上海人民出版社2010年版，第14页。

④ 这里谈到的被保险人是指享有社会保险待遇给付权利的劳动者、参保的城镇居民、农村居民。

⑤ 常凯：《劳权论——当代中国劳动关系的法律调整研究》，中国劳动社会保障出版社2004年版，第181页。

权利一方为劳动者和其他主体，那么可顺理成章地认为，劳动者作为被保险人时，是社会保险法律关系的当事人，也是社会保险给付权利的主体。据此，可推出社会保险法律关系的一方当事人是保险人，另一方当事人是被保险人。那么假如投保单位有未能按时足额缴纳保费的瑕疵行为，并不能影响被保险人获得保险给付的资格，被保险人可以自身所具有的法律关系当事人身份向保险人及其他义务主体积极请求主张权利，并且在其权利受到侵犯或实现受损时无须依附其他主体而自行依照争议处理机制获得救济。

最后，作为其他主体的用人单位与服务机构。《社会保险法》第57条与《社会保险费征缴暂行条例》第7条均规定了用人单位作为投保机构。前者要求用人单位应自成立之日起30日内凭营业执照、登记证书或者单位印章，向当地社会保险经办机构申请办理社会保险登记。后者明确了其业务范围，包括缴费业务，代扣代缴业务和工伤保险待遇给付业务。社会保险服务主体是指受保险人委托，提供保险给付的主体。作为保险给付提供者的保险人不可能自己独立提供所有的保险给付，且随着社会保险给付形式的改变，保险人从提供物和行为开始向提供服务转变。而保险人并不具备提供保险服务的能力，这时，保险人需要委托专业的服务主体来提供保险给付。其中最为常见的社会保险服务主体，是医疗保险和工伤保险中的保险医疗机构。

（二）社会保险基础法律关系：法定之债

保险人与被保险人之间形成了社会保险基础法律关系。不同国家和地区所施行的社会保险存有差异，关于社会保险关系形成原因的观点亦有不同。即便是针对同一社会保险法律制度学者也有不同的论述。但针对社会保险基础法律关系的性质大致形成了行政契约说、[①] 行政处

[①] 行政契约是指"两个以上当事人，就公法上权利义务设定、变更或废止所订立之契约"。具体而言，具有参保资格的人民向保险人的申请参保作为要约，保险人确认其参保为承诺，从而在双方之间成立行政契约性质的保险关系。如此，则保险关系建立在约定的合同条款基础上，合同条款没有直接约定时，方可适用其他法律规范。参见吴庚《行政法之理论与实用（增订第10版）》，作者自版2009年，第427页。

争议处理

分说①和公法上法定之债说②。本文采纳当前较为流行的公法上法定之债说观点,认为社会给付请求权的发生时点为法定要件存在之时,与行政决定的作出时间无关。具体到社会保险制度,特别是针对强制保险的职工社会保险,保险关系的法定成立时点为从属劳动开始之日,终点则往往至被保险人死亡时。在此前提下,雇主未缴费或被保险人逾期缴纳保费,保险人也不得以此为由终止保险关系,而只能依据社会保险法律的规定要求支付保费或滞纳金,也可以暂时拒绝支付。可见,即使投保单位或被保险人在拒绝缴纳保费的情形下,保险人也不得对此个别保险关系的内容做任何限制或变更,而只能依循法定途径,催促投保单位或被保险人履行缴费义务。其实,即使是自愿参保的被保险人与保险人之间的保险关系亦可解释为公法上法定之债的关系。因为参保人的单方意思表示即可成立保险关系,并不需要保险人的承诺与确认等,正如钟秉正所言,此时的被保险人在行使一项"公法上的形成权"③。

支持"公法上法定之债"的观点认为,首先,从保险关系的发生角度出发,保险关系的发生与终止基于法定条件或原因的成就与否,与当事人的意思表示并无过多关系,也不考虑当事人是否清楚法定事实已经发生;其次,从保险关系的建立来看,是否缴交保费对于保险关系的效力并无影响,仅发生被保险人催缴保费的行为;最后,从保险关系的内容出发,立法提前规定了保险费率、给付时限、保险金额度、给付条件等基准,当事人并无可以协商的空间。④ 而且,社会保险制度以全民福祉之实现为制度目标,即使其社会保险关系有公私法融合的属性,但公法属性居于主要的地位于学术界并无异议。因此,社会保险关系的形成

---

① 社会保险关系应以保险人合法保险凭证的行政处分为成立的原因,而投保单位之检具材料及申报行为属于对保险人做出核发凭证行政处分的协力,即保险关系的发生原因在于保险人做出的"须当事人协力之行政处分"。
② 持公法上法定之债说观点认为,法律关系的产生并非是当事人意思表示达成一致,而是依据背后的法定事实的发生。
③ 钟秉正:《社会保险争讼之研究》,载林明锵、蔡茂寅编《行政法实务与理论(二)》,(台北)元照出版有限公司2006年版,第209页。
④ 蔡维音:《全民健保之法律关系剖析(上)》,《月旦法学杂志》1999年总第48期。

原因也应在公法领域内探寻。引起法律关系成立的原因包括事实与行为两种方式，行为又包括单方行为与多方行为，具体到行政法律关系时则表现为法定事实、行政契约和具体行政行为三种形式，法定事实又等同于公法上法定之债。

保险关系的形成原因应当考虑如下要素：第一，基于投保便利、周全考量下，被保险人投保条件成就不但意味着其享有社会保险相关权利，同时也被强制课予承担风险团体内部损失的义务。即被保险人的参保行为既是权利也是义务，不得随意放弃。将保险关系形成原因定位为公法上法定之债满足了保险关系自投保行为成就时建立，被保险人自动成为保险团体的一员，从而被课予缴交保费的义务，自此则较为明晰的确定了保险关系成立的时点，不受被保险人投保或保险人核定手续的限制，比较符合投保便利、周全的意旨。同时，也能杜绝国家借"契约"之名，逃避法律的拘束。第二，从被保险人意思的参与角度来讲，行政契约作为一种柔性的、尊重合意并能体现私人自由的形式化行为方式受到重视，① 具体行政行为亦考虑相对人的意思参与，可以事先就行政行为的内容与相对人谈判与交涉，其内容可以深入到法效力具体层面上。② 此时，有学者认为行政契约与具体行政行为的功能十分接近。③ 事实上，这种表面的契约精神看似无懈可击，但真实的图景却是这种意思参与仅仅在个别法律关系成立过程中，与保险的实际运作不符。这很容易让我们想到格式合同，而保险契约的难修改性与格式合同并无二致，意思自治的空间也仅仅停留在理想画面中。即行政契约与具体行政行为所提供的被保险人协商空间并不能满足保险契约的需求，绝大部分内容均遵循法律之强行规定，如发生争议则需要特定程序与所有利益相关者共同决定之，而非个别保险关系可以抗争。因此，在被保险人民主协商的角度上，公法上法定之债说在实际运作中明显优于行政契约与具

---

① ［日］大桥洋一：《现代行政の行为形式论》，转引自王贵松《调整规划冲突的行政法理》，《清华法学》2012年第5期。
② ［日］大桥洋一：《现代行政の行为形式论》，转引自王贵松《调整规划冲突的行政法理》，《清华法学》2012年第5期。
③ 赖恒盈：《行政法律关系论之研究》，（台北）元照出版有限公司2003年版，第6页。

体行政行为说。第三，社会保险的行政成本主要表现在权利义务未获履行的救济程序上，为降低社会保险的行政成本，其形成原因应选择公法上法定之债。

若采此观点，则被保险人及投保单位应依据法律规定负担缴费义务，这与税收的征缴具有相同的执行力。社会保险制度中，大多赋予了保险人强制征缴的权限。[①] 该种规范也是具体行政行为所规制的范畴，因为具体行政行为也可以作为行政机关强制执行的依据，此时我们很难将其与公法上法定之债区分开。另外，比较法定之债说与具体行政行为说，后者针对未履行投保手续的被保险人缺乏执行依据而显得力不从心，也即针对还未发生之行为缺乏明显的效力。可见，公法上法定之债说作为社会保险制度中保险关系行政原因较为有利。

五 社会保险争议处理司法适用改进的可能目标

由前述分析可知，现行社会保险劳动争议处理的司法适用存在诸多问题，但长期实践下来确有一定合理性，其成熟模式具有纠纷解决的高效性，易为人民群众所接受。因此，部分学者所倡导的为社会保险争议引入独立的纠纷解决机制目前难以为立法者所接受。毕竟这样的改革建立在社会保险法律制度与劳动法律制度分离基础上，进而重建新的社会保险争议法律体系，经济、社会成本均过于高昂，乃至动摇目前《劳动法》《劳动合同法》《劳动争议调解仲裁法》《社会保险法》的基本根基。那么，借鉴德国以独立的社会法院（法庭）来处理社会保险争议，在目前的法治环境下成本过于高昂，并不合适。故，本文认为社会保险争议处理在司法适用上应区分为近期目标与远期目标展开。

（一）近期目标：社会保险争议从劳动争议司法程序中分离

解决社会保险争议与劳动争议的分离问题，需要首先从理论上明确用人单位在社会保险法律关系中的定位，防范二者再次被混同。用

---

① 中国《社会保险法》第7章，专门规定了社会保险费用的强制征缴。

人单位基于《社会保险法》规定单方被课予向保险人提出申报、提供资料以及缴纳保费之公法上义务，但其却并非保险关系的当事人，而纯粹是基于其与投保义务人间的内部关系（劳动关系）被课予这种费用负担义务。可见，用人单位承担了国家任务的一部分，然该社会保险业务并无公权力行使，也无行政权限委托的情形发生，而是用人单位基于其特定的法律地位，直接依据法律负有协助办理社会保险业务的义务。用人单位代为办理的业务均为经办机构本身行政业务的协助，对外相对于劳动者可视为是经办机构的行为。如此，在用人单位与经办机构之间内部行政业务上的失误，将不至于波及劳动者的合法权益，缴费及待遇发生争议时有相对明确和统一的救济途径。即可以直接向经办机构提出要求用人单位履行也可直接提起行政复议或行政诉讼，无须迂回追求错误的发生是基于用人单位还是经办机构之间行政业务行为，而再去区分私法还是公法上的救济机制。将用人单位的缴费瑕疵行为视为经办机构内部的行政失误，从而不影响外部劳动者的权益。就保险关系而言，投保单位处于第三人的地位。在德国社会保险体系下，虽然雇主不具备保险关系当事人地位，但是其对于保险管理与监督却有一定的参与权。因为德国保险人基本采用独立公法人的组织形式，有独立的自治行政权限，管理机关则是由被保险人与雇主的代表组成。原因在于雇主也负担部分社会保险费用，若其对社会保险运行完全置身事外则有过度侵犯其财产权之嫌，因此其利益也应透过其参与管理而获得保护。据此，本文将用人单位代行社会保险业务定位为经办机构的"辅助人"。

在社会保险劳动争议处理机制下，劳动者与用人单位作为争议的双方当事人，通过劳动仲裁与民事诉讼的方式解决纠纷，适用私法化的争议处理程序。由于用人单位作为经办机构的"辅助人"，其行为是依循法律规定执行经办机构的任务，并没有表达其主观意志，行为结果应由经办机构承担而非用人单位。也即劳动者与用人单位之间办理投、退保手续、缴费基数不清等问题的发生并非是劳动者与用人单位之间的纠纷，而是劳动者与经办机构的"辅助人"间的争议。又因为"辅助人"听从经办机构的安排和指挥，是经办机构的意志表达，其不利的责任也应由经办机构承担。由此，用人单位代行社会保险业务时并不具有完全独立人格，最终责任应由其控制主体社会保险经办机构承受。当社会保险争议发生时，劳动者以用人单位作为争议的对方当事人并不恰当，经办机构才是合适的争议主体。而从实体法与程序法关系来看，实体法是目的，程序法是手段，程序必须围绕实体来展开和构建。对于具有公法性质的社会保险经办机构，劳动者与其发生争议时，不能适用社会保险劳动争议处理机制，而应寻求独立的救济机制。当前我国通过行政争议处理机制解决劳动者与经办机构间的社会保险争议，但因为我国社会保险经办机构并不具备独立的保险人地位，无法明晰其责任范围使得救济程序运行并不顺畅。虽然德国社会法的行政程序基本上是依照普通的行政程序法，① 但德国具有完整的公法人性质的保险人，这与我国经办机构的地位大相径庭。为此，近期将社会保险争议从劳动争议司法程序中分离具有可行性。

（二）远期目标：构建独立的社会保险争议司法处理机制

首先，独立社会保险争议司法处理机制的域外经验。日本社会保险争议处理机制分为事前程序权利保障与事后救济程序。就事前程序权利而言，为保障弱势的社会保险权利人，避免事前程序上的瑕疵申请行为，造成社会保险权利的损害或受主管机关行政行为的恣意侵害，日本《行政手续法》对程序申请进行了规范。该法涵盖了对社会保险申请的处分、行政指导和申请程序，以及申请权限和审查基准的公开明示。事后救济通常是人民利益的受益处分因违法或不当造成侵害时，得依据行政不服审查法及行政事件诉讼法作为争议处理程序依据。首先对行政处分的结果提出审查请求，权利人不服时再行提起行政诉讼。日本社会保险给付争议，通常采用审查请求前置程序，未经审查请求裁决不得提起行政诉讼。对于社会保险的给付而言，为了追求简易性、迅速性，审查请求是不可或缺的制度。对于一般社会保险争议，如攸关被保险人资格

---

① ［德］霍尔斯特·杰格尔：《社会保险入门——论及社会保障法的其他领域》，刘翠霄译，中国法制出版社 2000 年版，第 170 页。

的取得、丧失和保费处分争议事项时，被保险人须向社会保险审查官、社会保险审查会提起审查请求，在请求遭驳回后才可提起行政诉讼。修订前的《行政事件诉讼法》通常以撤销诉讼为争议处理方式来解决被保险人与保险人间的争议，2004年该法经过修订后，明确课予义务诉讼成为该争议解决的主要程序，并同时规定了暂时救济程序（也称"假课予义务"）制度，主要针对保险人给付不作为进行裁判。[①] 而德国社会保险争议处理机制则有另一套独立的程序，通过行政复议、社会法院诉讼的机制解决争议。被保险人对保险人的处分决定有疑义时可向复议委员会申请审查，该审查作为复议前置程序被规定，如不服复议委员会决议时再行向专门的社会法院提出诉讼。诉讼应当在复议决定到达之日起一个月内提出；如果没有经过复议程序，那么起诉期限从行政行为到达之日起开始计算。[②] 该社会法院组成了德国五大司法管辖区，它是专门因应社会保险争议纠纷而设立，有一套独立的办案程序，如法官可依职权单独调查事实。

其次，域外机制的本土化运用。前述三个地区的制度设计涵盖以下几个方面：第一，针对社会保险争议设置有专门的争议处理机制，并且该机制有别于劳动争议处理机制和行政争议处理机制。第二，在强调社会保险法公法性的同时设置有专门的处理社会保险争议的机构，日本法律设立的行政不服审查制度，以及德国的社会法院。并且日本完备的事前程序为法院过滤了绝大多数争议案件，德国社会法院还建立了一套专门的有别于普通法院的程序和专业人员配置。第三，在争议案件进入司法程序前采取行政审查先行原则，将不服审查制度、诉愿制度和复议制度作为法院处理社会保险争议的前置程序。以上的经验都是结合了本地特有制度，并在此基础上所做的设计安排，争议处理机制具有独特性。而如何将这些有益经验通过移植实现本土化，成为当下我们思考的问题，"法律规则通常并非为它们所赖以在其中运行的某个特定社会所设计的"[③]，"真实情况是法律的创新只占很少的数量，而借鉴和模仿则应

---

① 芝池义一：《行政救济法讲义》，（东京）有斐阁2006年版，第148—150页。
② 钟秉正：《浅介德国社会法院及相关审判权》，《月旦财经法杂志》2009年第3期。
③ Alan Watson, *Society & Legal Change*, Scottish Academic Press, 1977, p. 8.

被视为法律变化过程中最为重要的部分"①。发达地区社会保险争议处理机制作为"制度舶来品"引入中国,不仅存在一个"理性选择"的过程,更需要一个"法律本土化"的实践,即外来制度如何在中国"扎根"与"内化"的过程。② 为了防止制度移植的"水土不服",本土化还需具备某种条件:原有的机构和制度已经存在,其中又存在一定的缺陷,该制度也并未真正成为构建社会结构和解决社会矛盾的基本途径,我国法治完善和发展仍然需要经历一个长期过程。③ 另外,这种移植并非是完全的照抄,而是根据我国已有的制度设计进行完善。如前述日本《行政事件诉讼法》设有关于假处分形态的假救济制度和假停止制度,对于社会保险给付的权利请求,行政机关的不作为或拒绝作为而提起课予义务诉讼时,创设了假义务和假停止的制度以避免造成难以弥补的损失。④ 该做法值得我国行政诉讼法参考。另外,去私法化也意味着改变民事诉讼的方式解决争议,完善现有的社会保险行政争议处理机制,甚至在条件成就时参照德国社会法院的模式。强化行政审查先行原则,在进入司法程序前,发挥行政机构复议审查委员会广泛的社会性和代表性。

最后,不管社会保险争议处理机制如何构建,应立足当前行政纠纷解决机制的设计,不能脱离程序法的基本架构。第一,可借鉴日本的假处分与假救济制度,在行政诉讼中增加课予义务诉讼,针对行政机关无原处分或原决定的具体行政行为时,当事人可以提起要求行政机关履行行政行为的诉讼。在社会保险争议中,用人单位拒绝为劳动者补缴保费时,经办机构经常将自身当作是局外人,而并不履行其对用人单位的督促、处罚义务。此时,劳动者即可向人民法院提起课予义务之诉,要求经办机构履行义务。第二,社会保险法属于公、私法兼顾,偏向公法,故针对社会保险行政争议首先应遵循行政复议的纠纷解决程序,并作为

---

① Rodolfo Sacco, "Legal Formants: A Dynamic Approach to Comparative Law", 39 *American Journal of comparative Law*, 1991, p. 394.
② 吴汉东:《知识产权法律构造与移植的文化解释》,《中国法学》2007 年第 6 期。
③ 王晨光:《法律移植与转型中国的法制发展》,《比较法研究》2012 年第 3 期。
④ 吴庚:《行政争讼法》,台北五南图书出版公司 2012 年版,第 269 页。

行政诉讼的前置程序，目的在于使原处分做成的经办机构有迅速更正处分的机会。故在行政复议中设立一个中立的、代表广泛的社会保险争议解决委员会来参与纠纷解决。其代表组成包括经办机构的工作人员、法律学者、保险学者、医生、被保险人代表等，这是因应社会保险业务的特性所设立的特殊专业机构。其中经办机构的代表足以保证行政部门的意见表达，其他组成人员都是各领域的专家学者，具有社会公正性和社会代表性。另外，不管是复议机构还是审判机构在面对专业的社会保险案件纠纷时应当征求社会保险争议解决委员会的意见，从而做出判断。第三，社会保险法属于社会法范畴，有其独立的法律原则，同时专业性、技术性和政策性极强，这就决定了社会保险争议处理机制不同于当前的行政争议处理机制。而参照民事诉讼与行政诉讼的救济方式显然不符合社会保险的内在规律与社会性特征，也不利于社会保险权利的保障，因此，从长远来看借鉴德国社会法庭的做法也未尝不可。在适应社会保险本身"社会性"的特质上重新分配举证责任、梳理诉讼时效、构建简易程序等，保障劳动者社会保险权及时、有效实现。

域外观察

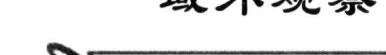

德国社会保险法的历史发展与制度体系

金昱茜[*]

摘　要　德国是世界上最早通过颁布法律、建立以社会保险为核心的现代社会保障体系的国家。自1881年"皇帝诏书"颁布、立法征程开启时起至今,德国社会保险法律制度历经"一战"前的初次法典化、"二战"中的对象限缩、东西德期间的双轨并立与再统一后的体系再扩展暨"五支柱"形成,制度的建立、成长与进阶,与德国各阶段中社会、经济与政治的外部推力脱不开联系,也离不开制度内部不断的自我检视与调整。德国社会保险法律体系不是封闭回路,面对当下人口老龄化与科技进步带来的新挑战,制度更是从既有理论与模式出发,对现有化解社会风险之可行方案进行积极的理论检讨和技术吸纳,以努力实现自身的可持续发展。

关键字　社会保险法　社会保险制度发展史　德国社会法

一　缘起：德国的社会保险选择

现代社会中,个人依赖对其劳动力的经济性利用,以支撑其生计消耗。[①] 个人的基本生存有赖于受薪劳动给付的实现,因此,若此间任一环节龃龉,则危及其经济生活之基础。[②] 造成经济生活不利益之因素纷繁芜杂,唯当其结果存在陷入"生活重大转折"（Wechselfälle des

---

[*] 作者系湖南大学法学院助理教授,德国明斯特大学法学博士。
[①] Stefan Muckel/Markus Ogorek: Sozialrecht, München: C. H. Beck, 2011, S. 49.
[②] Raimund Waltermann, Sozialrecht, Heidelberg: C. F. Müller, 2018, Rn. 56 f.

域外观察

Leben)① 之虞时,国家需通过可行手段提供适当保护,以使个人及公众免受个体风险准备不足的影响。② 此即社会保险制度存在之朴素意义。

在德国,可造成上述"生活重大转折"之风险,伴随着工业化进程的逐渐深入而愈加典型化。③ 工业革命前,个人通过物之占有获得基础保障,救济贫困是教堂、修道院或神职人员的任务。中世纪后期,德国虽有地方贫穷救济责任观念(Kommunale Armenfürsorge)的产生,但其仍带有当时欧陆所盛行的、对贫穷歧视的先天烙印:因贫穷大多归因于个人的错误行为,故当有"配位"与"不配位"(unwürdig)之分。④ 直至 18 世纪中叶,欧洲大陆渐次充溢工业革命发动所引起的暗流与躁动。在当时仍处公国林立状态的德意志土地上,城市工业化进一步发展、土地归属制度(Gebietsuntertängigkeit)的终结与农村人口大规模迁移(Massenwanderung)已无法阻止、国家贫困救济责任终经立法所确认⑤并进一步发展、劳工联合与运动隐隐成势——经济、社会与政治因素互相影响交织成茧,客观上已无法逐一抽离。⑥ 彼时,虽然工厂劳工

---

① Hans Zacher: Verrechtlichung im Bereich des Sozialrechts, in: Friedrich Kübler (Hrsg.), Verrechtlichung von Wirtschaft, Arbeit und sozialer Solidarität, Baden-Baden: Nomos, 1984, S. 16.

② Vgl. BVerfGE 28, 324, 348; BVerfGE 45, 376, 387 f.

③ 也即从社会安全角度考察,造成需为公共给付之短缺现象的典型社会风险,也即失业、疾病、劳动力减损、老龄等,参见郭明政《社会安全制度与社会法》,台湾:翰芦图书出版有限公司1997年版,第127页以下。

④ Stefan Muckel/Markus Ogorek: Sozialrecht, München: C. H. Beck, 2011, S. 1; Eberhard Eichenhofer, Sozialrecht, Tübingen: J. C. B. Mohr, 1995, Rn. 18 ff.

⑤ 1794 年《普鲁士普通邦法》中首次承认普鲁士公国法定的贫困救济责任(Zweiter Teil 19. Titel § 1, Allgemeines Landrecht für die Preußischen Staaten),但该法既未确认对应的法定请求权,也未建立一般性的社会保障体系,而是仍将贫穷救护的任务尤其财政负担推卸至地方层面,国家仅执行监管功能(Zweiter Teil 19. Titel §§ 10, 27, 40 PrALR)。此后救助理念由个人等待提供帮助逐渐变为地方作为一类联合,有责任在紧急状况发生前即为需要者提供庇护支持。18/19 世纪国家与地方基本保障责任的确认与加强,一定程度上为后续创立国家引导下的社会保险制度奠定了理念基础,但在当时,以地方(属地)为主体的贫困救护路径,实际阻却了产业劳动者特别是劳动能力减损者获得足够保障的可能。

⑥ 参见 Gruner, Soziale Bedingungen und sozialpolitische Kozeptionen der Sozialversicherung aus der Sicht der Sozialgeschicht, in: Hans Zacher (Hrsg.), Bedingungen für die Entstehung und Entwicklung von Sozialversicherung, Berlin: Duncker und Humblot, 1979, S. 103; Alber, Die Entwicklung sozialer Sicherungssysteme im Licht empirischer Analyse, ebd. , S. 123 ff; Köhler, Entwicklung von Sozialversicherung, ein Zwischenbericht, ebd. , S. 19 ff.

所面临的困境与传统贫困需求在"数"与"质"上的差别仍未被充分重视，但一个"社会性问题"已逐渐显现并被不断诘问：当下（19世纪）新兴产业工人的群体苦难（Massenelend）应如何解脱？这显然已无法通过对传统贫困救济措施的简单延续得到解决。

另一方面，无法获得足够地方"庇护"的手工业者和矿工，设立了自愿自助式基金会①，以预防潜在的生活风险，这一模式为社会保险制度的设计提供了雏形参考。普鲁士公国采纳了此种以保险形式体现的风险预防原则，并通过将其从职业自愿和排他性特征中剥离的方式扩及其他群体：1845年的《工商业管理条例》（Gewerbeordnung）首次赋予了地方强制手工业者和学徒助手加入前述基金会的权力；1854年普鲁士再次强化矿工的强制保险义务，地方权限通过立法再进一步，获得了自行设立商业性支持基金（Gewerbliche Unterstützungskassen）的授权。②与此同时，一些大公司创立了自己的工厂健康保险基金，并以强制性缴纳与工资额度相关的保费为鲜明特征③——上述实践对之后法定疾病保险基金会制度的形式和成员结构产生了深远影响。民间和官方都逐渐意识到，对社会安全的强烈需求已不再局限于边缘阶层，需要考虑的，还有经济活跃群体（新兴产业工人）劳动风险的预防性保障问题。

19世纪70年代，统一后的德意志帝国需要面对的，除了经济阶段性疲软，还有尖锐的国内政治矛盾。④部分实业家与知识分子要求

---

① 手工业者基金会（Kassen der Handwerkgesellen）和矿工联合会（Knappschaftskassen）。

② PrGS 1854, S. 138; Stefan Muckel/Markus Ogorek: Sozialrecht, München: C. H. Beck, 2011, S. 2; Eberhard Eichenhofer, Sozialrecht, Tübingen: J. C. B. Mohr, 1995, Rn. 33; Zöller, Landesbericht Bundesrepublik Deutschland, in: Peter Köhler/Hans Zacher (Hrsg.), Ein Jahrhundert Sozialversicherung, Berlin: Duncker und Humblot, 1981, S. 51 ff.

③ 另一方面，1871年通过的《帝国责任法》（Reichshaftpflichtgesetz）中明确规定，若工人在使用机器时遭受人身伤害，企业家应承担责任。该部基于民事侵权基本归责（法典化后收入《民法典》第823条及以下）的法律虽扩大了某些雇主责任，并将其与保险法律因素相关联，但对于当时严重的劳动事故现状而言，仍未提供最佳的可行方案。参见 Raimund Waltermann, Sozialrecht, Heidelberg: C. F. Müller, 2018, Rn. 61.

④ 参见 Michael Stolleis, Die Sozialversicherung Bismacks-politisch-institutionelle Bedingungen ihrer Entstehung, in: Hans Zacher (Hrsg.), Bedingungen für die Entstehung und Entwicklung von Sozialversicherung, Berlin: Duncker und Humblot, 1979, S. 387 ff, 国内学者对此的详细论述参见郑尚元《德国保险法制之形成与发展》，载郑尚元《劳动法和社会法专论》，法律出版社2015年版，第212—220页。

域外观察

引入一种国家层面的全面保险机制,以回应严峻的社会性劳工保障诉求,尤其是当时尚无措施妥善应对的失业和老龄返贫等问题。在此背景下,1881年11月17日,威廉一世在德意志帝国议会发布著名的"皇帝诏书":

> ……已经在2月表示了我们的信念,即疗愈社会创伤不可仅经由镇压社会民主暴动解决,其亦同样取决于对积极促进工人福祉的寻求。据此,上个会期中提出的一项关于劳动者工业事故保险的法律草案将首先……准备新一轮咨询协商。……追加一个旨在以等效组织商业健康保险事务为任务的提案。且即使因年老或伤残而无劳动能力者也得主张……更高水平的国家照顾。……①

这份"皇帝诏书"包含的关键信息,即是俾斯麦及帝国议会对于社会政策导向的核心共识:1. 为巩固社会和平(Sozialer Frieden)当需更多国家帮助(Staatliche Hilfe);2. 帮助的形式是诸如为劳动者提供事故、疾病、老龄和伤残保险保障的法律;3. 此保险非以国家机构设立,而经自治社团(Selbstverwaltungskörperschaft)的形式由劳资双方参与管理。② 此后10年中,《疾病保险法》(1883),《事故保险法》(1884)与《伤残与老年保险法》(1889)相继颁布。——"俾斯麦们"的国家保险思想,或源于德国示惠君父传统(Benevolent Patriarchalism)与当时合作社联合(Genossenschaftlicher Zusammenschluss)之下风险分担实践的结合,亦与德国彼时的社会背景好经济、政治基础密不可分。③ 从这个角度来说,选择社会保险模式也有"路径依赖"的因素作用。但无论如何,以国家倡作物(Staatliche Initiative)的形式建立保险保障体

---

① Erste Kaiserliche Botschaft zur sozialen Frage. Verhandlungen des Rechtstags, 5. Legislaturperiode, I Session 1881/82, Bd. 1, 1; vgl. Rohwer-Kahlmann, Die Kaiserliche Botschaft vom 17. November 1881, ZSR 1981, 657 ff.

② Vgl. Eberhard Eichenhofer, Sozialrecht, Tübingen: J. C. B. Mohr, 1995, Rn. 35; Stefan Muckel/Markus Ogorek: Sozialrecht, München: C. H. Beck, 2011, S. 3.

③ 参见 Harald Steindl, Colloquium "Ein Jahrhundert Sozialversicherung", in: NJW 1982, 865.

系，德国为其首创，当然依 Eichenhofer 教授的观点总结，这仍是"德国'自上而下改革'传统的再次体现"①。

二 德国社会保险法的制度发展

（一）俾斯麦时期的制度雏形②

如上所述，俾斯麦时期的社会保险立法主要为 1883 年《疾病保险法》（RGBl. S. 73）、1884 年《事故保险法》（RGBl. S. 69）和 1889 年的《伤残与老年保险法》（RGBl. S. 97）。

1883 年 6 月 15 日颁布的《疾病保险法》是德国历史上第一部社会保险立法，法定保险义务据此确立并延续至今。法律颁布之前已有的地方保险基金和行业互助基金会完成了身份的调整和转变，成为社会健康保险体系中具有公法社团（Öffentlich-rechtliche Kärperschaft）性质的保险承担机构。保险保费约占劳动报酬的 3%—6%，由劳动者和雇主共同承担（比例为 2∶1）。在保险待遇方面，以病假津贴（Krankengeld）形式履行的工资替代给付占据主力，而在事实履行原则执行后成为主要方式的药物和治疗只占当时保险给付的一成左右。

针对劳动事故风险的《意外事故保险法》几经修改，终于在 1884 年 7 月 6 日获得公布。法案首先确认了劳工特别是高风险企业从业工人和低薪管理人员的强制保险义务，作为保险承担机构的同业工伤事故保险联合会（Berufsgenossenschaft）同样被赋予公法社团的组织性质，并且获得自行制定和发布相关事故预防条例的授权。随着法定事故保险制度的建立，民法中包含精神损害赔偿在内的人身损害赔偿制度在其调整的范围内被搁置适用。③ 时至今日，《社会法典》第 7 卷第 104 条第 1 款第 1 句仍明确规定：雇主对于为其工作或与其（企业）存在其他成立法定事故保险关系的被保险人，……在因其所致保险事故中，仅在故意

---

① Eberhard Eichenhofer, Sozialrecht, Tübingen: J. C. B. Mohr, 1995, Rn. 36.
② 此部分内容主要参考 Georg Wannagat, Lehrbuch des Sozialversicherungsrechts, 1. Bd, Tübingen: J. C. B. Mohr, 1965, S. 61 ff.
③ Raimund Waltermann, Sozialrecht, Heidelberg: C. F. Müller, 2018, Rn. 61.

或引起第 8 条第 2 至 4 项所称在途事故时，方负相关人身损害赔偿之责任。也正是因为法定事故保险实际替代了雇主在私法上本应承担的损害赔偿责任，保费由雇主单独承担的逻辑合理性由此得证。

1889 年 6 月 22 日通过的《伤残与老年保险法》（1891 年 1 月 1 日生效）第一次将老龄作为保险事件进行调整，并课以强制保险义务。该法规定保费由劳资双方对半缴纳，同时以税收资金适时补贴。但由于彼时下层社会老龄（Alt）与伤残（Invalide）问题重叠交织，故而法案中譬如"年满 70 岁得申请老龄年金"的待遇设置，实际是基于无劳动能力视角考察下的"老龄伤残"（Altersinvalidität）认定——由于此年龄界限并非原则上的劳动豁免年龄，此时的老年保险尚不能被称为真正意义上的养老年金保险。但通过以基于保费缴纳而取得的法定给付请求权代替基于需求的一般性福利慈善救济，《伤残与老年保险法》实现了社会养老保障结构体系的现代化跨越；[1] 另外，即便在现行德国法定年金保险制度（《社会法典》第 6 编，SGB VI）中，劳动能力因素也从未从对老龄保障需求的应然认定标准中真正消失。

上述三部社会保险立法虽未能实现俾斯麦借此推动劳动者与国家社会和解之短期目标，但确是将德国引上了现代社会国之路。[2] 三部法律呈现的下述基本结构性特征，被后续立法所认可和延续，进而成为德国社会保险法律制度的体系性标志：1. 制度给付基于公法上的待遇履行请求权，2. 履行基于保险事件之发生而非需求之验证，3. 保费计算基于工资水平而非个体风险，4. 保险运行基于劳资自治共管和国家监督。正是基于上述特征的总结，Wannagat 教授将社会保险概念的法律定义表述为"针对工作能力丧失、死亡或失业等情况，由国家组织的、以自治原则和强制参与为基础的、面向大部分劳动人口的公法性质保险"[3]。

---

[1] Raimund Waltermann, Sozialrecht, Heidelberg：C. F. Müller, 2018, Rn. 62.
[2] Raimund Waltermann, Sozialrecht, Heidelberg：C. F. Müller, 2018, Rn. 62.
[3] Sozialversicherung ist "eine staatlich organisierte, nach den Grundsätzen der Selbstverwaltung aufgebaute öffentlich-rechtliche, vorwiegend auf Zwang beruhende Versicherung großer Teile der arbeitenden Bevölkerung für den Fall der Beinträchtigung der Erwerbsfähigkeit und des Todes sowie des Eintritts der Arbeitslosigkeit". s. Georg Wannagat, Lehrbuch des Sozialversicherungsrechts. 1. Bd, Tübingen：J. C. B. Mohr, 1965, S. 25.

（二）"一战"前的初次法典化

自俾斯麦立法奠定体系雏形至"一战"爆发前，德国社会保险法律制度进入一段高速发展期。首先，被保险人范围不断扩大，法定义务保险人的家庭成员也逐渐被纳入体系保障之中；其次，事实履行原则被法定疾病保险所采纳，由签约认可的医保医生（Kassenarzt）提供的救治手段成为待遇给付的主要形式；在养老保险体系中，则增加了职员养老保险和遗属保障的部分；于事故保险方面，各个保险承担机构开始组建总联合会以强化自治基础。时间前进到1911年，德国社会保险法律体系开始了第一次"法典化"尝试，此前的三部主要法案被合并入《帝国保险条例》①（*Reichsversicherungsordnung*，RVO，RGBl. S. 509）之中，后者最终由6个部分组成，即1. 通用规则，2. 疾病保险，3. 意外事故保险，4. 伤残与遗属保险，5. 保险承担机构之间及与其他义务主体之间的法律关系，6. 程序。《帝国保险条例》在德国社会保险法律制度史上发挥了极为重要的作用，直到1970年代后期才逐步被《社会法典》所取代。

（三）魏玛共和国至二战时期德国社会保险法律制度的发展②

魏玛共和国时代社会保障制度的发展与"一战"后德国的经济社会背景息息相关，人们关注于对战争受害者的抚恤补偿以及对青年的社会扶助，使得相应领域的法律制度取得极大进步。同时，由于战后一段时间失业人口的快速增加，俾斯麦立法时期尚未处理的另一项工业社会重大风险——失业危机成为社会保障法律制度理论与实践关注的焦点。分地域设立的失业救济机构最初由国家和地方按比供资，至20世纪20年代中期，雇主和雇员也逐渐参与其中并形成较为固定的融资模式。③ 1927

---

① Michael Stolleis, Geschichte der Sozialpolitik in Deutschland seit 1945, Bd. 1 Grundlage der Sozialpolitik, Baden-Baden: Nomos, 2001, S. 199, 263 ff.
② 此部分内容主要参考 Raimund Waltermann, Sozialrecht, Heidelberg: C. F. Müller, 2018, Rn. 64 ff.
③ Eberhard Eichenhofer, Sozialrecht, Tübingen: J. C. B. Mohr, 1995, Rn. 46.

年 7 月，共和国在实践基础上颁布《职业介绍和失业保险法》（RGBl. S. 187），建立德国法定失业保险制度①，职业促进和失业保障在组织层面一体执行的基本模式，彼时即获立法所确认并沿用至今。根据该法案，劳动者负有强制保险义务，其通过与雇主共同缴纳保费，取得在达成期待期间和非自愿失业等条件下，最长 26 周的失业救助给付请求权。

纳粹时期的社会保险制度在结构上未有重大变化，唯自 1935 年《纽伦堡法案》出台起，犹太人被逐渐排除于该体系之外，作为制度根基之一的自治参与权亦被极端限制。只在体系内部，于制度优化方面仍有所收益：社会保险之门开始加速向部分自营职业者打开，自此时期，社会保险制度对于后者的开放步伐从未停止；工资划扣（Lohnabzug）逐渐代替缴费印花（Beitragsmarken）成为年金保险的主要计缴方式；到 1941 年，年金领取者也被纳入法定健康保险的保障阵营之中。

（四）"二战"后的制度发展与二次法典化

"二战"后的四十余年，德国被划分东西两部分，在如何实现"福利社会"目标的问题上，两德也采取了不同的模式。② 在民主德国即原东德地区，社会保障制度被视为经济政策不可分割的组成部分③：国有企业有责任雇佣失业人员和劳动力减损员工，故而失业保险和事故保险再无用武之地，法定医疗保险也随公立健康服务制度的建立退出舞台。仅在老龄保障领域，面对公共养老金实际购买力水平持续降低的困境，原民主德国政府于 1971 年引入一项自愿附加保险，以期能以此弥补前者购买力的不足。

在原西德地区，历史形成的社会保险制度及其组织结构基本得以延

---

① 具体参见 Georg Wannagat, Lehrbuch des Sozialversicherungsrechts. 1. Bd, Tübingen: J. C. B. Mohr, 1965, S. 83 ff.

② 一种是各种"更平等的"或"平等的"社会及国家的范畴最大化的纲领，制造出生活状况的"平等"或"更多平等"；一种是实用主义的纲领，为指导"更多平等"，把焦点集中在生活状况不平等的某些主要领域，但多少保留原有生活状况。参见 [德] 汉斯·察赫《福利社会的欧洲设计》，刘冬梅等译，北京大学出版社 2014 年版，第 17 页。

③ Ulrich Lohmann, Deutscha Demokratische Republik, in: Hans Zacher (Hrsg.), Alterssicherung im Rechtsvergleich, Baden-Baden: Nomos, 1991, 193 ff.

续。在此基础上，保险范围和给付内容又收获进一步调整，以适应时代发展。比如部分涉及社会补偿的给付内容被纳入法定事故保险的履行范围之中；[①] 1969 年新颁布的《工作促进法》（BGBl. I S. 582）取代原《职业介绍和失业保险法》，法定失业保险制度据此成为积极劳动力市场政策体系中的重要组成；由于通货膨胀而面临支付危机的法定年金保险制度，亦自 1957 年起开始了历时 10 余年的财务运行模式重大改革，原有基于实际储蓄的资金累积制（Kapitaldeckungsverfahren）被逐步废弃，转而引入"代际契约"理念下的现收现付制度（Umlageverfahren），由此建立的动态养老金模式，使年金领取者亦能实时参与到经济发展的进程之中。[②] 同时，随着战后基本权利理论的发展，社会政策被视为一项对于经济政策（效果）的纠偏手段，即当经济政策致力于资源理性使用以实现经济增长时，社会政策则应以保证那些在市场经济运行中，需求未得到适当满足的群体的生存基础为基本目标。[③]

此后于 20 世纪 70 年代中期，联邦德国开启了社会保障法第二轮法典化进程。立法者寄希望于据此组建一个"更透明"和"更简洁"的社会保障法律整体系，即"有限实质改革下"的法典编纂，[④] 当然，从现今仍有扩充倾向的法典编目及文本内容来看，这一预期并未能完全达成。1975 年年末，具有总则性质的《社会法典》第 1 编获得颁布，第 4 编"社会保险通用规定"亦于次年生效。《社会法典》中规范所涉及的，既非通过所有权、财产增值或者个人预护等体现的私人保障机制，也非针对私人之间的社会的保护或补偿措施，即比如租户保护或劳动者保护等"社会私法"领域，而仅局限于公法上的社会福利

---

① 即"非真正事故保险"（Unrechte Unfallversicherung）。
② 1957 年的年金保险改革首先采取的是所谓阶段资金累积制（Anschnittsdeckungsverfahren），即收入总额应足以支付下一个 10 年期的支出并建立储备金，并据此调整保险费率；在第一个 10 年期结束后，鉴于要延续阶段累积制保费将急剧上涨 14% 的测算结果，法定年金保险在 1967 年决定全面转入现收现付制。参见 Stefan Muckel/Markus Ogorek: Sozialrecht, München: C. H. Beck, 2011, S. 290.
③ Eberhard Eichenhofer, Sozialrecht, Tübingen: J. C. B. Mohr, 1995, Rn. 50.
④ BT-Drucks VI/3764; Hans Zacher, Das Vorhaben des Sozialgesetzbuches, Percha am Starnberger See: R. S. Schulz, 1973, S. 25.

的保障性法律。① 自法定疾病保险于1988年被并入《社会法典》成为其第5编，到1995年长期护理保险法打破原有"十部编"体例规划，以第11编（SGB XI）的身份加入法典之中，依托于《社会法典》的德国社会保险"五支柱"法律体系的正式形成。

在此期间，两德于20世纪90年代初实现统一，根据《统一条约》（BGBl. II S. 889）的规定，联邦德国的社会法制度体系随之在原东德地区生效，唯一定时间内，"新联邦州"仍需适用部分特别条款和法规，比如在《年金过渡法》（BGBl. I S. 1606）中对根据原东德地区法律获得的年金期待权益的过渡性规定。

三　德国社会保险法的制度结构及特征

（一）社会保险法律体系的"五支柱"结构

《社会法典》第一编第4条第2款将法定疾病保险（包括农业经营者疾病保险）、法定年金保险（包括农业经营者老龄保险）、法定意外事故保险和社会长期护理保险认定为社会保险的四个主要分支项目，而失业保险则根据其第3条第2款和第19条第1款的规定被列入了就业促进法（社会促进）范畴之中。但不可否认，失业保险同样为经由保险的方式，在重要生活需求情境中提供的社会安全保障，因此，根据《社会法典》第4编第1条第1款，除明示排除的部分，该编的规定对于就业促进同样适用，联邦就业局即视为该编意义上的保险承担机构；对于相关缴费，亦纳入社会保险保费总额之中（《社会法典》第4部第28d条）。

据此，现有《社会法典》的12编中，调整社会保险法律制度的编目包括第4编"社会保险通用规定"、第5编"法定疾病保险"、第6编"法定年金保险"、第7编"法定事故保险"和第11编"社会护理保险"以及第1编"社会法总则"、第3编"就业促进"和第10编"社会行政程序与数据保护"中的相关规定。

---

① 参见 Hans Zacher, Das Vorhaben des Sozialgesetzbuches, Percha am Starnberger See：R. S. Schulz, 1973, S. 23, 关于"社会私法/社会民法"的论述可参见 Hermann Weitnauer, Schutz des Schwächeren im Zivilrecht, Karlsruhe：C. F. Müller, 1975。

(二) 社会保险法律的制度特征

1. 社会法意义上的保险性

社会保险法重在"预护",因此,保险制度所包含的"通过多人组织性结合以共同应对可能的、整体而言可评估的需求"的基本理念,对于社会保险依旧适用。① 但是,作为《基本法》上社会国原则的"实现路径"②,社会法意义上保险概念与作为经济术语的"保险"并不完全相同,联邦宪法法院将其描述为一个涵射广泛的宪法上的"类概念"(Gattungsbegriff),基于成员之间的团结和社会补偿思想对新的生活事实开放,并始终包括一项社会关怀的理想;甚至,法院并不反对将社会保险发展为国民保险(Bürgerversicherung)。③ 这种"保险的社会性修正"具体体现在比如基于收入水平而非个人风险概率计算保费,法定疾病保险中的家庭险设置和法定年金保险多种"可计入年金法律期间"的设置,等等。

2. 保险承担机构的自治性

《社会法典》第 4 编第 29 条第 1 款规定,社会保险承担机构的法律属性为"具备自治行政权的公法社团"(Rechtsfähige Körperschafte des öffentlichen Rechts mit Selbstverwaltung),保险承担机构作为"公共行政承担者,以自己的名义对各自的事务进行分散管理,费用自负",即原则上由被保险人和雇主作为成员(Mitgliedschaft)共同行使事务管理,国家主要对其业务及财务执行进行监督(《社会法典》第 4 编第 29 条第 2 款,第 87、88 条)。④ 同时,保险承担机构的事权亦受第 30 条第 1 款制约,按照该条规定其"只得为完成法律规定或授意之任务而为经

---

① BSG 6, S. 228; Friedrich Schnapp, Sozialversicherung—Begriff ohne Kontur? In: VSSR 1995, 101 f.

② Volker Neumann, Sozialstaatsprinzip und Grundrechtsdogmatik, DVBl, 1997, 92 f, 96.

③ BVerfGE 39, 237 f; BVerfGE 76, 256, 300; Peter Mrozynski, SGB I, München: C. H. Beck, 2014, §4 Rn. 1 ff.

④ 详述参见 Sylvia Dünn, Organisation und Selbstverwaltung der Sozialversicherung, in: Franz Ruland, Ulrich Becker, Peter Axer, SRH, Baden-Baden: Nomos, 2018, § 13 Rn. 59 ff; Stefan Muckel/Markus Ogorek: Sozialrecht, München: C. H. Beck, 2011, S. 55; Heinrich Reiter, Die gesellschaftspolitische Bedeutung der Selbstverwaltung in der Sozialversicherung, in: Deutscher Sozialrechtsverband, Selbstverwaltung in der Sozialversicherung, Wiesbaden: Chmielorz GmbH, 1991, S. 17 ff.

营,其资金也只得为此类任务及相应管理开支所使用"——就该条而言,机构自治"空间"实为有限,然而换一角度,法律许可之范围内尽可自行决定:比如为经营之职务人员选举、为任务执行之财务决策甚至某些待遇的认定和给付维度等等。联邦宪法法院在判例中多次将社会保险认定为国家间接管理之领域,而保险承担机构则是国家权力的"组织上独立部分"(Organisatorisch verselbstständigter Teil)。[1]

3. 社会保险法律制度中的"关系"概念

(1) 基于上文中社会保险组织上的"自治"特征,"成员资格/成员关系"(Mitgliedschaft) 显然是社会保险法律体系中的重要概念,但《社会法典》第4编并未对此进行集中规定,而是由各分编根据险种特点单独处理:比如第5编对法定疾病保险的成员关系有专节规定(第186条以下);第6编则由于法定年金保险中成员关系结构薄弱而没有论述;而在第3编失业保险中,基于受限的自治参与及选举权,对其"成员关系"的理解显然有别于一般情形下的标准定义。

(2) 与"成员关系"关联紧密的概念是"保险关系"(Versicherungsverhältnis),后者虽往往以前者为事实前提,但并非所有被保险人均具有成员资格,比如法定疾病保险中,经由家庭险而享受保险保障的成员配偶及未成年子女,虽与保险基金会之间成立保险关系,但其无须缴纳保费,也没有参与基金会组织选举的资格;又如法定事故险中,一般情形下雇主为同业工伤事故保险联合会的成员,与后者具有保险关系的(被保险人)则是其雇员(《社会法典》第7编第150条)。

(3) 另一个与"保险关系"紧密相连的概念是《社会法典》第4编第7条第1款规定的"就业关系"(Beschäftigungsverhältnis),就业关系是德国社会保险法律制度核心概念之一,因为其是确认个人在法定失业、疾病、年金、事故和长护保险中的强制保险义务的重要法定前提。[2]

---

[1] BVerfGE 39, 302, 313 f; BVerfGE 76, 256, 308.

[2] Stefan Muckel/Markus Ogorek: Sozialrecht, München: C. H. Beck, 2011, S. 60; Raimund Waltermann, Sozialrecht, Heidelberg; C. F. Müller, 2018, Rn. 126 ff, 除《社会法典》第4编第7条外,直接相关的分编规定包括第3编第25条,第5编第1条,第6编第1条,第7编第2条和第11编第20条第1款。

根据该条规定，就业即"非独立性工作，尤其是在一项劳动关系（Arbeitsverhältnis）中。……重点在于根据指示活动并整合到指示作出者的工作组织中的"。——社会保险法律制度发展史早已揭示就业关系与劳动关系的深深羁绊，但也是基于对劳动群体社会保障的价值初衷，就业关系与劳动法上的劳动关系并非完全重合。① 也即是说，劳动关系不成立或认定困难，并不一定导致对负保险义务的就业关系的否认，比如仅劳动合同无效情形下的事实劳动关系，或者无劳动能力的被保险人借助社会保障给付措施通过部分就业逐步重返社会的情形，再或者某些有违公序良俗的从属就业，但刑事犯罪活动不在此列。②

《社会法典》第4编第7条曾经在第4款中纳入了推定成立就业关系的5项参考标准③，但由于并未能缓解实践中的相关争议，上述内容施行4年后（2003年）复被移出法典。实践中对就业关系的争议性判决，多采取基于工作预备和指示权能的综合考量，然而随着工业4.0与信息化时代的到来，劳动形式新发展下，原有从属就业与自雇劳动的区分标准和制度安排往往难以精准解决现实中的问题。诸如假自雇（Scheinselbstständigkeit）、一人自雇（Solo-Selbstständigkeit）等就业形式的兴起使部分学者开始反思，基于社会法原生的保障目的，社会保险制度的实施是否还应该和可以局限于原"就业关系"的藩篱之中。④

---

① 参见 BSG, SGb 1994 S. 388 Anm. v. Hoyningen-Huene；BSG, NJW 2009, 1772；BSG SozR 4 - 2400 §7 Nr. 9；Dagmar Felix, Die Wertneutralität des Sozialrechts, in: NZS 2002, 225, 227.

② BSG SozR 4 - 2400 §7 Nr. 15, S. 47 ff；KassKomm/Seewald, §7 SGB IV, München: C. H. Beck, 2019, Rn. 15 f；Peter Mrozynski, SGB I, München: C. H. Beck, 2014, §4 Rn. 13b ff, 25；Dagmar Felix, Die Wertneutralität des Sozialrechts, in: NZS 2002, 225 ff.

③ 这5项参考标准简要表述为：1. 相关人员一般只雇佣不超过1名雇员，2. 只为一名委托者从事该项工作活动，3. 涉及的这项工作活动一般情况下由雇员方进行，4. 没有公司经营性活动的典型特征，5. 该工作活动与先前为委托者进行的工作相当。参见 Peter Mrozynski, SGB I, München: C. H. Beck, 2014, §4 Rn. 13.

④ 参见 Raimund Waltermann, Welche arbeits-und sozialrechtlichen Regelungen empfehlen sich im Hinblick auf die Zunahme Kleiner Selbstständigkeit？In: RdA 2010, 162, 163 ff；Christian Mecke, Arbeit 4.0 - Schöne neue sozialversicherungsfreie Arbeitswelt？In: SGb 2016, 481 ff.

四 德国社会保险法面临的新挑战与新动向

"社会法正面临着重大的经济,人口和技术挑战"①。这是 Eichenhofer 教授在其第 11 版《社会法》书针对"社会法的未来"而做出的判断,与其此前在第一版(1995 年)中的表述相比,挑战由困难(Schwer)上升到重大(Gewichtig),并且人口和技术二词被打上了着重标记。客观说,人口的老龄化和技术发展带来的劳动形式更新与劳动生涯调整,是社会保险法律制度近年来不断改革的两大外部"推力"。

(一) 老龄化与制度渐进式调整

面对人口老龄化问题,首当其冲的是法定年金保险和法定疾病保险法律制度,长期护理保险亦是为应对人口老龄化背景下凸显的客观护理需求而建立——同时亦可部分缓解法定疾病保险和社会救助制度中,与护理相关的给付压力及其理论争议。② 如何维持待遇合适与资金可持续二者之间的张力平衡,是多个险种面临的共同难题。

以法定年金制度为例,在排除改变基金现收现付制度可行性的前提下,应对方案的选择与实施需要考虑两点:一方面年金待遇水平不能过分缩减,否则会使得民众对社会保险的存续产生怀疑进而逃离,最终使公民个体暴露于自身难以应对的风险之中;另一方面,社会保险制度应避免成为规避工作的福利陷阱,需通过对权利义务分配与给付形式标准的适度调整,促进个人预护思想,强调工作与社会参与。③《社会法典》第 6 编第 154 条此前规定,为确保相应稳定的费率和年金给付水平,必要时须采取措施,以实现在 2020 年和 2030 年将预期费率分别控制在 20% 和 22% 以下、对应年金税前保障水平控制在 46% 和 43% 以上的目

---

① Eberhard Eichenhofer, Sozialrecht, Tübingen: Mohr Siebeck, 2018, Rn. 69.
② 参见 Utz Krahmer/Markus Plantholz, Sozialgesetzbuch XI, Baden-Baden: Nomos, 2018, Einführung Rn. 1 ff; Michael Quaas/Rüdiger Zuck/Thomas Clemens, Medizinrecht, München: C. H. Beck, 2018, § 69 Rn. 11 ff.
③ Eberhard Eichenhofer, Sozialrecht, Tübingen: Mohr Siebeck, 2018, Rn. 71 ff; ders., Sozialreformen zwischen Vision und Wirklichkeit, in: NZS 2007, 57 ff.

标。2020年年初，这项规定的内容被部分替换为以2025年为阶段的费率（20%）和给付水平（48%）要求。在量化目标的同时，年金计算公式也在不断调整，在浮动年金制度下，通过其中的参数设置，宏观上将人口变化和劳动力发展情况与一般给付水平关联、微观上将个人贡献水平与参保年限与实际给付额度挂钩，以鼓励长期参保（就业）和延迟领取。① 人口老龄化背景下，缓解年金保险支付压力的另一途径是延长劳动者的"职业生涯"，除法律"强制"提高年金申领年龄（第6编第235条）外，部分年金制度（Teilrente）的实施使得高龄工作者可以根据自身状况灵活判断，在申请部分养老金的同时，尽量保持自身在劳动力市场中的积极角色；2017年生效的《弹性年金法》（*Flexirentengesetz*）对这类劳动者的收入总额上线和超额扣减方式做出进一步调整，以避免出现"通过领取年金获得比全职工作更高收入"的现象。②

（二）信息化下保险保障范围的扩展趋势：小型自雇者的保障需要

当前数字信息技术驱动下，近来社会法领域讨论的主题大多与新技术条件下的新型用工模式脱不开关系。借助数字平台发展的多种劳动用工形式，不仅引发了一系列以劳动关系认定为中心的理论实践分歧探讨，还对社会保险制度的原有保障范围及待遇水平提出了新挑战。如前所述，德国社会保险的强制保险义务原则上取决于就业关系的成立，后者与德国劳动法劳动关系概念的涵摄范围大致重合。作为与从属就业相对的就业形式，独立性强、经济相对自由的自雇经营从业者不属于常规被保险人范畴。当然，社会保险法律制度并未排斥自雇者的加入，但主要限于确有保障需求的特定职业如艺术工作者和自由撰稿人、自雇教师、某些护理人员和助产士等，或通过自由参保纳入受保障范围。③

---

① 参考 Franz Ruland, 60 Jahre dynamische Rente, eine sozialpolitische Einordnung, in: NZS 2017, 721 ff.
② Domnauer Ariane/Stosberg Rainer, Das Flexirentengesetz, in: RVaktuell 2017, 7, 8 f.
③ 《社会法典》第4编第8条中提及对低收入自雇者的保险义务安排，参见 Christian Rolfs in Müller-Glöge/Preis/Schmidt, Erfurter Kommentar zum Arbeitsrecht, München: C. H. Beck, 2019, § 8 SGB IV, Rn. 23.

域外观察

但随着信息与管理技术的发展,自雇者的社会保障问题正经历着量变向质变的转化。"在当今的劳动世界中,许多工作已无所谓是在劳动关系中还是在自雇者手中得到履行"①,公司工作场所的虚拟化以及倾向于减少指导的管理风格,使得接受指示和纳入组织的标准不再清晰,无法再用作评估社会保护需求的可靠参考。类雇员(Arbeitnehmerähnliche Person)②、假自雇和一人自雇群体不断增长,这类人员大多非以市场为导向,缺乏一定规模的客户群,而在经济上依附一个或两个主要委托人(Auftraggeber),甚至沦为雇主降低成本逃避社会法上法定义务的挡箭牌。这种从企业经济学角度可以理解的用工成本转移与节省,都将成为年轻一代无法承受之社会福利之重——以社会保险保费或者以税收负担的形式,而这无论是基于社会公平和团结下的代际合同理念,还是基于老龄化下的现实考量都是不能置之不理的。③ 因此,有学者建议用对委托人的经济依赖标准取代以前的社会从属性标准,对相关规范性规定进行修正;或者引入强制就业保险制度,在体系内为自雇者和雇员分别设置标准;而在老龄保险方面,应特别关注那些在年老后通常无法再继续经营和获得收入的职业;尤其是其中的小型自雇者,其对于委托人的经济依附性不应被忽视,需通过法律设置和技术创新,实现由平台或数字客户端(即源头上)经数字方式缴纳保费的可能性,建立小型自雇者的强制保险体系,剪除劳动关系与新型用工形式经营成本差异中的不合理部分。④

---

① Kerstin Rupprecht, Soziale Sicherung Selbständiger in einer digitalen Arbeitswelt, in: NZS 2018, 363, 363 f; Raimund Waltermann, Digitalisierung der Arbeitswelt—Schutz kleiner (Solo-) Selbständiger im Arbeitsrecht und im Sozialrecht in Deutschland, Manuskript, 2019, S. 16.

② 参见 Robert Rebhahn, Arbeitnehmerähnliche Personen—Rechtsvergleich und Regelungsperspektive, RdA 2009, 236 ff.

③ Detlef Merten, Die Ausweitung der Sozialversicherungspflicht und die Grenzen der Verfassung, in: NZS 1998, 545, 549 f; Raimund Waltermann, Abschied vom Normalarbeitsverhältnis? Welche arbeits-und sozialrechtlichen Regelungen empfehlen sich im Hinblick auf die Zunahme neuer Beschäftigungsformen und die wachsende Diskontinuität von Erwerbsbiographien? Gutachten B zum 68. Deutschen Juristentag 2010, S. B 104 ff; ders., Digitalisierung der Arbeitswelt und Schutz Kleiner Selbstständiger durch das Sozialversicherungsrecht, in: SGb 2017, 425 f.

④ 参见 Kerstin Rupprecht, Soziale Sicherung Selbständiger in einer digitalen Arbeitswelt, in: NZS 2018, 363 ff; Raimund Waltermann, Digitalisierung der Arbeitswelt—Schutz kleiner (Solo-) Selbständiger im Arbeitsrecht und im Sozialrecht in Deutschland, Manuskript, 2019, S. 20 ff.

五　小结与启示

与民法、刑法等历史悠久的传统法律部门相比，德国社会保险乃至社会保障法律制度建成不过百余年，其因社会、经济、政治之需求而有意识的建立，亦应社会、经济、政治之需求而不断发展。因此，从该法律部门产生之时起，制度内部就从未停止过调整与改良的步伐；如法定疾病保险至今已经历不下 160 次大小改革，法定年金保险自 20 世纪 90 年代起亦经历了至少 10 余次重要条文的修订，其中既有原生性的体系创新，也有对于他国经验的借鉴内化。

作为以类型化社会风险为客体建立的国家保险制度，德国的社会保险在维持各险种相对独立性的同时，亦注意到不同风险之间的流动性及其可致不良后果之间的连通性。因而在《社会法典》中，通过总分则的编目设置和分则中条文跨编目引用的方式，确认各保险承担机构的职责范围与履行顺位，以避免不合理的待遇重叠，或出现保护真空。同时，立法者亦认识到社会保险制度在保障社会安全、维护个人生存尊严方面的客观局限，社会保险、社会促进、社会救助和社会补偿各自具备不同的制度功能，应通过给付要件与待遇衔接的规定，建立效用互补路径，构建完整的社会保障法律体系。总体来说，德国社会保险法律体系从来不是封闭回路，而是以实现社会福利政策为目的，从既有理论与模式出发对现有化解社会风险之目的的可行（政策）方案进行不断检讨和吸纳，以努力实现自身持续发展的动态链条。

英国雇主责任保险之来源、框架与得失

闫 冬[*]

摘 要 英国经过工业革命的百年涤荡，在工业灾害的责任制度也经历了从雇主的过错责任，到雇主的无过错责任，再到雇主的责任保险，既显示了工业文明的演进，又表现为社会法的发展。本文以英国雇主责任的历史为线索展开，勾勒雇主责任的演变内因，再以英国雇主责任险的制度为纵深分析，讨论它的现状与利弊。本文希望能够为读者呈现一个相对全面、生动的英式工伤保险制度。

关键词 雇主责任险 英国劳动法 工伤保险

一 英国雇主责任体系的历史沿革

雇主责任制度是对雇员受损权利进行救济的重要手段，类似于我国的"工伤"责任。在民事领域中，主要可分为侵权责任和违约责任，与此相对应权利人享有侵权损害赔偿请求权和违约损害赔偿请求权。在职业灾害致使雇员人身受损的情形下，受害人可以就损害事实向加害人及雇主行使侵权损害赔偿请求权；同时，因为受害人与加害人之间存在特殊的雇佣合同关系，受害人也可以基于雇佣关系主张雇主的违约责任。而劳动法中的雇主责任制度的确立是有力保障雇主责任险施行的重要前提。本文以英国的雇主责任体系与雇主责任险的发展为脉络进行介绍。

---

[*] 作者系北京外国语大学法学院副院长，副教授，英国华威大学法学博士。

(一) 过错责任原则的早期适用

在英国工业化起步和发展初期，随着工厂制度的建立，许多底层妇女儿童因生活所迫离开家庭进入工厂工作，生活场所和家庭场所相分离。由于开始规模化的使用机器，使得工作较于以往更为单调，但同时也伴随着职业病和职业事故的频发，工作环境恶劣再加之没有配套完善的安全设施，因为过度疲劳发生职业事故屡见不鲜，恶劣的工作条件让患各种职业病的雇员比例不断增多。

早期资本家疯狂追逐利润的工业社会中，单个的雇员，特别是当时雇员大多为妇女和儿童，要想在事故发生后证明是由于雇主的责任所导致的职业伤害是非常困难的。正如马克思曾经指出的："……法律事实上剥夺了公认的一切特殊保护，它让工人在受到机器的伤害时向普通法院提出赔偿损失的诉讼（在英国诉讼费用很高，这纯粹是一种嘲弄），而另一方面又对专家鉴定作了非常巧妙的规定，使工厂主几乎不可能败诉，结果是事故的急剧增加。"[①] 英国最初处理工业事故是按照普通法逻辑开展的，将工业伤害视作一起普通的民事侵权，无差别化地适用过错责任原则判定雇主对被侵害劳动者的赔偿责任。也就是说，雇主作为加害人承担民事赔偿责任以加害人存在过错为前提，也即雇主主观上存在故意或者过失，如果劳动者无法证明雇主的过失将最终得不到补偿。

由于还受到契约自由原则的影响，理论上雇主与雇员之间的关系是两个平等主体之间体力劳动与薪酬相互交换的合同关系，从违约角度追究雇主责任更为困难。英国早期学者认为，雇佣关系基于的是"一个人按照他确信是合理的条件出卖其劳动力的权利，实质上等同于劳动力的购买者规定他从提出出卖劳动力的人那接受这种劳动力的条件的权利"[②]，强调双方的契约关系实际上是否定了雇主与雇员之间的经济从属性与人身依附性。在所谓"平等"的契约关系下，雇主对雇员的安

[①] 《马克思恩格斯全集》。
[②] 伯纳德·施瓦茨：《美国法律史》，中国政法大学出版社1990年版，第137页。

全保障义务仅仅是附随义务和隐含义务，在发生职业灾害导致雇员人身伤亡时，证明雇主违约的难度更高，更加不易获得救济。工伤过错责任和违约责任追责难的固有弊端也进一步催生了严格责任原则，即无过错责任原则的出现。

（二）无过错责任原则的出现

随着英国工业化发展的逐渐成熟，大量工伤事故的出现，让雇员常常处于高度危险的工作环境之中，一旦发生职业伤害遭遇意外事故，就要承受重大经济损失甚至会导致其伤残死亡。因而引起了工人阶级的反抗，工人运动蓬勃兴起，危及到了社会的稳定与安全。与此同时，大量劳动者因职业伤害丧失劳动能力而纷纷退出劳动力市场，而新的劳动力担心自身的健康也不愿从事工业生产，从而严重地影响了资本主义生产的劳动力供应。为了缓解这一矛盾，无过错责任原则便应运而生，即不以加害人的主观过错为归责要件，只要存在损害事实和损害后果，就可以要求加害人承担责任。

1880 年，英国国会通过了《雇主责任法》，正式确立雇主的无过错责任原则。受害雇员在自己及其他雇员均没有过失的情况下，可通过法院判决从雇主一方获得赔偿。不过，由于 1880 年《雇主责任法》赋予了雇主一方过多的免责事由，使得受害雇员难以从中受益，所以遭到了工人阶级的反对。因而英国于 1897 年颁布的《劳工补偿法》规定："即使受害的雇员及其同伴和第三者对事故损害互有过失，而雇主无过失，雇主仍应对雇员在受雇期间的伤害负赔偿责任。"[①] 由此便确立了"严格责任"。

虽然严格责任在理论上存在争议，但大大减轻了劳动者的证明责任，便于其寻求工伤救济。关于严格责任，不同学者有着不同的观点，有的认为严格责任是英美法中的概念，大陆法国家通常将其称为无过错责任[②]；

[①] 房绍坤、于新：《论雇主对雇员的赔偿责任》，《烟台大学学报》（哲学社会科学版）1997 年第 1 期。

[②] 吴桐、胡大武：《提供劳务自然人遭受意外伤害的法律适用研究——基于〈侵权责任法〉第 35 条后句适用的统计分析》，《社会科学研究》2019 年第 6 期。

有的认为严格责任主要是指危险责任①;有的则认为严格责任是一种特殊的过错推定责任②。但无论其称谓如何,其所指的内涵却具有一致性,即不以加害人的主观过错为归责要件,只要存在损害事实和损害后果,就可以要求加害人承担责任③。

但是,严格责任并不能彻底解决赔偿问题。由于严格责任的基本功能在于,为受害人提供救济,严格责任的类型化也是救济法定位下的必然要求,因此严格责任本质上是一种加重责任,只有在法律明确规定的前提下,才能将该加重责任正当化。而且为了强化对受害人的救济,往往会加重行为人的举证责任,而减轻了受害人的举证负担。④

二 英国雇主责任保险制度的框架

早在19世纪末期开始,英、法、德等国家便开始认同"职业危险原则",在雇主的"无过失雇主责任"和对工人的"无过失补偿"的法律原则的基础上逐步构建相应保险制度。于是,在世界范围内便逐渐出现了职业伤害保险制度。这一制度大致可分为两大类型:雇主责任保险制与社会保险制。雇主责任保险制是指由保险机构向雇主提供保险保障,当发生工伤事故时,工伤者本人及其家属直接向雇主要求索赔,先由雇主对职业伤害的赔偿,再由保险公司向雇主进行补偿。社会保险制度与我国的工伤保险制度类似,由保险机构直接为雇员承保,雇主仅作为投保人缴纳保费,发生工伤事故时,保险机构直接向劳动者提供保障。

英国采取的是雇主责任保险制度,也是西方最早出现雇主责任保险的国家。1897年英国颁布了《不列颠雇工赔偿法》,明确了雇主无

---

① 郭明瑞:《危险责任对侵权责任法发展的影响》,《烟台大学学报》(哲学社会科学版)2016年第1期。
② 陈政:《严格责任与无过错责任之比较研究》,《法制与社会》2014年第11期。
③ 王卫国:《过错责任原则:第三次勃兴》,中国法制出版社2000年版,第89页。
④ 王利明:《我国侵权责任法的体系构建——以救济法为中心的思考》,《中国法学》2008年第4期。

过失责任赔偿原则，代表着雇主责任制的开始，其有自保与商业保险两种投保方式。这些雇主通过向私人保险公司投保而得到保险。保险公司征收的保险费通常是根据各企业或各产业部门的工伤事故发生的情况或根据工作风险程度而定。① 英国现行的工伤保险立法是以1969年《雇主责任（强制保险）法》为蓝本。随后英国在1974年与1975年分别出台了《雇主责任（强制保险）法修正条例》《雇主责任条例》，通过法律规定雇主责任险由商业保险公司经营强制雇主投保。1998年英国劳工部修订《雇主责任强制保险条例》，劳工部负责对雇主责任强制保险制度的执行情况进行监督，对于违反规定的企业进行处罚。②

（一）适用范围

英国境内大多数的雇主都需要购买雇主责任险，但也存在部分的例外。根据相关法律规定："每个在大不列颠的雇主对其雇员在大不列颠境内因受雇或在受雇期间得病或遭受人身伤害承担责任，并向授权保险人投保该责任险"③，这一规定既界定了雇主责任保险的适用范围又进一步推动了雇主责任保险的发展。但也有一部分雇主不在《雇主责任（强制保险）法》的适用范围，他们是：（一）大多数的公共组织，包括政府部门以及机构，地方政府当局，警察局和国有企业；（二）卫生服务部门，包括国家卫生服务基金会和公共健康部门；（三）一些其他通过公共基金会资助的组织；（四）家族企业，但此豁免不适用于以有限公司形式注册的家族企业；（五）任何仅雇佣本身为公司股东的企业，且该雇员还拥有该公司已发行股本的50%或以上。④ 公共部门的工伤责任由公共财政承担。

---

① 章金萍：《雇主责任保险的国际比较与借鉴》，《浙江金融》2005年第4期。
② 刘培：《国外工伤保险与雇主责任保险发展经验及其借鉴》，《合作经济与科技》2017年第3期。
③ 见英国1969年《雇主责任保险》第一条。
④ 关于豁免雇主的雇主责任保险的要求可在1969年《雇主责任（强制性保险）法》第3（1）（a）和第3（1）（b），以及1998年实施细则附表2中查明。

按照规定，雇主仅需要为其雇佣的雇员购买雇主责任保险，其中也通常包括为公司服务的自雇者。在英国，判断劳动者是否属于雇主责任险的承保范围往往取决于双方的合同条款（包括书面和口头形式），如果有明确约定按照约定。如果双方没有约定或约定不明确的，可以从以下几个因素来判断该劳动者是否属于雇主的雇员：（一）雇主是否代为扣除国民保险和工资所得税；（二）雇主是否有权决定工作地点、工作时间以及工作形式；（三）雇主是否提供大多数原材料和设备，是否有权获得雇员工作所得的任何营利；（四）如果雇主只要求劳动本人提供服务，劳动者无法完成工作时不能另雇他人；（五）雇主是否平等对待该劳动者和其他雇员。从中不难看出，雇主责任保险覆盖的雇员范围的判定标准，与劳动法上雇员的判定标准一致。

（二）缴费与监管

法律所有公司必须投保至少 500 万英镑。但是，雇主应仔细评估本行业风险和法律责任，并考虑是否需要投保超过 500 万英镑的保险。在实践中，大多数保险公司承保金额至少为 1000 万英镑。通常，保险赔偿不仅包括劳动者损失和企业经营损失，还包括律师费等，以及针对公司或雇员违反《1974 年工作健康与安全法》任何关于刑事诉讼程序辩护的起诉费用。

在保险费率方面，保险公司要考虑多个方面的因素。首先，要考虑宏观情况，包括社会索赔意识的提高和法律规定的变化，以及金融市场整体运行情况。其次，还要研究所投保行业的数据，考察保险公司对该行业过去理赔的历史和健康与安全主管部门（HSE）提供的安全事故数据。最后，针对具体的被保险企业，保险公司会考察它所雇佣的员工规模，以及过往赔付情况和健康及安全管理体系的运行状况。上述因素都将决定企业缴纳雇主责任险的保费高低。

健康与安全主管部门（HSE）负责监督实施有关雇主责任保险的法律，以及劳动安全与卫生的条件。HSE 监察员将检查企业购买的雇主责任保险是否已经获得符合条件保险公司最低保额 500 万英镑的批准。雇主如果没有购买雇主责任保险，最高可被处以 2500 英镑的罚款。如果雇主不按照规定展示保险证书，或者他们拒绝按照 HSE 监察员的要求提供保险证书，HSE 最高可对该雇主处以 1000 英镑的罚款。

（三）报告和理赔

1995 年，英国出台了《伤害、疾病和危险事故发生报告》制度，要求雇主及时报告与工作有关的事故、疾病和危险事件。法律对报告的要求非常严格：（一）如果发生与工作有关的事故，雇员或在场所工作的自雇者死亡或遭受重大伤害，必须立即通知健康与安全行政人员；（二）如果发生的事故与雇主的工作和雇员有联系，或在公司场所工作的已自行购买保险的人员遭受伤害连续超过 3 天的，则必须在 10 天内向 HSE 提交一份完整的事故报告表；（三）如果医生通知雇主其雇员患有必须报告的职业病，雇主则必须向 HSE 进行报告；（四）如果发生的事故不属于应当报告的类型，但根据情况显然应该报告，那么该事件也需要进行报告。

雇主对于工作场所发生事故，有义务记录基本事实并保留有关该事故的所有证据。这些证据包括但不限于：（一）事件/事故形态；（二）事故的书面记录；（三）急救报告；（四）安全主管的报告；（五）健康与安全主管的记录；（六）现场的照片/素描图；（七）现场视频。证据越充分、记录越详细，获得赔偿的可能性越大。

1999 年，英国进行了伍尔夫改革（Woolf Reforms），对雇主责任险的理赔程序作出了更为详细的规定：第一步，理赔请求人必须向雇主提供两份关于事故细节的预告信，包括事故发生的时间地点，以及雇主承担责任的原因等；第二步，雇主必须在 21 天内回复该预告信，并向承保的保险公司提交索赔书；第三步，承保的保险公司必须在 90 天内回应索赔书，承担责任或拒绝理赔；第四步，如果理赔请求被驳回，保险公司必须将其拒绝赔偿的文件交付给索赔人或其法定代表人。

如果雇主或保险公司未按期履行义务，请求人可以直接进入诉讼程序而不会因此被处罚。雇主如果败诉的话，不仅要接受处罚还需承担所有的诉讼费用。因此，雇主不仅要及时购买保险，而且在出现工伤事故后需要及时行动：（一）立即报告所有可能引起的索赔的事件；（二）尽快完成索赔表并交还保险公司。

自1998年12月31日起，法律要求雇主必须对已过期的保险证书副本保留至少40年。如果雇员提出与过去造成伤害或疾病有关的索赔，那么保留以前完整的保险记录就显得十分重要。在实践当中，雇主责任保险反复出现的问题之一是"长尾"工伤疾病的索赔——职业病（例如石棉肺病），症状长期不明显或长时间未被确诊。追溯到工伤发生时的保险公司来理赔，需将潜伏期（即致病因素和职业病症状出现的时间）纳入考虑范围之中，往往处理起来十分复杂。如果无法找到对应的保险公司，那么雇主将最终对损失承担责任。

三　英国雇主责任保险制度的作用

首先，雇主责任保险制度减轻了雇主依法对雇员所应承担的职业灾害人身损害的赔偿责任和风险。职业灾害风险是每个雇主和雇员在进行经营时所无法避免的，由于职业灾害而导致人身损害赔偿责任往往不同于一般的侵权责任，它还起着维护社会平稳运行、社会经济健康发展的重要作用。雇主只需负责缴纳相应的保险费，就可以通过投保进行风险转移，责任风险转移给专业的风险承担者——责任保险公司，从而集聚大量类似的责任风险，这就使得责任风险具有了可测性。[①] 雇主在招募使用雇员时，也不必担心随时可能出现的巨额赔偿责任或者是突发的巨大事故，因为本应由自己承担的职业人身损害赔偿责任已经通过保险的形式转移给相应的保险公司。

其次，雇主责任保险制度很大程度上提高了受害雇员获得及时有效救济的效率，实现了企业的长足发展。在实行过错责任原则的时期，雇员必须证明雇主对职业损害的发生存在过错才能获得相应的赔偿，但雇员往往难以有效证明雇主存在过错从而获得相应的赔偿。即便如今实行的是无过错责任原则，为强化对受害雇员的救济减轻了受害雇员的举证

---

① 陶存文：《责任保险：国际经验及其启示》，《中国金融》2007年第15期。

域外观察

责任负担,但是雇员仍需通过复杂、烦琐的诉讼程序方能获得赔偿。因而通过雇主责任保险不仅使得雇员能够较快地获得工伤赔偿,有利于工伤的康复,[①] 而且企业也不会因为资金周转、重整兼并等问题影响其正常生产经营活动。

最后,雇主责任保险制度是实现社会公平与效率的需要,补充完善了英国的职业伤害补偿体系。英国最初的责任保险产品大多只承保单一责任,导致在较长一段时间内无法满足市场需要,责任保险市场发展较为缓慢。随着被保险人转移责任风险的需求越来越迫切和多样化,保险人开始开发列表式责任保险单,即在一份保单中包含多项责任风险的责任保险,从而满足了责任保险市场的需要,促进了英国责任保险市场的发展。[②] 而且保险公司在损害的认定和赔偿金的给付上更为迅捷,节约了诉讼成本,从而有效节约了社会资源。由于保险公司本身具有商业性质,就决定其具有营利性,目的为追逐利润,因而保险公司在决定承包之时,必然会对投保人即雇主进行相应的监督审查,从而能够尽可能地减少职业灾害事故的发生,节约社会资源。

四 英国雇主责任保险制度的困境

(一)承保费用增高

在严格责任原则与责任保险制度的相互配合下,似乎既实现了对劳动者的保护与救济,又使得雇主与企业免于赔偿责任的风险,可谓一个"双赢"的结果。然而事实并非如此。随着侵权责任的扩张,雇主责任保险曾因为侵权责任认定与责任保险相分离而导致了责任保险危机,责任范围的迅速扩大、民事责任理赔金额迅速增长、导致保险公司纷纷通过提高保险费、缩小承保范围或拒绝出售责任保险单等方式来限制企业投保。雇主责任保险并非是一个彻底的社会化损失分散机制,它作为商业保险受到投保人经济能力、保险人营利目的等因素

[①] 罗云、董江勇:《工伤保险与雇主责任保险结合发展的策略》,《工伤保险》2005年第3期。

[②] 陶存文:《责任保险:国际经验及其启示》,《中国金融》2007年第15期。

的限制,"它虽然为侵权责任引入了社会化因素,但并不能因此使侵权责任完全适应事故不断加剧的现实,超过一定限度,责任保险就不能再给侵权责任以支持了"①。

(二)理赔门槛抬升

雇主责任险理赔依旧是基于侵权责任法逻辑构建的,雇员获得责任保险赔偿的前提是雇主侵权责任的成立,即便是在严格责任体系下,无责任仍然无赔偿。在保险关系当中,"对受害人的补偿不可能撇开侵权行为法而单独适用责任保险合同。认定侵权责任之构成、确定实际损害的范围仍然需要借助侵权行为法,而保险合同不过在责任的最终分担(由保险公司负担)方面起到一定作用"②。由于责任保险以侵权责任作为其保险标的,因而具有天生的依附性和寄生性,③ 最终难以避免侵权责任制度在对劳动者人身伤害救济方面固有的缺陷(如严格责任原则的适用下亦可通过证明法定免责事由的存在而免除其侵权损害赔偿责任)。因此,雇员在向保险公司申请赔偿的时候,仍需跨越责任体系这一门槛,而保险公司却可以人为地调整这一门槛的高低,控制自己的理赔风险,从而导致雇员理赔不能的后果。

五 小结

英国雇主责任险是其工伤保险的主要表现形式,也是它的社会保险体系中的重要一环。英国的社会保险制度种类比较齐全,包括养老、医疗、失业、工伤和生育等各大险种,覆盖了社会成员年老、疾病、失业、职业伤害等各种情况造成的生活和身体健康风险。而强制性的雇主

---

① 薛虹:《演变中的侵权责任和人身伤亡事故问题的解决》,转引自梁慧星《民商法论丛》,法律出版社1996年版,第719页。
② 张新宝:《中国侵权行为法》,中国社会科学出版社1995年版,第9页。
③ 程宗璋:《侵权法的危机初探》,转引自李兵《论责任保险对于侵权法的影响》,法大民商经济法律网,http://www.ccelaws.com/int/artpage/3/art_ 4460.htm,最近访问时间[2020 - 04 - 20]。

责任险扮演的就是工伤保险的角色，是降低防范和补偿工业生产风险的一项重要保障。

雇主责任险与工伤保险制度还存在一定的差别。从形式上来看，工伤保险是以劳动者为被保险人，而雇主仅仅是投保人。雇主责任险的投保人和被保险人都是雇主，雇员受到的伤害是责任险所保障的风险。在实质上，工伤保险是以劳动者受到工伤伤害为理赔基础的，而雇主责任险劳动者如果要获得理赔，不仅要证明自己受到了伤害，还需证明该伤害系雇主责任。雇主责任经过立法的不断演进，逐步确立了无过错责任和严格责任，已经在很大程度上降低了劳动者对雇主责任的证明义务。但是，雇主责任险并没有完全放弃雇主存在责任这一前提，承保的保险公司也是只面向雇主有责任情况理赔。

雇主责任险制度的优点是比较好地解决了效率的问题。雇主责任险在两个方面存在比较明显的效率优势：第一，以雇主为被保险人财务操作比较简单，适合员工流动性比较强的单位和新经济业态。其他国家的工伤保险制度，往往以劳动者为被保险人，劳动者每一次调换工作，都需要到社保机构办理转出和转入手续，程序烦琐及缓慢，增加了企业和社保机构的行政负担，也经常出现劳动者在办理工伤转接手续空档期时遇到工伤无法理赔的情况。而雇主责任险则不存在该问题，承保对象是雇主，员工的流动不影响雇主的担责能力和范围，也无须向保险机构登记变更，只要是在核定人数范围内劳动者都享受保险机构的保险待遇，从而提升了工伤保险的效率。

第二，英国采取的是通过商业保险公司进行投保的方式，通过充分竞争来降低保费，提升工伤保险基金的管理效率。商业保险公司大多都是深耕该领域的规模性企业，有着相对成熟的管理模式和风险防控机制，能够比较好地管理工伤保险基金，避免出现效率低下、入不敷出的情况。而且，对于企业而言，也提供了更多的选择，可以通过比较，获得质优价廉的责任险保障。

但是，雇主责任险的缺点也比较突出，主要体现在公平性方面。商业保险公司往往为了追究利益的最大化，通过对雇主的风险程度和记录进行细分，收取不等的保险费，会造成一些行业或雇主负担过重，不愿承报或瞒报保险事故。另外，商业保险公司也会选在理赔环节采取更为严格的审查，增加劳动者申请补偿的难度，通过过滤掉一部分界定不清的"工伤事故"，来达到节省保险赔偿支出的目的。过度的商业化经营会在一定程度上破坏了社会保险的公平性和劳动者权益的保护性。

日本工伤之事先预防及事后补偿制度解析

仲 琦[*]

摘 要 日本工伤相关法律法规经过多年的发展完善，形成了事先预防与事后补偿相辅相成的完整体系。在事后补偿制度方面，其通过劳灾补偿、劳灾保险、劳灾民诉三大独立制度的叠加适用和相互调整，力求对受灾劳工及其家属做出全面而系统的保障。

为了认定劳动灾害是否适用劳灾保险制度，日本具体采取以下的两阶段式审查：①如果没有业务执行性（劳工基于劳动合同处于事业主的支配或者管理下的状态），则业务起因性无须具体判断就会被直接否定；②存在业务执行性的，进一步判断业务起因性的有无，决定其是否是"业务上"的灾害。这一判断手法，经常适用于事故性伤病和死亡。相对的，关于不因事故（灾害）造成的业务性疾病（职业病），劳基则35条别表第1之2列举了医学观点上因业务发生的可能性较高的疾病。属于上述列举疾病的，推定其具有业务起因性。没有特别的反证的，认定其业务起因性。关于社会普遍关注的过劳死和过劳自杀问题，日本也在承认其业务性疾病性质的基础上，就构成其起因之过重业务的评价期间，存在基础疾患情况下的业务起因性判断，及作为判断标准的劳动选择问题做出了详尽规定。由此可见，日本劳灾保险制度之适用判断设计上，体现出了"考虑能否落实而进行制度设计"这一指导思想，力求

---

[*] 作者系日本劳动政策研究研修机构研究员，日本东京大学法学博士。

保证理论设计与具体实践不发生脱节。

关键词 工伤 保险 业务起因性 过劳死 职业病 通勤灾害

一 引言：工伤之事先预防及事后补偿

在劳动关系之下，劳动义务的履行离不开提供劳务的当事人。在日本，为了确保提供劳务的劳工的相关权益，在劳动法框架下形成了以确保劳工的生命和身体安全而进行的事先规制——《劳动安全卫生法》①；以及不幸发生劳动灾害②时，对于劳工及其遗属进行事后补偿的基于无过失责任的《劳动基准法》③ 上的灾害补偿制度，以及《劳工灾害补偿保险法》④ 上的劳灾保险制度。以下，本文将分别就日本的工伤相关法律法规从事先预防及事后补偿两方面进行解析⑤。

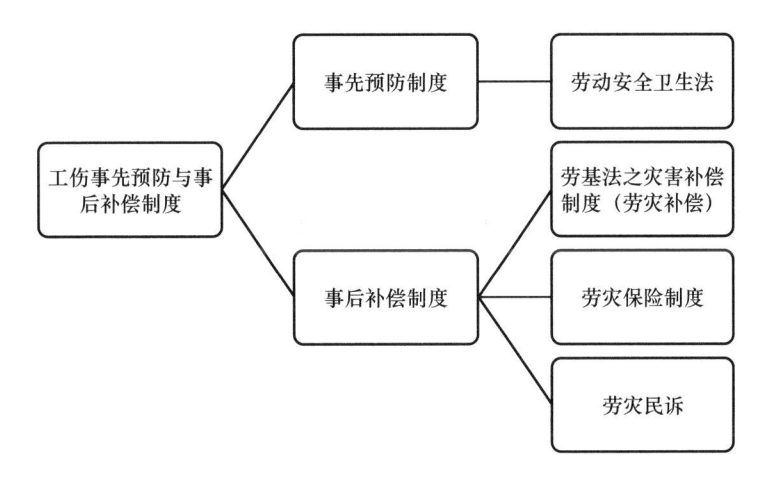

图1 日本工伤事先预防及事后补偿相关制度

---

① 以下简称"劳安卫法"。
② 在日本，所谓"劳动灾害"，是指劳工因业务或者通勤途中发生的负伤、生病、残疾、死亡。另外，劳动灾害因为第三者的不法行为而发生的，被称为"第三者行为灾害"。
③ 以下简称"劳基法"。
④ 以下简称"劳灾保险法"。
⑤ 本文整体架构参照荒木尚志《劳动法》（第3版），有斐阁2016年版，第229—264页。

域外观察

二　事先预防制度：安全卫生规制

(一)《劳动安全卫生法》的制定

日本制定劳基法之初，关于劳动安全卫生，在同法第 5 章"安全以及卫生"中设置了 42 条—55 条，规定了雇主的各项措施义务及安全卫生管理制度。但是，在 1955 年以后的高度经济增长的过程中，围绕机械设备、劳动密度、新的危险有害物质的处理等问题，劳动环境产生了巨大变化，劳动灾害的危险明显增大，受灾者亦相应增加。

为了应对上述情况，1972 年，作为预防劳动灾害的综合立法，日本制定了包含 120 余条文的《劳动安全卫生法》。相对的，劳基法第 5 章"安全以及卫生"仅保留了"有关劳工的安全及卫生，参照《劳动安全卫生法》……的规定"（劳基 42 条），其他条文被删除了[①]。关于劳动灾害造成的死亡人数，1970 年是 6048 人，但劳安卫法施行后不到 10 年的 1980 年，减少到了 3009 人（2015 年是 972 人）。从上述数据可以看出，劳安卫法切实提升了劳动灾害的预防效果。

劳安卫法之所以从劳基法中独立出来进行立法，其理由如下：关于危险有害物质的制造、流通阶段和多层承包、租赁关系等，需要有超越以直接雇佣关系为基础的劳基法框架的安全卫生规制；其有别于劳基法，其被定位为与安全卫生教育以及营造安全舒适的职场环境等相关的，超过最低劳动基准的规制；其会成为条文数超过 100 条的大部头规制等[②]。实际上，劳安卫法针对除了作为雇主的事业主应当遵守的劳动安全卫生上的义务，为了应对合资企业、多层承包、租赁等复杂的就劳关系，对于承揽事业的发包方、总承包商、机械等的出借者等，在劳动合同关系之外的人也赋予了一定的作为义务（劳安卫 29—34 条）。另

---

① 关于劳安卫法的立法过程及其内容，参照佐藤勝美『労働安全衛生法の詳解』（1992 年），小畑史子「労働安全衛生法の課題」日本労働法学会編・『講座 21 世紀の労働法』第 7 卷第 2 页（有斐閣・2000 年），畠中信夫『労働安全衛生法のはなし』（3 版）（2016 年）等。

② 小畑史子「労働安全衛生法規の法的性質（3・完）」法学協会雑誌 112 卷 5 号 620 页（1995 年）。

外，针对劳安卫法在确保职场的劳工安全和健康的同时，将促进舒适的职场环境的形成也明确列为其目的（同1条），关于劳工的就业设置了安全卫生教育（同59—60条之2）、保持增进健康相关条款（同71条之2—71条之4）等，导入了不仅限于最低基准的多样的规制。然后，如上述所述，劳基法中仅有14条劳动安全相关条文，而在劳安卫法中，相关条文超过了120条。另外，（虽然劳安卫法制定前也存在）在劳安卫法之下，制定了劳动安全卫生规则、锅炉及压力容器安全规则、吊车等安全规则、缆车安全规则、有机溶剂中毒预防规则、特定化学物质等残疾预防规则等多样的规则，其条文数整体超过了1500条，形成了详细的规制群。

（二）《劳动安全卫生法》概要

劳安卫法在第1章"总则"中，除了上述目的规定（劳安卫1条）之外，关于劳动灾害、劳工、事业者等定义做出了规定（同2条）。另外，关于事业者和劳工的责任，做出了训示规定（同3条—5条）等。劳安卫法中所谓劳动灾害，是指"起因于业务，劳工负伤，患病，或者死亡"（同2条1号）。因此，所谓劳动灾害，其概念中不仅包括事故造成的灾害，还包括职业病等疾病。劳安卫法中所谓劳工，是指劳基法9条的劳工[①]。所谓事业主，是指"从事事业，使用劳工之人"。可以理解为其相当于劳基法上的事业主，指劳动合同上的雇主。

劳安卫法为了达成其目的，对于国家，赋予其劳动灾害防止计划的策定义务，及其实施劝告、要求权限（劳安卫2章）；对于事业主，规定其选任各职场的统括安全卫生管理者、管理安全相关技术事项的安全管理者、管理卫生相关技术事项的卫生管理者[②]，包括设置基于劳工过半数代表推荐而指名除议长以外的半数委员的安全委员会或者卫生委员

[①] 《劳动基准法》第9条：本法律所谓"劳工"，是不论职业种类，被事业或者事务所（以下简称"事业"）使用，被支付薪金之人。

[②] 应选任安全管理者、卫生管理者的职场规模是常时使用劳工数50人以上的职场（劳安卫令3条、4条）。常时使用劳工数10人以上未满50人的职场有选任安全卫生推进者的义务（劳安卫12条之2，劳安卫则12条之2）。

会等在内的安全卫生管理体制之完善义务（同 3 章）；关于机械、爆炸物、作业方法、作业场所等，劳工的危险、健康危害采取预防措施（同 4 章）；关于机械等危险物、有害物，规定其制造许可和各种检查义务（同 5 章）；关于劳工的安全卫生教育和就业限制等劳工就业相关措施（同 6 章）；健康诊断、保健指导、面对面指导等劳工的健康保持增进措施（同 7 章）；营造舒适的职场环境的措施（同 7 章之 2）等。

劳安卫法规制中值得关注的一点是：不仅是事业主（即劳动合同上的雇主），对于和劳工没有直接劳动合同关系的发包商、总承包事业主（存在 2 个以上承包该事业的部分工作的合同的，顺序最高的承揽合同的发包商，劳安卫 15 条 1 项）、承包人、机械等出借人、建筑物出借人等，规定其也有采取特定措施的义务（特别是危险、健康障碍防止措施）。建筑业、造船业、制造业中，鉴于多层承包关系之下，复数企业、雇主雇佣的劳工混在一起工作的实际情况，上述义务的目的在于防止因为联络不畅而造成劳动灾害等。

劳安卫法的规定，除去性质上无法施加罚则的条款，原则上由罚则（劳安卫 115 条之 2—121 条）担保其实施。关于其履行监督，和劳基法一样，原则上由劳基署长、劳动基准监督官进行（劳安卫 90 条以下）。但是，劳安卫法除了通过罚则担保的传统的作为劳动保护法的规定，还做出了大量的努力义务规定，导入了各种相关的行政措施（劝告、邀请、鼓励、指示、指导等）、国家对于事业主的支援措施等多样的规制。

鉴于劳安卫法中除带有罚则的规定以外还存在多种规定，而带有罚则的规定之中也存在大量规制事实行为的规定等，劳安卫法没有效仿劳基法 13 条①设置赋予强行直接规制效力的规定。因此，关于劳安卫法上的义务是否构成劳动合同上的义务（劳安卫法的私法上的效力），学说上存在争议②。但是，应当留意的是，即使采取劳安卫法设定的义务仅

---

① 第 13 条：规定达不到本法律规定之基准的劳动条件的劳动契约，关于本部分无效。这一场合，无效部分，根据本法律规定之基准执行。

② 详细参照小畑史子「労働安全衛生法規の法的性質（1）～（3・完）」法学協会雑誌 112 卷 2 号 212 页，3 号 355 页，5 号 613 页（1995 年）（同论文从比较法考察的基础上，判断劳动安全卫生法规是具有纯粹公法性格的规定，并不构成私法上的请求权的法律根据）。

是公法上的义务之立场,在考察雇主的安全顾虑义务的具体内容之际,完全可以将上述义务列入考虑。关于这一点,采取上述立场的学者也是赞同的①。

三 劳动灾害及事后补偿制度

(一) 对于劳动灾害的3大救济制度

劳动灾害不幸发生后,存在以下三个救济制度:①劳基法上的灾害补偿制度;②劳灾保险法上的劳灾保险制度;③被称为劳灾民诉的,通过民事诉讼进行的损害赔偿请求。

劳基法上的灾害补偿制度是由雇主自身直接承担补偿义务的,劳灾补偿的基础。但是,将雇主自身责任社会化的劳灾保险法上的劳灾保险制度现在得到了长足的发展,劳灾补偿的主要部分转为劳灾保险制度承担。

另外,纵观各国法律,采用劳灾补偿制度、劳灾保险制度的,关于劳灾限制民事损害赔偿诉讼的国家不在少数,相对的,日本的特征在于:可以就劳灾补偿和民事诉讼之损害赔偿的双方进行请求②。

(二) 劳灾补偿制度的特征

根据基于过失责任主义的市民法原则,劳工关于业务起因之负伤、疾病、死亡请求损害赔偿之际,不仅需要对雇主不法行为之成立(存在故意、过失、违法行为,损害的发生,行为与损害发生之间的因果关系)进行主张举证,劳工自身存在过失的(例如没有使用安全护具),通过过失相抵,其赔偿金额会相应减少。但是,劳动灾害是伴随企业盈利活动之风险的现实化,其风险应由通过盈利活动获取利益的雇主负担。基于上述理解,上述基于市民法理论做出处理需要得到修正。而由

---

① 小畑,前注7,668页以下(在某些场合下,即使履行了劳安卫法上的义务,也应肯定其违反安全顾虑义务,因此不应认为劳安卫法上的义务和安全顾虑义务是同一义务,但在探讨安全顾虑义务内容之际,劳安卫法的义务可以构成其基准,或者应当得到考虑)。

② 徐婉宁『ストレス性疾患と労災救済』12页以下(2014年)参照。

此形成的劳灾补偿制度，是体现劳动法的市民法理论修正之特征的典型场面之一。

1. 无过失责任

劳灾补偿制度的第一个特征，是修正了过失责任主义，规定了雇主的无过失责任。从劳基法75条、77条、79条、80条的条文可知，劳工得到劳灾补偿的要件只有"劳工因业务原因"负伤，或者罹患疾病，或者死亡。为了保护劳工，劳灾补偿制度规定了雇主的无过失责任。

2. 补偿金额的定率化

劳灾补偿制度第二个特征，是（除疗养补偿以外）补偿金额以平均薪金为基础进行定率规定①。据此，受灾劳工或其遗属不需要对于劳动灾害造成的损害额进行举证，就可以得到定率的补偿。另外，极为例外的场合，存在因为故意或重度过失而限制支付的可能性（劳灾12条之2之2），但原则上不会因为过失相杀而对补偿额进行减额。

但另一方面，劳灾补偿中不包括对于精神损害的补偿等。这也是劳灾民诉这一损害赔偿请求应被承认的要因。

另外，劳工存在重度过失，得到行政官厅认定的，雇主不需要进行休业补偿或者残疾补偿（劳基78条）。

3. 劳基法上的灾害补偿制度和劳灾保险法

劳基法上的灾害补偿制度，虽然是修正了雇主对于劳动灾害的市民法理论的产物，但其只规定了雇主自身的补偿责任。劳基法上虽然设置了罚则（劳基119条1号），但雇主不履行补偿责任的，劳工需要提起民事诉讼进行请求。此外，例如工场爆炸等情况，因劳灾而使得雇主自身受到极大损害的情况也不在少数。雇主没有充分补偿能力的，其补偿责任可能结果无法履行。

为此，将劳灾补偿责任通过保险原理社会化，由雇主集体缴纳保费，而担保劳灾补偿之实效的劳灾保险制度被设计了出来。劳基法第8章规定了疗养补偿、休业补偿、残疾补偿、遗属补偿、丧葬费这5种灾害补偿，如今除了休业补偿的最初的3天份（劳灾保险法的休业补偿给

---

① 即规定补偿金为平均薪金乘以特定比率。

付从第 4 天开始支付），无论哪一项，关于同一事由，劳灾保险法都规定了较劳基法更为有利的支付条件。应当履行上述劳灾保险给付的，免除雇主的劳基法上的灾害补偿责任。所以今日，劳基法上的灾害补偿责任仅在极为特殊的场合会得到应用。

（三）民事上的损害赔偿（劳灾民诉）

劳基法上的灾害补偿以及劳灾保险法上的保险给付，是不取决于任何劳动者的个人事由等而以一定比例决定的。例如，不论是乐团钢琴演奏者截断食指还是工厂劳动者截断了食指，对于休业的补偿都是平均薪金的 6 成，包括劳灾保险法上的特别支付金在内也仅限于 8 成的补偿，症状固定后的残疾补偿也有其固定比例。另外，通常针对不法行为可能认定的"精神补偿金"不包含在内。

因此，为了寻求劳灾补偿或者劳灾保险给付没有覆盖的损害赔偿，向裁判所提起民事诉讼的所谓"劳灾民诉"作为对于劳动灾害的第三救济手段得到了承认。此事从劳基法 84 条 2 项也可以确认。同条款规定，使用者以做出劳灾补偿的金额为限，免于民法上的损害补偿责任。可以理解为，这一规定是以不排除高于劳灾补偿金额的民法上的损害赔偿请求一事为前提的。

上述劳灾补偿和民事上的损害赔偿同时被承认的立场（劳灾补偿制度和损害赔偿制度的并存主义）在比较法角度上不是理所当然的。例如，美利坚合众国的多数的州以及法国对于劳动灾害，规定能够得到劳灾补偿的，不得另行起诉寻求民事损害赔偿[①]。

（四）劳灾补偿、劳灾保险给付和劳灾民诉的调整

对于劳动灾害的救济，有①劳基法上的灾害补偿，②劳灾保险法上的劳灾保险给付，③民事损害赔偿（劳灾民诉）的三个手段，为了避免双重损害填补，这些手段之间的相互调整成为问题。首先，关于使用

---

① 東京大学労働法研究会・『注釈労働基準法（下）』（有斐閣・2003 年）931 頁［岩村正彦］。

域外观察

者的①劳基法上的灾害补偿责任，在应当做出②劳灾保险给付的场合被免除（劳基84条1项）。另外，①做出了劳基法上的灾害补偿的，关于同一事由，在其价额限度内，使用者免除③民事损害赔偿责任（同2项）。相对的，关于②和③的关系虽然没有明文规定（但是现在，关于特定部分有劳灾附则64条），类推劳基法84条2项，②做出劳灾保险给付的，关于同一事由，在其价额限度内使用者的③民事损害赔偿责任消灭①。

劳灾因第三者的行为而发生的（第三者行为灾害），进行劳灾保险给付的政府，在其限度内取得受灾劳动者、遗族对于第三者拥有的损害赔偿请求权（劳灾12条之4第1项）。劳动者、遗族从第三者处先获得损害赔偿的，政府在其价额限度内可以不进行保险给付（同2项）②。

但是，劳灾补偿、劳灾保险给付，是填补财产损害中的逸失利益（消极损害）的，所以无法从积极损害（住院杂费及照顾看护费等）和精神损失费的赔偿额中控除保险给付③。关于社会复归促进等事业（当时的劳动福祉事业）的特别支付金可否控除，判例④判断因为特别支付金不具有填补劳动者的损害的性质，所以无法从劳灾民诉的损害中控除（非控除说）。这一判断支持了下级法院的倾向。不过，因为其现实功能是为劳灾保险给付增额，所以应当作为调整对象的学说（控除说）也很有力⑤。

另外，因为保险给付被年金化，关于预定将来进行支付，但还没有支付的部分，存在能否从损害赔偿中控除这一问题。最高裁⑥采取了不

---

① 東京大学労働法研究会·『注釈労働基準法（下）』（有斐閣·2003年）932页［岩村正彦］，西村健一郎『社会保障法』92页（2003年），三共自動車事件·最二小判昭和52.10.25民集31卷6号836页等。

② 通过谈判或和解，劳工放弃了损害赔偿请求的全部或者一部分的，根据本条，政府针对这一金额免除保险给付。小野輸送事件·最三小判昭和38.6.4民集17卷5号716页。

③ 東都観光バス事件·最三小判昭和58.4.19民集37卷3号321页、青木鉛鉄事件·最二小判昭和62.7.10民集41卷5号1202页。

④ コック食品事件·最二小判平成8.2.23民集50卷2号249页。

⑤ 東京大学労働法研究会·『注釈労働基準法（下）』（有斐閣·2003年）934页［岩村正彦］。

⑥ 三共自動車事件·最二小判昭和52.10.25民集31卷6号836页。

控除将来部分的立场（非控除说）。

但采取这一立场，会产生损害的二重填补以及使用者的保险利益丧失的问题。为此，通过1980年的劳灾保险法修订，设置了"一次性先行支付金"制度，在一次性先行支付金的金额限度内暂缓损害赔偿，而且，支付一次性先行支付金或年金的，规定在其限度内免除损害赔偿责任（劳灾附则64条1项）。但是，关于其和第三者行为灾害的关系，判例虽然采用了非控除说①，但没有像使用者灾害的场合那样做出调整规定。

关于损害额，考虑到其经过过失相抵而确定的性质，应当在与劳灾保险给付进行调整（控除）之前进行过失相抵，判例上确立了这一立场（控除前相抵说）②。但是，学说上，控除后相抵说也很有力③。

另外，承认受灾者（遗属）对于使用者或者第三者的损害赔偿请求的，和对于该劳灾支付的与劳灾保险给付（遗族补偿年金）同性质的损害赔偿进行损益相抵（控除），而这一损益相抵是从本金开始先进行，还是从延迟利息先进行一事成为问题。最高裁的判断分成了两派，近期，最高裁大法庭在计算损害赔偿额之际，认定通过遗族补偿年金填补的遗族的被扶养利益的丧失应当和同性质的损害赔偿请求（逸失利益）进行损益相抵性质的调整，采用了先从本金开始进行损益相抵的立场④。

四 劳灾保险制度的概要

为了落实劳灾补偿的救济，劳基法制定的同时，通过劳工灾害补偿保险法导入了让雇主事先加入国家运营的保险，对于受灾劳工及其遗属，直接由国家进行保险给付的劳灾保险制度。

---

① 仁田原・中村事件・最三小判昭和52.5.27民集31卷3号427页。
② 关于雇主行为灾害，大石塗装・鹿岛建设事件・最一小判昭和55.12.18民集34卷7号888页。关于第三者行为灾害，高田建设従业员事件・最三小判平成元.4.11民集43卷4号209页。
③ 青木宗也＝片冈昇编・労働基準法Ⅱ［注解法律学全集］（青林書院・1995年）220页以下［西村健一郎］，東京大学労働法研究会・『注釈労働基準法（下）』（有斐閣・2003年）934页［岩村正彦］。
④ フォーカスシステムズ事件・最大判平成27.3.4民集69卷2号178页。

应基于劳灾保险法进行给付的,在这一限度内,免除雇主基于劳基法的灾害补偿责任(劳基84条1项)。在这一意义上,劳灾保险制度具有个别雇主(事业主)的劳灾补偿责任的责任保险的侧面。但是,制定劳灾保险法之后,进行了多次修订,同制度得到了长足的发展。首先,关于适用范围,当初被限定在一定范围内的适用对象事业在1972年被变更为"使用劳工"的全部事业(劳灾3条1项)。另外,1965年创设了针对所谓"独立工头"等非劳工的特别加入制度,并扩大了其适用范围。关于保险给付内容,也通过导入年金给付制度,采用根据薪金水准变动的浮动制,导入给付基础日额的最低额保障,以及实质上具有提升给付作用的社会复归促进等事业(2007年修订前的劳动福祉事业)的特别支给金等,在质和量上都超越了劳基法上的劳灾补偿水准。另外,关于保险给付的对象,在1973年修订中,扩展到劳基法不补偿的"通勤灾害",1995年修订中,导入了照护补偿给付,2000年修订中导入了所谓预防过劳死的二次健康诊断等给付这一新的保险给付。如上所述,劳灾保险制度被定位为和劳基法的灾害补偿制度并行的制度,通过多次修订,就其适用范围、给付内容、给付对象表现出了强烈的独立性。在这一意义上,作为劳基法上的灾害补偿之责任保险的性格,只反映了劳灾保险制度的部分特征[①]。

但是,仅限于劳灾补偿的场合,劳基法上的灾害补偿制度和劳灾保险法的劳灾保险制度,关于其基本概念的共通性(劳工概念、业务灾害的概念等),以及相互的给付调整等,其制度上的相互关系仍至关重要。为此,下文以劳灾保险法为中心进行探讨,有必要的情况下,会涉及部分劳基法上的灾害补偿制度。

(一) 适用范围

1. 适用事业

劳灾保险的适用事业(强制适用事业)是"使用劳工的"所有事

[①] 关于上述劳灾保险制度的历次修订概要,详见東京大学労働法研究会・『注釈労働基準法(下)』(有斐閣・2003年)849页以下[岩村正彦],西村健一郎『社会保障法』326页(2003年)等。

业（劳灾 3 条 1 项）。但是，其不适用于有另行规定的国家直营事业、不属于劳基法别表 1 的官公署（劳灾 3 条 2 项）。另外，劳工未满 5 人等的小规模个人经营的农林水产业，被暂定为任意适用事业［昭和 44 年同改正法（法 83）附则 12 条，整备政令（昭和 47 政 47）17 条］。任意适用事业不接受任意适用的，根据劳基法上的劳灾补偿制度执行。

关于上述强制适用事业，劳灾保险的保险关系随事业开始而成立（劳动保险征收法 3 条）。事业主必须在保险关系成立后 10 日以内向所辖劳动基准监督署长提交保险关系成立通知书（同 4 条之 2，同施行规则 4 条 2 项）。即使事业主没有提交通知书也没有缴纳保费，劳灾补偿给付也会被支付给受灾劳工。相对的，政府对于其事业主追缴保费。出于故意或者重大过失而未提交通知书或未缴纳保费的，可以对事业主征收保险给付全部或部分费用（劳灾 31 条 1 项）。因此，例如非法就劳的外国人遇到劳灾的[①]，即使其雇主没有加入劳灾保险，也会进行劳灾补偿，事后追缴保费。

2. 劳工

劳灾保险法上所谓劳工，因为在法律上没有相关定义，所以被归为解释问题。但是，通说和判例上的理解[②]认为，其和劳基法 9 条的劳工定义相同。考虑到劳灾保险制度以雇主的劳基法上的灾害补偿义务为前提，具有责任保险的性格（劳基 84 条 1 项参照），劳灾保险给付在制度上设计为劳基法上的灾害补偿事由发生时进行（劳灾 12 条之 8 第 2 项参照）等，通说和判例作为现行法的解释是妥当的。

劳工性质认定成为问题的事例，通常多见于没有考虑到劳基法等的保护必要性而作为独立自营业者活动的自备车司机和摄影师、建筑木工

---

① 但是，外国人非法就劳的，存在不知道上述保护适用于自己，或者害怕被强制遣返所以不申请劳灾，雇主也会隐瞒劳灾等问题，详见手塚和彰『外国人と法』（3 版）280 页以下（2005 年）。

② 厚生労働省労働基準局労災補償部労災管理課編『労働者災害補償保険法』（7 訂新版）79 页（2008 年），菅野和夫『労働法』（11 版）（弘文堂 2016 年）609 页，東京大学労働法研究会・『注釈労働基準法（下）』（有斐閣・2003 年）854 页［岩村正彦］，横浜南労基署長（旭紙業）事件・最小一判平成 8.11.28 劳判 714 号 14 页，藤沢労基署長（大工負傷）事件，最小一判平成 19.6.28 劳判 940 号 11 页。

等，受灾之后，主张自己是劳工而进行劳灾申请的场合。如要将这些人归入劳灾补偿的对象①，可以考虑以下三个方向：第一，将劳基法上的劳工概念自身进行扩张解释而应对，第二，将劳灾保险法上的劳工概念和劳基法区别开来做出广义的定义而应对，第三，不是对劳工概念进行扩张，而是对于有保护必要之人设计更加适当的劳灾保险特别加入制度的应对。第三个方向具有和现行制度的整合性、连续性，可以说是妥当的②。

3. 特别加入

劳灾保险的适用对象原则上仅限于劳基法上的劳工，但根据业务实情、灾害发生状况等，也存在对于非劳工适用劳灾保险制度较为妥当的场合。因此，1965 年以来，日本设计了特别加入制度，对于符合要件，任意加入之人，即使不是劳工，也承认劳灾保险对其适用（劳灾 33 条以下，劳灾则 46 条之 16 以下）。但是，关于其中一部分人（汽车运输业者、特定农作业从事者、家内劳工等），因为其住所和就业场所之间的实际往返情况不明确，所以不适用关于通勤灾害的保险给付（劳灾 35 条 1 项、劳灾则 46 条之 22 之 2）。

现在，设有特别加入制度的，根据特别加入保费可将其整理如下③：1）中小企业事业主等（劳灾 33 条 1 号、2 号，34 条，劳灾则 46 条之 16：金融、保险、不动产、零售业是常用劳工 50 人以下，服务业、批发业是 100 人以下，其他 300 人以下）；2）一人工头及其他自营业者（劳灾 33 条 3 号、4 号，35 条，劳灾则 46 条之 17：个人出租车司机，货物运输业者，建筑木工、泥瓦匠等建筑事业，渔船的水产捕捞业，林业，医药品配置贩卖业，废弃物等收集、解体业，船员从事之事业），以及特定作业从事者（劳灾 33 条 5 号，35 条，劳灾则 46 条之 18：特定农作业从事者，职场适应训练等受训者，家内劳工，工会的常务干

---

① 劳灾保险的扩张适用具有压迫民间保险市场的侧面，参照岩村正彦「労災保険政策の課題」日本労働法学会編・『講座 21 世紀の労働法』7 卷（有斐閣・2000 年）第 20 页以下（有斐閣・2000 年）。

② 参照岩村，前注 17，35—37 页，西村健一郎「労災職業病の変容と労災保険」日本社会保障法学会編『講座社会保障法』（2 卷）202 页（2001 年）。

③ 对于 1）2）3）为对象的保费，分别被称为第 1 种／第 2 种／第 3 种特别加入保费（参照劳动保险征收法第 10 条第 2 项，第 13—15 条）。

部、照护作业从事者）；3）海外派遣者①（劳灾 33 条 6 号、7 号、36 条：国际合作事业团等团体的发展中地域派遣者，国内事业的海外支店、工场、现地法人等事业从事者）。

（二）保险费

关于保险费的征收，劳灾保险的保险费之外，雇佣保险的保险费也由《劳动保险的保险费征收等相关法律》进行规制。劳灾保险的保险费的计算方式，是事业主对于劳工支付的薪金总额中，乘以保险费率（劳动保险征收法 11 条）。雇佣保险费（事业等给付份）由劳资双方折半，而劳灾保险费由事业主全额负担（同 31 条参照）。

劳灾保险费率由厚生劳动大臣针对各个事业种类单独进行规定，较危险的事业费率较高（水力发电设施、隧道等新设事业：8.9%），而较安全的事业费率较低（通信业、出版业、金融业等：0.25%）。

另外，关于一定规模以上的事业，根据过去 3 个年度的保险给付收支率（即劳灾发生的程度），采取原则上在 40% 的范围内增减保险费的"浮动制"②（劳动保险征收法 12 条 3 项，20 条 1 项）。这一措施是为了让事业主的负担更为公平，鼓励其努力预防劳灾的发生。

（三）劳动基准法的灾害补偿和劳灾保险法上的保险给付

劳灾保险法设计了"业务灾害相关保险给付""通勤灾害相关保险给付"以及"二次健康诊断等给付"的 3 种给付（劳灾 7 条）。所谓通勤灾害，是针对先前没有被视为业务灾害的通勤途中的灾害，通过1973 年修订而成为给付对象。因为作为保险事故的性质不同，另起名目，给付名称在通勤灾害的场合也不使用"补偿"一词。但是，其具体的给付种类、内容是完全相同的。另外，2000 年修订之际导入的二

---

① 之所以承认海外派遣者的特别加入制度，是因为劳灾保险法的属地适用原则之下，对于海外事业并不适用。

② 在浮动制之下，对于一定规模以上的事业主，劳灾保险不支付决定如被取消，保险费率可能会被增额，关于能够辅助参加该取消诉讼一事，レンゴー事件・最一小决平成 13.2.22 劳判 806 号 12 页。

次健康诊断等给付,不是发病后的补偿,而是以事先预防为目的的新制度。其特色在于,在例行健康诊断中发现异常的,不论有无业务关联性,均认定保险事故的发生。①

五　业务灾害(工伤)的认定

在日本,劳灾赔偿是不以雇主的故意或过失为要件的无过失责任。而其发生认定,以"业务上"的负伤、疾病、残疾、死亡(劳基75—80条)为要件。劳灾保险法将其称为"业务灾害"(劳灾7条1项1号)。劳灾保险法上,关于针对业务灾害的保险给付,规定:"劳动基准法第75条到第77条,第79条以及第80条规定的灾害赔偿的事由……发生时……根据请求而做出"(劳灾12条之8第2项),另外,根据劳基法的灾害赔偿事由,应进行劳灾保险给付的,免除雇主劳基法上的灾害补偿责任(劳基84条1项),所以劳灾保险法上所谓"业务上"的概念与劳基法上的相同②。关于业务上/业务外的认定,是收到受灾劳工方的保险给付请求后,由劳基署长进行的③。

(一)"业务上"的判断

有无劳灾赔偿责任,根据相关灾害是"业务上'还是'业务外"决定。如果被认定为业务灾害,会支付丰厚的劳灾保险给付,像违反安全顾虑义务的民事损害赔偿那样,通过过失相抵而调整损害赔偿额的做法

---

① 参照東京大学労働法研究会·『注釈労働基準法(下)』(有斐閣·2003年)857页[岩村正彦]。

② 西村,前注14,339页,東京大学労働法研究会·『注釈労働基準法(下)』(有斐閣·2003年)859页[岩村正彦],和歌山劳基署长事件·最三小判平成5·2·16民集47卷2号473页。

③ 相对的,关于劳基法上的劳灾补偿,首先由雇主判断是否属于业务灾害,对于其判断持异议的,可提起民事诉讼。另外,劳基法为了简便而迅速地解决纷争,规定可以对行政官厅(劳基署长)申请审查或者事件仲裁(劳基85条),对于劳工灾害补偿保险审查官申请审查或者仲裁(同86条)。此外,对于劳基署长申请审查/仲裁的,根据劳基法85条5项赋予其时效中断的效果,判例(最二小判昭和41.4.22民集20卷4号792页)关于对劳灾保险审查官的审查/仲裁申请,也判定类推适用同条款。关于上述审查/仲裁,其性质为劝告,不是行政处分。

原则上也不会发生。相对的，如果不被认定为业务灾害，则关于劳工的疗养和休业等，只能收到比劳灾补偿低得多的社会保险给付。但是，关于"业务上"的概念问题，法律没有做出定义，而是交由解释来处理。

关于业务灾害，和国外一样，当初想定的是作业现场的事故、灾害造成的伤病、死亡。后来，在职业病目录里列举了非事故性（非灾害性）疾病（职业病），其被划入了业务灾害之内①。另外，在日本，围绕职业病目录最后列举的（严格来说是目录之外的）"其他明显由业务起因的疾病"（2010年修订前劳基则别表第1之2第9号），关于过劳死和过劳自杀成为问题的心脑疾患、精神疾患的劳灾认定引起了争议。关于过劳死及过劳自杀问题，通过2010年劳基法施行规则附表修订，新追加了过重业务带来的心脑疾患（8号）、心理负担造成的精神障碍（9号），但在具体判断之际，需要根据长期形成的详细的劳灾认定标准慎重进行。因此，以下分别就事故性伤病、死亡，非事故性业务疾病（职业病），过劳死、过劳自杀问题，及其他明显因业务起因的疾病（劳基则别表第1之2第11号）进行探讨②。

（二）事故性伤病、死亡

可以说负伤、疾病、死亡因"业务上"而发生的，一般被称为存在"业务起因性"。所谓业务起因性，是指发生的负伤、疾病、死亡可以被评价为业务内在的危险的表露③。

行政实务上，为了将业务性认定简单化、定型化，采取了如下判断方法：作为判断"业务起因性"的前置条件，首先判断"业务执行性"，即灾害是否是在事业主的支配或者管理下（不局限于作业中）发生的。根据上述方法，采取了如下的两阶段审查：①如果没有业务执行

---

① 岩村正彦「労災保険給付の要件」林豊＝山川隆一编『労働関係訴訟法Ⅱ』（青林書院・2001年）187页。
② 关于上述分析，参照東京大学労働法研究会・『注釈労働基準法（下）』（有斐閣・2003年）859页以下［岩村正彦］。
③ 地公災基金東京都支部長（町田高校）事件・最三小判平成8.1.23劳判687号16页、地公災基金愛知支部長（瑞鳳小学校教員）事件・最三小判平成8.3.5劳判689号16页（公务灾害的公务起因性相关事件）。

性（劳工基于劳动合同处于事业主的支配或者管理下的状态），则业务起因性无须具体判断就会被直接否定；②存在业务执行性的，进一步判断业务起因性的有无，决定其是否是"业务上"。这一判断手法，经常适用于事故性伤病和死亡。

1. 在事业主的支配且管理下，在从事业务过程中发生

在职场内从业中（包含上厕所等短时间中断）的灾害等属于这一类型，具有明确的业务执行性。这一场合，推定存在业务起因性。只有因自然现象①，本人私自做出的出格行为（斗殴等）②，违反规律行为（饮酒等）③ 而发生的，例外否定其业务起因性。

2. 在事业主的支配且管理下，但不在从业过程中发生

在休息时间内，从业开始前、结束后等，在职场内未从事业务时发生事故的，虽然因劳工在事业主的设施管理下而承认业务执行性，但原则上否定业务起因性。例如，休息时间中进行体育活动而负伤的就是其典型案例④。相对的，事故因事业设备存在问题或缺陷而发生，以及被认定为业务附随行为的，例外肯定业务起因性。

3. 虽然在事业主的支配下，但脱离其管理而在从业过程中发生

在职场外的劳动及出差中发生的事故属于此类。这一场合，关于出差，因为往返和住宿的时间也具有业务执行性，暴露于危险的范围很广，所以广泛肯定其业务起因性⑤。

---

① 1995 年的阪神大地震和 2011 年的东日本大地震是自然现象，但因为"地震之际存在业务上的事由容易受灾"，"因为地震而建筑倒塌，或者存在被海啸吞噬的危险，在上述危险环境下从事了工作"，除从事私人行为的场合，认定其为业务灾害。

② 倉敷労基署長事件・最一小判昭和 49.9.2 民集 28 巻 6 号 1135 页（木工因为自己的挑衅行为和原同事发生争端而被殴打致死的事件）。

③ 西宮労基署長（宝塚グランドホテル）事件・神戸地判昭和 58.12.19 労判 425 号 40 页（工作结束后因醉酒而从运货电梯口坠落而死的事例）。

④ 尼崎労基署長事件・神戸地判昭和 63.3.24 労判 515 号 38 页（不强制参加的休息时间举行的躲避球大会中发生的事故被作为业务外处理）。

⑤ 大分労基署長（大分放送）事件・福岡高判平成 5.4.28 労判 648 号 82 页（在住宿设施醉酒而从楼梯跌落死亡一事，不是因为私人行为，肆意行为，或者与业务执行无关之行为而自己招致的事故，而是伴随着需要住宿的业务执行或者与其有关联而发生的，因此肯定业务起因性），鳴門労基署長事件・徳島地判平成 14.1.25 判例タイムズ1111 号 146 页（在治安不好的国外出差住宿处因强盗杀人而造成的死亡被作为业务内在的危险性现实化的结果而肯定业务起因性）。

4. 参加业务性存疑的活动

除上述情况以外，关于参加运动会、公司旅行、宴会①等与通常业务不同的活动，要从能否称其为业务行为或者附属行为的观点进行判断。例如，参加被作为出勤处理，费用由事业主负担的对外运动会；预定全体参加，不参加会被视为缺勤的公司内部运动会均构成业务行为②。

（三）业务性疾病（职业病）

关于不因事故（灾害）造成的业务性疾病（职业病），上述业务执行性判断无的放矢，完全通过业务起因性进行判断。但是，如没有医学知识，则实际判定会存在困难。因此，日本劳基法规定，通过厚生劳动省令设定"业务性疾病"的范围（劳基75条2项）。相应的，劳基则35条，别表第1之2列举了医学观点上因业务发生的可能性较高的疾病。另外，除了别表列举的疾病，作为"厚生劳动大臣指定疾病"（别表第1之2第10号），指定了超硬合金粉尘飞散造成的支气管肺病等数种疾病。属于上述疾病的，推定其具有业务起因性。没有特别的反证的，认定为业务起因的疾病。

（四）负担过重造成的脑、心脏疾患以及精神障碍

随着过劳死、过劳自杀等作为社会问题受到广泛关注，因负担过重而造成的心脑疾患以及精神障碍是否属于业务性疾病成为问题。直到2010年为止，其都不属于职业病名单中的列举疾病，所以通过是否属于"其他明显由业务起因的疾病"而进行判断。但是，以法院推翻行政对上述疾病的业务外认定为契机，行政修正了认定标准，从而确立了

---

① 关于参加不被强制参加的忘年会，否定其业务执行性的事例（福井劳基署长事件·名古屋高金沢支判昭和58.9.21劳民集34卷5＝6号809页），关于出席同事送别会，饮酒后溺死，否定业务执行性的事例（立川劳基署长事件·東京地判平成11.8.9劳判767号22页）等，相对的，近年最高裁（行桥劳基署长事件·最二小判平成28.7.8裁判所时报1655号8页）在和外国人研修生以增进感情为目的的欢迎会上，因为上司的意思而不得不参加的劳工，暂时中断业务中途参加欢迎会，回去工作之时，代替上司送研修生回住处的途中遭遇交通事故而死亡的事件中，判断该劳工在本件事故中处于公司支配之下，该死亡属于业务灾害。

② 平成12.5.18基发366号。

行政的心脑疾患以及精神障碍等的业务上及业务外认定标准，法院关于上述问题的判断也基本确立。2010年的劳基则别表第1之2修订之际，将过重负担造成的心脑疾患（8号）以及精神障碍（9号）明确列入了列举疾病①。

1. 心脑疾患的业务起因性

劳基则别表第1之2第8号将长期从事长时间业务及其他使得血管病变等显著恶化的业务，从而造成脑出血等脑血管疾患及心肌梗死等的缺血性心脏疾患等作为列举疾病而明文化。关于其实务判断，经历了下列沿革，现在发布了2001年"过劳死新认定标准"这一认定标准②。需要注意的是，上述第8号所明文化的，是上述认定标准所确定的事项。因此，在第8号的具体适用判断中，上述认定标准也极为重要。关于其具体判断，主要存在下列3个问题。

（1）过重业务的评价期间

行政解释当初，将是否存在过重业务的评价期间限定为发病前一刻存在突发性事件。之后，对于评价期间进行了扩展，将发病前1周时间的过重负担列入了考虑范围。对于这一问题，法院表示出了将更长的期间列入考虑范围的态度。另外，关于行政解释没有考虑过的慢性疲劳所带来的长期过重负担，最高法院③在具体判例中着眼于发病前半年的持续疲劳，承认了过重业务和发病之间存在相当因果关系。

经过上述沿革，现行认定标准在下列情况下，大致将发病前6个月的期间列入考虑：

1) 关于异常事件④，从发病前一刻到前日为止；

2) 关于短期的过重业务，大约是发病前1周期间；

---

① 参照「労働基準法施行規則35条専門検討会報告書」（座長桜井治彦中央労働災害防止協会労働衛生調査分析センター技術顧問、平成21年12月21日）。

② 「脳血管疾患及び虚血性心疾患等（負傷に起因するものを除く。）の認定基準について」（平成12.12.12基発1063号）。

③ 横浜南労基署長（東京海上横浜支店）事件・最一小判平成12.7.17労判785号6页。

④ 作为异常事件的例子，大館労基署長（四戸電気工事店）事件・最三小判平成9.4.25劳判722号13页（脑血管疾患发病2天前遭遇的，从3米高处堆积的电线杆和钩子等因为钢缆断裂而在附近掉落，为了躲避而负伤的事件，被认定为突发的异常事件）。

3）关于疲劳累积之评价相关的"长期过重劳务"，考虑发病前约 6 个月的期间。

另外，关于业务和发病的关联性，提出了如下标准：发病前 1 个月内的时间外劳动（指超过周 40 小时的劳动时间）超过约 100 小时，或者，发病前 2 个月到 6 个月的时间外劳动超过约每月 80 小时的，认定业务与发病之间存在较强的关联性。

（2）基础疾患和过重业务双方均有产生作用时的业务起因性判断

行政解释一贯坚持业务必须是相对有力原因的立场。相对的，判例有采取共同作用原因说（基础疾患和过重业务作为发病的共同原因而作用即可），和相对有力原因说（与其他原因相比，过重业务必须是发病的相对有力原因）。不过，虽然从理论上可以将上述二者视为相互对立的立场，但纵观判例的具体判断，有在判决中明确表示是共同作用之原因，而实际基于相对有利原因说而进行理论构成的例子，情况十分混乱。

（3）构成业务的过重性判断标准的劳工

行政解释方面，在 1987 年通知（昭和 62.10.26 基发 620 号）中，关于业务过重性判断，采取了以同事或者同种劳工为标准的立场。相对的，1995 年通知（平成 7.2.1 基发 37 号）则以"与该劳工具有同等程度的年龄和经验，处于执行日常业务无碍的健康状态"的劳工为标准。此外，现行认定标准（平成 13.12.12 基发 1063 号）则以"与该劳工具有同等程度的年龄、经验等而处于健康状态之人，以及即使具有基础疾患也能执行日常业务无碍之人"为标准进行判断。

相对地，判例之判断标准则多种多样，大致可以分为：①采取与现行行政解释同样立场的[1]，②以该劳工本人为标准的（本人基准说）[2]，或者与其几乎没有区别的以最为脆弱的劳工为标准的。其中，如采纳本人标准说，则从事业务过程中发病的，不论基础疾患多重，业务负担多么轻微，都会被评价为对于本人来说业务过重，其作为业务的过重性判

---

[1] 西宫劳基署长（大阪淡路交通）事件・大阪公判平成 9.12.25 劳判 743 号 72 页，埼玉劳基署长（日研化学）事件・东京高判平成 19.10.11 劳判 959 号 114 页。
[2] 名古屋南劳基署长（矢作電設）事件・名古屋地判平成 6.8.26 劳判 654 号 9 页。

断未免过于宽松①。

2. 负担过重而造成的精神障碍

（1）过重的业务心理负担与劳灾

关于起初没有被列入列举疾病的心理负担所造成的精神障碍等，2010年修订之际，在劳基则别表第1之2第9号明文记载了"遭遇事关生命的事故及其他伴随对于心理造成过度负担之事项的业务而造成的精神及行动障碍或者附随的疾病"。上述修订是1999年的"心理负担造成的精神障碍等相关的业务判断指针"（平成11.9.14基发544号，545号）的实务处理在法院基本确立后做出的。鉴于之后的劳动环境的变化等，同指针于2011年被"关于心理负担造成的精神障碍的认定标准等"（以下"精神障碍认定标准"）（平成23.12.26基发1226第1号）所代替。

根据"精神障碍认定标准"：

①对象疾病发病；

②发病前6个月间业务造成了强烈的心理负担；

③无法认定业务以外的心理负担以及个人要因造成发病；

上述要件全都被满足的，认定其属于上述9号的疾病。依据"心理负担—脆弱性理论"，心理负担非常强的话，个人的脆弱性较小也会发病，反之脆弱性较大的，心理负担较小也会发病。关于"强烈的心理负担"，以"同种劳工"（职种、职场中的立场以及职责、年龄、经验等类似之人）为标准判断②。另外，在这一认定方式中需要将业务以外的心理负担和个体方要因造成的结果除外。然后，心理负担的强度被分为弱中强三个阶段，制定了"心理负担评价表"（同认定基准别表第1），被

---

① 東京大学労働法研究会・『注釈労働基準法（下）』（有斐閣・2003年）874页［岩村正彦］，西村健一郎『社会保障法』360页（2003年）。但是，以自身为残疾人一事为前提而使其从事业务的，其构成残疾的基础疾患恶化而发生工伤的，业务起因性以该劳工为基准的判例如下：国・豊橋労基署長（マツヤデンキ）事件・名古屋高判平成22.4.16劳判1006号5页［上告不受理决定・最一小决平成23.7.21劳判1028号98页决定、笠木映里・判批・ジジュリスト1442号109页（2012年）参照］。

② 国・渋谷労基署長（小田急レストランシステム）事件・東京地判平成21.5.20劳判990号119页。

判断为综合评价"强"的，视为满足②的认定要件。为了应对被称为 power harassment 的事态的发生①，2009 年追加了"受到严重的恶作剧、欺负，或者暴行"，被评价为心理负担"强"，此外，强行要求做出违法行为，设定难以达成的业绩目标，顾客和贸易对象提出不可能满足的要求的，被评价为心理负担"中"，在一定情况下被评价为"强"②。

(2) 恶意情况下的限制支付和自杀

劳灾保险法 12 条之 2 之 2 第 1 项规定："劳工故意负伤、疾病、残障或者死亡或者使得成为其直接原因的事故发生的，政府不进行保险给付。"

问题在于，自杀是否属于这里所说的"故意"。过去，业务上的伤病造成劳工精神障碍从而陷入心神丧失状态而自杀的，因其不是因为本人的故意而造成的，所以不属于不赔付的情况。但是，写下了思路清晰的遗书而自杀的，不能称为心神丧失状态，法院据此将其认定为故意造成的死亡，做出了不支付的判断。

但是，法院判断即使受灾劳工没有陷入心神丧失的状态，自杀行为也不是当然的属于劳灾保险法 12 条之 2 之 2 第 1 项所谓的"故意"。因此，出现了虽然是自杀，但也承认其业务起因性的判例。其中，有业务上的伤病造成精神障碍而自杀的灾害性自杀案例，以及过重业务造成疲劳等，进而引发抑郁症等精神障碍而自杀的所谓"过劳自杀"案例③。对于自杀，学说也采取了不是当然认定劳灾保险法 12 条之 2 之 2 第 1 项之"故意"的立场。社会开始普遍认为，作为过劳死问题的延长，有必要对于过劳自杀进行救济。

---

① 作为因 power harassment 自杀而受到关注的事件，静冈劳基署长（日研化学）事件・東京地判平成 19.10.15 劳判 950 号 5 页（认定做出"你的存在很碍眼……求你了消失吧""你是公司的蛀虫，工资小偷"等发言的上司造成的心理负荷是在人生中很少经历的高强度负荷，使其产生了精神障碍，从而肯定自杀的业务起因性）。

② 相对的，认定"精神障碍认定基准"不过是一个参考资料而取消不支付决定的事例：国・鸟取劳基署长（富国生命・いじめ）事件・鸟取地判平成 24.7.6 劳判 1058 号 39 页。

③ 详细参照東京大学労働法研究会・『注釈労働基準法（下）』（有斐閣・2003 年）880 页〔岩村正彦〕。代表事例：加古川劳基署长（神戸製鋼所）事件・神戸地判平成 8.4.26 劳判 695 号 31 页（新入社员入社后不久便被派往印度出差 2 个月，因为在印度发生的业务问题而产生抑郁症自杀，承认其为业务上的死亡）。

鉴于上述判例动向及社会形势，1999年9月14日公布了新的"心理负担造成的精神障碍等相关的业务上、业务外的判断指针"（平成11.9.14基发544号，545号），对于先前实务上的做法做出了重大变更。

关于自杀的处理，"因为业务造成的心理负担……被认定为精神障碍发病之人企图自杀的，推定为因为精神障碍而被显著妨碍了正常的认知和行为选择能力，或者在放弃自杀的精神抑制力被显著妨碍的状态下进行自杀，原则上承认业务起因性"。然后，关于"故意"，被理解为"因为业务上的精神障碍而被显著妨碍了正常的认知和行为选择能力，或者认定其在放弃自杀的精神抑制力被显著妨碍的状态下进行自杀的，不属于有意导致结果发生的故意"。

在上述背景下，由业务起因的精神障碍而自杀的事例中，被认定为劳灾的比例近年显著增加。

六　通勤灾害

通勤灾害（通勤途中的工伤）在劳动法上不构成劳灾补偿的对象。但是，因汽车的普及造成通勤灾害的增加，鉴于通勤和劳务支付存在密切联系，通勤灾害在某种程度上属于不可避免的社会性危害，外国和ILO条约也将通勤灾害作为保护对象等，各界认识到对于劳工在通勤途中遇到的灾害有必要进行补偿一事，在1973年修订中，通勤灾害相关给付作为劳灾保险法上的新的给付得到了确立。因为通勤途中灾害不能说是在雇主的支配下发生的，所以不属于"业务性"灾害，但承认其为劳灾保险法特别给付的对象。

所谓"通勤"，被定义为："劳工与从业相关，通过合理的线路及方法进行下列移动"（劳灾7条2项）。作为具体的移动，上述规定列举了：①在住所和就业场所之间的往复［单身赴任者从老家的住所（自宅）移动到就业场所的也包括在内］（平成7.2.1劳基39号），②从就业场所到其他就业场所的移动（详见劳灾则6条），③先后于①之往复的住所间的移动（单身赴任者的赴任处住所和老家住所之间的移动，详见劳灾则 7 条）。②和③为 2005 年修订新设。

上述①—③的移动途中存在"偏离"或"中断"的，不承认其为通勤。所谓偏离，是指为了与从业、通勤无关的目的而脱离合理路线一事①。所谓中断，是指在通勤途中做出和通勤无关行为一事（回家途中长时间饮食等场合）。但是，"偏离或中断是日常生活中必要的行为，且因不得已之事由而做出厚生劳动省令规定的最小限度的行为的"不在此限（劳灾 7 条 3 项但书）。因此，因购买日用品等（劳灾则 8 条）而偏离、中断后，回归合理线路之后作为通勤处理。关于这一点，判例②认定通勤结束后，绕路去合理路线外的丈人家进行照护的，参照日用品的购入行为，认定其属于同但书规定范围，不属于通勤的偏离。

另外，因为通勤是"从业相关"的移动，其必须是为了去从事业务，或者因为业务结束而进行。即使是原本的业务以外的行为，被雇主命令参加的，也属于业务范畴③。

七　日本工伤相关制度带来的启示

（一）劳灾补偿、劳灾保险、劳灾民诉的相辅相成

纵观日本工伤相关法律法规，可见经过多年的理论与实务、行政与司法的相互印证、相互补充，日本形成了事先预防及事后补偿制度相辅相成的完整体系。在事后补偿制度方面，其通过劳灾补偿、劳灾保险、劳灾民诉三大独立制度的叠加适用和相互调整，力求对受灾劳工及其家属做出全面而系统的保障。

其中，所谓劳灾补偿制度，是基于劳基法上的雇主本人之补偿义务

---

① 札幌中央劳基署长（札幌市農業センター）事件・札幌高判平成 5.8 劳判 541 号 27 页，判定在自宅反对方向约 140 米处的商店购入晚饭食材一事构成偏离。
② 羽曳野劳基署长事件・大阪高判平成 19.4.18 劳判 937 号 14 页。
③ 大河原劳基署长事件・仙台地判平成 9.2.25 劳判 714 号 35 页（参加具有业务性质的在公司以外的饮食店进行的管理者会及此后的恳亲会，在回家路上遇到事故，将其认定为通勤灾害）。作为否定例，国・中央劳基署长（日立製作所）事件・東京地判平成 21.1.16 劳判 981 号 51 页（在欢迎会上和同事吃喝后，回家路上遭遇夺取金钱为目的的集体施暴的事例，被认定为存在合理路线的中断或偏离）。

域外观察

而生,其根源在于"享受劳务支付之利益者,应承受劳务支付相关风险,承担相关义务"这一思想,是体现劳动法对于市民法理论修正之特征的典型场面之一。

所谓劳灾保险制度,其当初是为了落实劳灾补偿的救济而导入的,让雇主事先加入国家运营的保险,对于受灾劳工及其遗属,直接由国家进行保险给付的制度。但是,随着劳灾保险法的多次修订,本制度就其适用范围、给付内容、给付对象等方面表现出了强烈的独立性,被定位为与劳基法的灾害补偿制度并行的制度,且对劳灾补偿制度进行了全面覆盖。如今,除了休业补偿的最初的3天份,无论关于何种事由,劳灾保险法都规定了较劳基法更为有利的支付条件。鉴于应当履行劳灾保险给付责任的,免除雇主的劳基法上的灾害补偿责任,所以如今,劳基法上的灾害补偿责任仅在极为特殊的场合会得到应用。

与此同时,为了寻求劳灾补偿或者劳灾保险给付没有覆盖到的损害赔偿(如个人事由造成的特殊损失,以及精神补偿金等),通过"劳灾民诉"这一补充形式向裁判所提起民事诉讼的做法也受到了承认。

为了更加直观地了解劳灾补偿、劳灾保险、劳灾民诉三大制度的相互关系,笔者将三者关系归纳为下图所示。

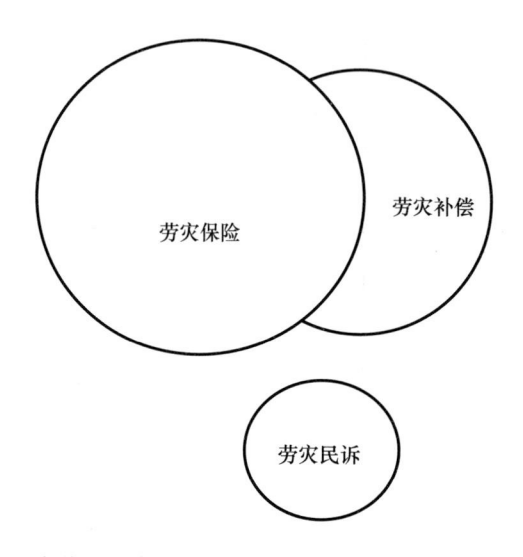

图2 日本劳灾补偿、劳灾保险、劳灾民诉之相互关系示意图

（二）劳灾保险制度适用判断之制度设计与具体实践的一致性

为了认定劳动灾害是否适用劳灾保险制度，需要就其"业务起因性"的有无进行判断。行政实务上，为了将认定简单化、定型化，增设了"业务执行性"① 作为"业务起因性"判断的前置条件。根据上述思路，具体采取以下的两阶段式审查：①如果没有业务执行性（劳工基于劳动合同处于事业主的支配或者管理下的状态），则业务起因性无须具体判断就会被直接否定；②存在业务执行性的，进一步判断业务起因性的有无，决定其是否是"业务上"。这一判断手法，经常适用于事故性伤病和死亡。

关于不因事故（灾害）造成的业务性疾病（职业病），上述业务执行性判断无的放矢，只能通过业务起因性进行判断。针对这一情况，日本劳基法规定，通过厚生劳动省令设定"业务性疾病"的范围（劳基75条2项），并具体通过劳基则35条别表第1之2列举了医学观点上因业务发生的可能性较高的疾病。属于上述列举疾病的，推定其具有业务起因性。没有特别的反证的，认定其业务起因性。

关于社会普遍关注的过劳死和过劳自杀问题，日本也在承认其业务性疾病性质的基础上，就构成其起因之过重业务的评价期间，存在基础疾患情况下的业务起因性判断，及作为判断标准的劳动选择问题做出了详尽规定。

由此可见，在判断是否适用劳灾保险制度这一问题上，考虑到实际负责判断之人的医学专业知识有限，可能造成个案认定基准不统一等问题，日本在制度设计之初，便在认定基准的简单化和定型化方面下足了功夫。同时，不仅限于劳灾保险制度之适用判断，在日本劳动法制度设计的各个层面上，都体现出了"考虑能否落实而进行制度设计"这一指导思想，力求保证理论设计与具体实践不发生脱节。

---

① 即灾害是否是在事业主的支配或者管理下（不局限于作业中）发生的。

后　　记

以学术研究为业的这些年里，我时常想起苏力教授的经典之问，"什么是你的贡献？"犹如天空中飘来的七个字，出现在我写作每一篇文章的电脑屏幕上，你可以想象，这就是我的写作弹幕。

苏力式的拷问或许能督促学界后辈严肃紧张，但无疑不利于团结活泼，弥漫在每个角落的焦虑感对于青年学者实在太过残忍。那么，我换一个提问方式，"什么是我想要的学术？"这个提问视角的个人色彩又太强，毕竟学术是团体项目，不能脱离共同体，于是再改一下问题，"什么是我们想要的学术？"

如果说"我们"在定义和评价着"学术"，那么什么是"我们"？

"我们"首先是法学共同体，是各法学专业研究者组成的大家庭。一个不容回避的事实是，社会法学整体研究水平和成果产出在法学科研行业中是落后的。从每年CLSCI期刊发文统计来看，社会法学的论文数量排名都令人怅然，顶级期刊的论文更是稀有，而且这种状态长期保持稳定，倒也免去了大起大落所需要的心理干预。我在日常与本专业朋友交流中时常听到社会法学不好发文章的小幽怨，其实哪有好发的文章，要想"好发"就应是"好文"，而"好"的评价标准是由"我们"，即法学学术共同体所把握的，具体执行机构是各家法学核心期刊。受益于经济社会快速发展，法学研究日益兴盛，各兄弟专业都快步飞奔向前。社会法学虽然也在奋力进取，但步子迈得不够大，即便自己在成长，如果落后于行业标准，就会遭遇"发文难"和"市场占有率低"。没有学术扶贫，短板终究要靠自己补上去。

"我们"其次是社会法学共同体。这个小家庭的自留地里，最重要的两块是劳动法和社会保障法，其中社会保障法中的良田是社会保险法，边边角角是社会促进法、社会补偿法、社会福利法。还是从每年的发文统计来看，社会法学的大多数成果是劳动法方向，由此导致社会法学术会议也是以劳动法议题为主。这就是说，小家庭把大部分资源投入到了劳动法这块地，相应地社会保障法这块地能获得的资源就少。这种情况有其客观性，劳动法学术研究发展时间长，已走过了立法论阶段，能够结合大量实践问题进行教义学研究，而社会保险法中只有工伤保险实现了这种研究升级，其余险种仍在立法论阶段徘徊，更严重的问题是法理基础不扎实，在行业评价中甚至可能不符合立法论要求，而被归为政策论，增添了"土地撂荒"的风险。

"我们"最后是社会保险法学共同体。人少、力薄、地贫，为什么还要干？因为我们知道社会保险的法治化势在必行，在此基础上才有社会保障体系的法治化，也才能有社会安全网的法治化。在中国特色社会主义新时代，社会法治建设需要加强社会保险立法，养老保险、医疗保险等基础性社保险种的制度建设仍任重道远。既然立法论是必经阶段，那就应以扎实的法理奠定立法的根基。此外，社会保险法的学术产出需要动力，学术训练需要平台，没有大量练习难以迈过核心期刊行业评价的门槛。学术共同体的自我认同、论证逻辑和写作规范也能够在这一过程中形成，让我们真正成为"我们"。

这是我提议编写本书的初衷。面对"什么是我们想要的学术"这个问题，本书不可能给出全部答案，但这至少是个起步，我希望以辑刊的方式不断呈现"我们"解题的努力。也许这个问题永远没有一个明确的答案，只有朝向"我们"心目中那个答案无限接近的过程。见证了2020年的大历史，我们也要书写自己的小历史。

感谢本书的每一位作者。他们大多在职业上升期，在现有考核体系下，本书对于他们的贡献值微乎其微。但我发出约稿邀请后，他们无一不是爽快地应允。全书仅有两篇是已发表文章修改后再发，其余均为新作，多篇洋洋洒洒两万余字，无论是立论还是文献，都下足了功夫。我很荣幸跟他们一起工作，一起把名字留在这套辑刊的第一卷。

感谢中国社会法学研究会的张鸣起会长。张会长在百忙之中关心本书的进展，批准出版资助，并在成稿后亲自为本书作序，鼓励和支持青年学者成长。

感谢江三角律师事务所的陆敬波主任。陆主任在疫情严重冲击下仍慷慨解囊，特批出版资助，艰难时刻更显学术情怀。

感谢中国社会法学研究会前辈师长给予的关心和支持，他们是中国社会法学研究会副会长兼秘书长、北京大学法学院叶静漪教授，中国社会法学研究会副会长、上海财经大学法学院王全兴教授，中国社会法学研究会副会长、中国人民大学法学院林嘉教授，中国社会法学研究会副会长、清华大学法学院郑尚元教授，中国社会法学研究会副会长、吉林大学法学院冯彦君教授。

感谢中国社会法学研究会秘书处高明婧女士，她分担了本书出版资助事务，细致高效的工作保证了出版的顺畅。

感谢中国社会科学出版社的许琳编辑，她专业耐心地指引本书每一个出版环节，使得我们的文字能如此精致地展现在读者面前。

期待下一次，"我们"出现在你面前，朝气蓬勃、斗志昂扬。

王天玉
2020 年 12 月 1 日